高校

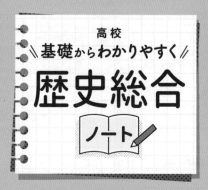

基礎からわかりやすく

歴史総合

ノート

受験研究社

この本のしくみと使い方

●本書は，日常学習や定期テスト，入試対策用「書き込み式ノート＋問題集」です。

単元の重要事項をまとめています。重要語句は空欄にしてあります。解説文を読みながら，空欄に書き込んでいくことで，ガッチリ基礎固めができます。

右段には「Word」「注意」「参考」「人物」を設けており，より理解を深めることができます。

重要度
見出し番号の左に，その重要度を示す★をつけています（★3つが最重要）。

Word
用語について，より詳細に解説しています。

図・表・写真
図・表・写真を多数掲載しており，重要事項を効果的に理解できます。

人物
解説文中の人物について紹介しています。

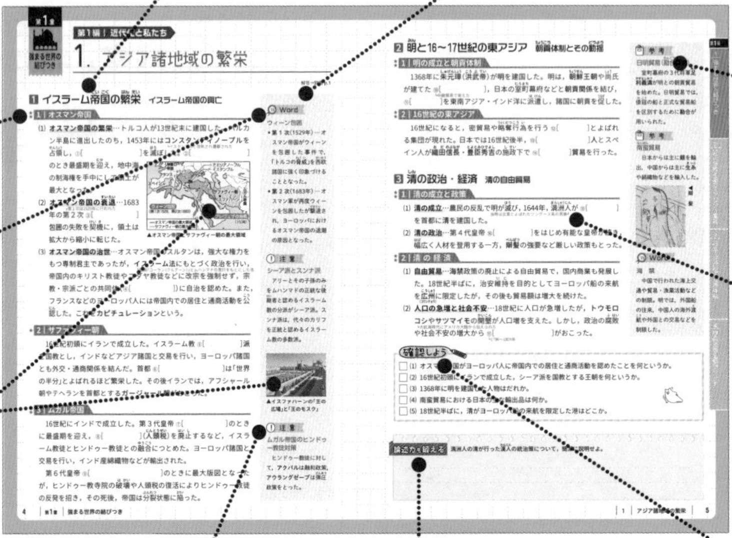

注意
間違えやすく注意すべき内容や用語について解説しています。

論述力を鍛える
単元末に論述問題を設けています。論理的な思考力を養いましょう。

参考
解説文中の内容に関連する知っておきたい事項について解説しています。

行間補説
解説文中の用語などについて，行間に簡潔な補足説明を入れています。

確認しよう
単元末に定期テストや入試でよく出題される基本用語や重要語を問う問題を設けています。

基礎～標準レベルの「演習問題」を12回分設けています。学習してきたことの復習ができ，自分の実力が確認できます。実践的な問題に挑戦することで，定期テスト対策や入試対策として役立ちます。

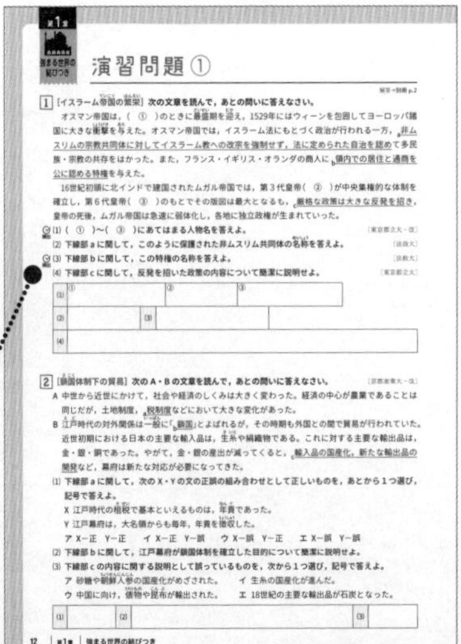

頻出
試験で頻繁に出題される問題につけています。

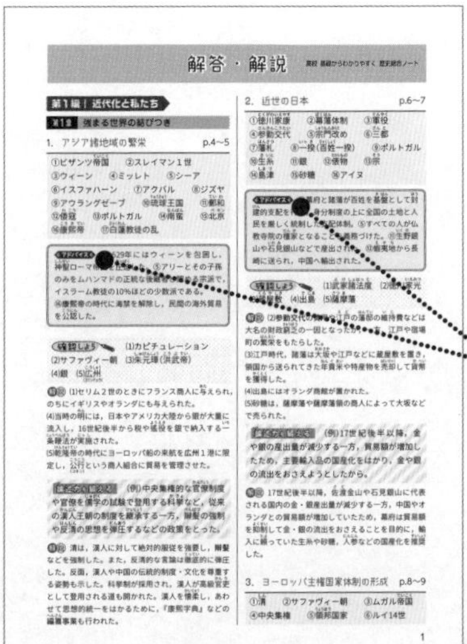

別冊の「解答・解説」では，問題の答えだけではなく，豊富な解説を掲載しており，自学自習の助けになります。

アドバイス
間違えやすい
各単元の穴埋め問題の解答の下に設けています。問題を解くうえでのアドバイスや，間違えやすいポイントを掲載しています。

目次

本書に関する最新情報は，小社ホームページにある**本書の「サポート情報」**をご覧ください。(開設していない場合もございます。)
なお，この本の内容についての責任は小社にあり，内容に関するご質問は直接小社におよせください。

第1編｜近代化と私たち

1. アジア諸地域の繁栄

解答⇒別冊 p.1

1 イスラーム帝国の繁栄　イスラーム帝国の興亡

★★ 1｜オスマン帝国

⑴ **オスマン帝国の繁栄**…トルコ人が13世紀末に建国した。バルカン半島に進出したのち，1453年には**コンスタンティノープル**を占領し，①[　　　　　　　]を滅ぼした。②[　　　　　　　]のとき最盛期を迎え，地中海の制海権を手中にして領土が最大となった。
└イスタンブルと改称され遷都された

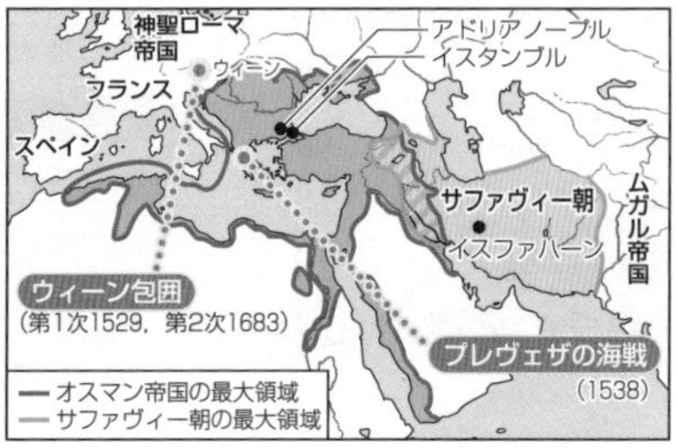

▲オスマン帝国とサファヴィー朝の最大領域

⑵ **オスマン帝国の衰退**…1683年の第２次③[　　　　　　]**包囲**の失敗を契機に，領土は拡大から縮小に転じた。
┌第１次は1529年に行われた

⑶ **オスマン帝国の治世**…オスマン帝国のスルタンは，強大な権力をもつ専制君主であったが，**イスラーム法**にもとづく政治を行い，帝国内のキリスト教徒やユダヤ教徒などに改宗を強制せず，宗教・宗派ごとの共同体(④[　　　　　　])に自治を認めた。また，フランスなどのヨーロッパ人には帝国内での居住と通商活動を公認した。これを**カピチュレーション**という。
└聖典『コーラン(クルアーン)』とムハンマドの言行をもとにした法

★ 2｜サファヴィー朝

16世紀初頭にイランで成立した。イスラーム教⑤[　　　　　　]派を国教とし，インドなどアジア諸国と交易を行い，ヨーロッパ諸国とも外交・通商関係を結んだ。首都⑥[　　　　　　　　]は「世界の半分」とよばれるほど繁栄した。その後イランでは，アフシャール朝やテヘランを首都とする**ガージャール朝**がおこった。

★★ 3｜ムガル帝国

16世紀にインドで成立した。第３代皇帝⑦[　　　　　　　]のときに最盛期を迎え，⑧[　　　　　　](**人頭税**)を廃止するなど，イスラーム教徒とヒンドゥー教徒との融合につとめた。ヨーロッパ諸国と交易を行い，インド産綿織物などが輸出された。

第６代皇帝⑨[　　　　　　　　　　]のときに最大版図となったが，ヒンドゥー教寺院の破壊や人頭税の復活によりヒンドゥー教徒の反発を招き，その死後，帝国は分裂状態に陥った。

Word

ウィーン包囲

- **第１次**(1529年)…オスマン帝国がウィーンを包囲した事件で，「トルコの脅威」を西欧諸国に強く印象づけることとなった。
- **第２次**(1683年)…オスマン軍が再度ウィーンを包囲したが撃退され，ヨーロッパにおけるオスマン帝国の退潮の原因となった。

注意

シーア派とスンナ派

アリーとその子孫のみをムハンマドの正統な後継者と認めるイスラーム教の分派がシーア派。スンナ派は，代々のカリフを正統と認めるイスラーム教の多数派。

▲イスファハーンの「王の広場」と「王のモスク」

注意

ムガル帝国のヒンドゥー教徒対策

ヒンドゥー教徒に対して，**アクバル**は融和政策，**アウラングゼーブ**は弾圧政策をとった。

2 明と16～17世紀の東アジア　朝貢体制とその動揺

1 | 明の成立と朝貢体制

1368年に**朱元璋**(**洪武帝**)が**明**を建国した。明は，**朝鮮王朝**や尚氏が建てた ⑩[　　　　　　]，日本の室町幕府などと**朝貢関係**を結び，⑪[　　　　　　]を東南アジア・インド洋に派遣し，諸国に朝貢を促した。

（⑩の注：└中継貿易で栄えた）

2 | 16世紀の東アジア

16世紀になると，密貿易や略奪行為を行う ⑫[　　　　　　]とよばれる集団が現れた。日本では16世紀後半，⑬[　　　　　　]**人**とスペイン人が**織田信長**・**豊臣秀吉**の施政下で ⑭[　　　　　　]**貿易**を行った。

> **参考**
> **日明貿易(勘合貿易)**
> 室町幕府の3代将軍**足利義満**が明との朝貢貿易を始めた。日明貿易では，倭寇の船と正式な貿易船を区別するために**勘合**が用いられた。

> **参考**
> **南蛮貿易**
> 日本からは主に**銀**を輸出，中国からは主に**生糸**や絹織物などを輸入した。

◀辮髪

3 清の政治・経済　清の自由貿易

1 | 清の成立と政策

(1) **清の成立**…農民の反乱で明が滅び，1644年，満洲人が ⑮[　　　　　　]を首都に清を建国した。
（満洲人の注：当時は女真とよばれたツングース系の民族┘）

(2) **清の政治**…第4代皇帝 ⑯[　　　　　　]をはじめ有能な皇帝が続き，幅広く人材を登用する一方，**辮髪**の強要など厳しい政策もとった。

2 | 清の経済

(1) **自由貿易**…**海禁**政策の廃止による自由貿易で，国内商業も発展した。18世紀半ばに，治安維持を目的としてヨーロッパ船の来航を**広州**(コワンチョウ)に限定したが，その後も貿易額は増大を続けた。

(2) **人口の急増と社会不安**…18世紀に人口が急増したが，**トウモロコシやサツマイモ**の開墾が人口増を支えた。しかし，政治の腐敗や社会不安の増大から ⑰[　　　　　　]がおこった。
（トウモロコシやサツマイモの注：└大航海時代にアメリカ大陸から伝えられた）
（⑰の注：└1796～1804年）

> **Word**
> **海禁**
> 中国で行われた海上交通や貿易・漁業活動などの制限。明では，外国船の往来，中国人の海外渡航や外国との交易などを制限した。

確認しよう

- □ (1) オスマン帝国がヨーロッパ人に帝国内での居住と通商活動を認めたことを何というか。
- □ (2) 16世紀初頭にイランで成立した，シーア派を国教とする王朝を何というか。
- □ (3) 1368年に明を建国した人物はだれか。
- □ (4) 南蛮貿易における日本の主な輸出品は何か。
- □ (5) 18世紀半ばに，清がヨーロッパ船の来航を限定した港はどこか。

論述力を鍛える

満洲人の清が行った漢人の統治策について，簡潔に説明せよ。

第1編｜近代化と私たち

2. 近世の日本

解答⇒別冊 p.1

1 幕藩体制下の日本　江戸幕府と藩による統治体制

★ 1｜江戸幕府の統治

(1) **江戸幕府の成立**…1603年，①[　　　　　　]が征夷大将軍に任じられ，江戸幕府を開いた。以後，全国は，幕府の支配する**直轄地**（大坂・長崎・堺などの重要都市）と，独自の領国支配が認められた各地の大名家(藩)に分けられて統治された。このような統治体制を②[　　　　　　]という。

(2) **大名家(藩)の領国支配**…諸大名は，領国を独自に支配し，家臣団を城下に集住させ，年貢米を百姓から徴収した。一方，将軍に対しては，江戸の普請(土木・建築工事)などを含む③[　　　　]をつとめた。

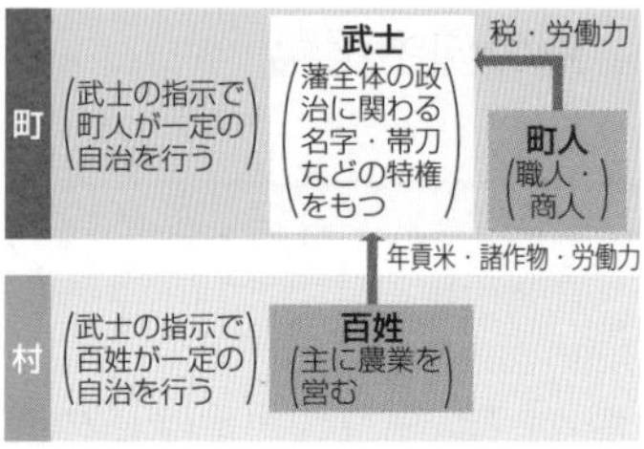

▲江戸時代の人々と町・村

(3) **江戸幕府による統制策**…大名の統制策として，**武家諸法度**により，領国から江戸へ１年おきに参上する④[　　　　　　]を義務づけた。また，キリスト教の信者を発見するため，個人の信仰する宗教を調べる⑤[　　　　　　]を行った。

★ 2｜江戸時代の経済

(1) **都市の発達**…国内が安定し，**新田開発**などで耕地や米の収穫量が飛躍的に増加し，18世紀初めまでに人口が急増した。そうしたなか，**江戸・大坂・京都**の⑥[　　　　　]が大都市へと発達した。（年貢米や特産物を領国から運び入れる蔵屋敷が多く置かれた）

(2) **貨幣経済の発達**…農業をはじめとする諸産業の発達にともなって貨幣経済が浸透し，綿花(木綿)・菜種・紅花などの商品作物の栽培が各地で行われるようになった。また，生糸・砂糖・人参の国産化も急速に進んだ。

(3) **社会の変容**…貨幣経済の発達にともなって財政難に陥った幕府や諸藩は，商品の生産や流通に関与して利益を得ようとした。幕府は金貨の改鋳により利益を獲得し，諸藩は⑦[　　　　　]を発行するなど（藩内のみで通用した紙幣）して財源を補った。民衆の間では貧富の差が広まり，⑧[　　　　　　　]や**打ちこわし**が多発した。

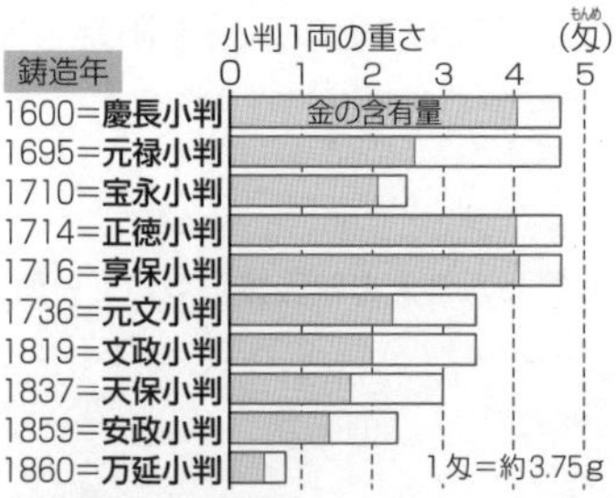

▲金貨成分比の推移

Word

武家諸法度

将軍の代替わりごとに出された，幕府の大名に対する規制や規定を定めた法典。３代将軍**徳川家光**のときに**参勤交代**が制度化された。

一　大名小名，在江戸交替，相定ル所也。毎歳夏四月中参勤致スベシ。従者ノ員数近来甚ダ多シ，且ハ国郡ノ費，且ハ人民の労也。向後其ノ相応ヲ以テ，之ヲ減少スベシ。……
一　私ノ関所，新法ノ津留，制禁ノ事。
一　五百石以上の船停止ノ事。
（「御触書寛保集成」）

▲武家諸法度(寛永令)

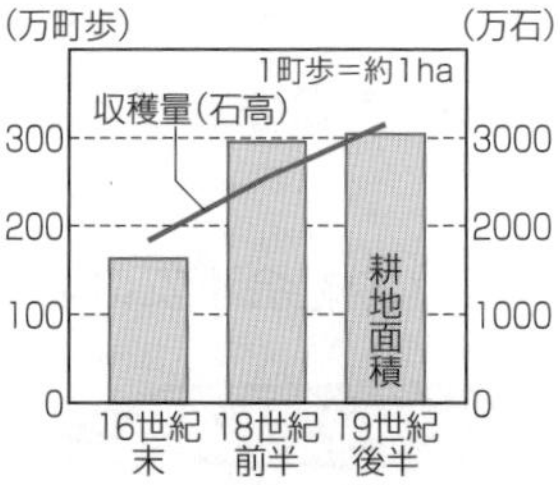

▲江戸時代の耕地面積・収穫量の推移

Word

商品作物

商品として販売することを目的とする綿花・菜種・茶などの作物。

Word

打ちこわし

町人や農民が米商人や金融業者などを襲い，家屋などを破壊した騒動。

2 江戸幕府と世界のつながり　鎖国下の対外関係

★★ 1 | 鎖国体制の確立

1637年，キリシタン(キリスト教徒)らによる島原・天草一揆がおこると，1639年，幕府は⑨[　　　　　　]船の来航を禁止し，オランダ商館を長崎の**出島**へ移し，鎖国体制が確立した。これにより，海外渡航や貿易が制限されることになった。鎖国政策の目的は，キリスト教の布教を禁止することと貿易の利益を独占することであった。

★★★ 2 | 鎖国下の対外関係

(1) **鎖国下の貿易**…**長崎**・**対馬**・**琉球**を通じて貿易が行われた。主に中国産の⑩[　　　　]・絹織物，東南アジア産の砂糖，朝鮮の人参などが輸入された。当初の主な輸出品は⑪[　　　　]であったが，やがて銅にかわった。これらの鉱物資源が不足するようになると，⑫[　　　　](海産物)が輸出されるようになった。

(2) **交易の４つの窓口**…鎖国中も，**長崎**・**対馬藩**・**薩摩藩**・**松前藩**の４つの窓口を通じて，海外との交易が行われた。

- **長崎**…**中国**と**オランダ**に限定した交易が行われた。
- **対馬藩**…⑬[　　　　]氏が**朝鮮**との交易や外交の窓口となった。
  └将軍就任を祝う通信使を派遣した
- **薩摩藩**…⑭[　　　　]氏が**琉球王国**を支配下に置き，中国との**朝貢貿易**を継続させたが，しだいに，⑮[　　　　]の生産に力を入れるようになり，日本に輸出された。
  └将軍の代替わり後と国王の就任後に使節を派遣した
- **松前藩**…松前氏が蝦夷地の⑯[　　　　]の人々との交易独占権を認められた。18世紀に交易が商人による請負になると，[⑯]との対立が深まった。

参考

鎖国までの流れ

スペイン船の来航禁止→日本人の海外渡航・帰国禁止→**ポルトガル船**の来航禁止→オランダ商館を**出島**に移す。

注意

オランダ

オランダは，キリスト教を布教しなかったため貿易が許された。また，**オランダ風説書**により海外の情報を幕府に伝えた。

Word

俵物

いりこ・干しあわび・ふかひれなどを俵に詰めた海産物。長崎から中国へ輸出された。

Word

アイヌ

北海道・樺太・千島列島に古くから住む，独自の言語をもち，狩猟や漁労を中心とする生活文化を築いていた人々。

確認しよう

- □ (1) 江戸幕府が大名を統制するために制定した法令を何というか。
- □ (2) (1)に，参勤交代の義務を追加した江戸幕府の将軍はだれか。
- □ (3) 大坂に最も多く置かれ，領国から年貢米や特産物を送った施設を何というか。
- □ (4) オランダとの貿易を行うために長崎につくられた人工島を何というか。
- □ (5) 琉球王国を支配下に置き，砂糖の生産に力を注いだ藩はどこか。

論述力を鍛える　18世紀以降，生糸や砂糖・人参の国産化が急速に進んだ理由について，簡潔に説明せよ。

第1章
強まる世界の結びつき

第1編｜近代化と私たち

3. ヨーロッパ主権国家体制の形成

解答⇒別冊 p.1

1 主権国家体制の形成　新たな国際秩序の誕生

★ 1｜16～17世紀の世界

(1) **アジア**…中国では，朝貢体制を築いた明，続いて①[　　　　]が栄え，西アジアでは，**オスマン帝国**と②[　　　　　　]が対抗しつつ全盛期を迎えた。南アジアでは，③[　　　　　　]が支配を広げていた。これらの国々では，他地域との貿易や交流もさかんであった。

（アウラングゼーブのときに最大版図となった／首都はイスファハーン）

(2) **ヨーロッパ**…**神聖ローマ帝国**が衰退し，**イギリス・フランス・スペイン**などの国々が台頭してきた。これらの国々は，諸侯の力をおさえ，君主を頂点とする④[　　　　　　]**化**を進めていった。

★ 2｜主権国家体制の形成

各国が[④]化を進める過程で，支配地域の国境を明確に定め，君主のみが主権者として他国と外交関係を結ぶ体制が築かれた。このような国家を**主権国家**といい，しばしば**同君連合**の場合もみられた。こうした主権国家が，ほかの国々と形式的には対等な立場で外交関係を結び，相互の利害を調整する**主権国家体制**とよばれる国際秩序が形成され，現在の国際秩序の原型となった。

（1648年のウェストファリア条約が主権国家体制を確立する画期となった）

2 ヨーロッパの主権国家　多様な国家と精神面の変化

★★ 1｜16～17世紀のヨーロッパ諸国

(1) **ドイツ(神聖ローマ帝国)**…宗教改革や長期間にわたる戦争の影響により，皇帝の権力が弱体化し，オーストリアやプロイセンなど，諸侯が治める⑤[　　　　　　]が急成長した。

(2) **フランス**…⑥[　　　　　　]が貴族の力をおさえ，議会を開かず強大な権力をふるって統治する**絶対王政**とよばれる体制を築いた。強力な常備軍と官僚制のもとで最盛期を迎えた。一方，宮廷に芸術家が集められ，西ヨーロッパ文化の中心となった。

（「太陽王」とよばれた）

(3) **オランダ**…17世紀前半に，⑦[　　　　　　]から事実上の独立を勝ち取り，貴族中心の⑧[　　　　　]が行われた。アジアにまで貿易網を広げ，莫大な利益をあげた。

（日本とも江戸時代に長崎で貿易を行った）

(4) **イタリア**…貴族中心の[⑧]が行われた**ヴェネツィア・ジェノヴァ**などの都市国家が栄えた。

Word

神聖ローマ帝国

10世紀半ばに，ローマ教皇が東フランク(ドイツ)の王に皇帝権を認めたことを起源とする，中世・近世ドイツの呼称。

Word

同君連合

2つ以上の国が同一君主のもとに連合すること。16世紀前半の神聖ローマ帝国の皇帝は，スペインやネーデルラント(オランダ)，ナポリ(イタリア)の君主を兼ねた。

Word

絶対王政

16～18世紀のヨーロッパで，主権国家形成期に展開された，王権への集権化が進んだ政治体制。スペイン・フランス・イギリスなどで生まれた。

参考

ヴェルサイユ宮殿

ルイ14世が建てさせた宮殿。フランス絶対王政のシンボルとなった。

▲ヴェルサイユ宮殿の「鏡の間」

(5) **ロシア**…オスマン帝国を圧迫して領土を黒海沿岸に広げ，バルト海にも進出してヨーロッパ諸国と直接の関係をもつようになった。また，東方ではシベリア経営を推進し，清との通商を開始した。
清とネルチンスク条約を結んだ

★★ 2 | イギリスの革命

(1) **ピューリタン革命**…17世紀半ば，専制政治を強める国王と地主を中心とする議会の対立から内戦がおこった。クロムウェルが指導する議会派が勝利して[⑧]に移行したが，その後再び王政に復帰した。
ピューリタンの信仰者が多かった

(2) **名誉革命**…専制政治を強めた国王に対し，議会は新たな国王を招いて，王権に対する議会の優位性を示した⑨[　　　　　]を制定し，世界初の⑩[　　　　　]が始まった。その後，議会の勢力が強まり，首相が議会の多数派を率いて国政を主導する⑪[　　　　　]が成立した。
1688～89年
オランダから招かれた
憲法によって国王の権利が制限された政治体制

★ 3 | 宗教改革と科学革命

(1) **教会への抗議**…現世の利益を追求しがちだった**カトリック教会**への抗議の動きとして，ルターらの⑫[　　　　　]諸派が現れた。

(2) **宗教改革**…ローマ教皇による**贖宥状**(**免罪符**)の販売に対するルターの教会批判を契機に，**宗教改革**が始まった。カトリック側でも改革が行われ，⑬[　　　　　]は海外への布教を進めた。
日本でもフランシスコ=ザビエルが布教活動を行った

(3) **科学革命**…17世紀には特に**自然科学**が発達した。望遠鏡や顕微鏡が発明されて，ガリレイやニュートンらが物体の運動法則を解明するなど，科学者たちが諸現象の法則を追求し，それを検証して確認するという自然科学の基本的な手続きが確立された。

Word
ピューリタン革命
イギリスの改革派(プロテスタント)を総称して清教徒とよぶことから，清教徒革命ともいわれる。

Word
名誉革命
大きな混乱も流血もなく革命が進んだため，名誉革命と名づけられた。

注意
ピューリタン革命と名誉革命後の体制
- **ピューリタン革命**…君主政が廃止されて**共和政**に移行した。
- **名誉革命**…**立憲君主政**が始まった。

Word
贖宥状(免罪符)
罪の許しが得られた印として，カトリック教会が発行する証明書(符)。教会に寄進(寄付)した者も罪が許されるとして販売された。

確認しよう

- □ (1) 君主のみが主権者として他国と外交関係を結ぶ体制を築いた国家を何というか。
- □ (2) ルイ14世に代表される，権力を国王に集中させて統治する専制政治を何というか。
- □ (3) 国王派と議会派の対立からおこり，共和政に移行したイギリスの革命を何というか。
- □ (4) 王政復古後，国王が再び専制政治を行ったことから1688年におこった革命を何というか。
- □ (5) カトリック教会に対する批判から広まった，ルターらの運動を何というか。

論述力を鍛える

16～17世紀にヨーロッパで形成された主権国家体制とはどのようなものか，簡潔に説明せよ。

第1編｜近代化と私たち

4. ヨーロッパ人の海外進出

解答⇒別冊 p.2

1 大航海時代の始まり　高まるアジアへの関心

★ 1｜ヨーロッパ人の海外進出の要因

(1) **政治面**…財政確立のために東方の富を求める君主の援助があった。

(2) **経済面**…地中海貿易で得ていた胡椒などの①[　　　　　]の需要が高まったが，②[　　　　　　　]の地中海進出により，新しい航路の開拓が求められた。
↳アジア産品に高い税を課した

(3) **文化面**…③[　　　　　　　　　　]の『世界の記述』(『東方見聞録』)などにより，アジアへの関心が高まっていた。
↳日本が「黄金の国」として紹介されている

(4) **宗教面**…**キリスト教布教**の熱意が高まっていた。

Word

地中海貿易

地中海沿岸の**ヴェネツィア・ジェノヴァ**などのイタリアの都市に，**ムスリム商人**を通じてアジアの産品などがもたらされた。

★ 2｜新航路の開拓

④[　　　　　　]・スペインの王家が新航路開拓の先駆けとなり，イギリス・フランス・オランダが続いた。⑤[　　　　　　　]のアメリカ大陸到達に続き，**ヴァスコ=ダ=ガマ**がインド航路を開拓，さらに，⑥[　　　　　　]船隊による世界一周達成など，**大航海時代**が始まった。
ヨーロッパ以外でも貿易がさかんになったため大交易時代ともよばれる↲

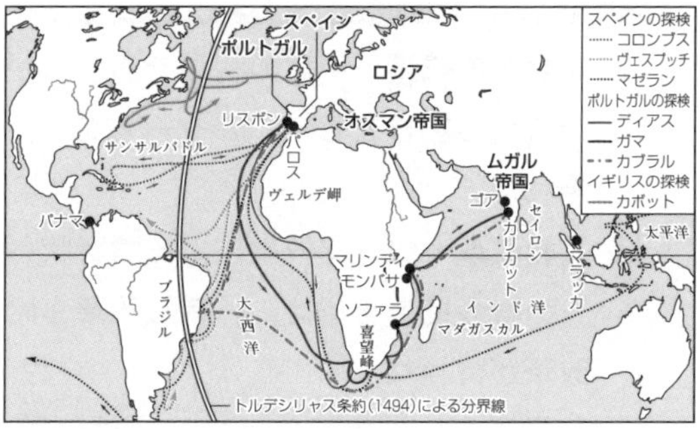

▲ヨーロッパ人による航海・探検

2 海外進出の影響　「世界の一体化」の始まり

★ 1｜アジアの動向

(1) **ヨーロッパとアジアの関係**…ヨーロッパとアジアの経済の結びつきが強まったが，当時のヨーロッパ諸国は，アジア各地に貿易拠点を確保し，既存の貿易網に参入することで利潤をあげることを基本とし，まだ植民地支配は行っていなかった。

(2) **貿　易**…ヨーロッパ諸国は，アジアから[①]のほか，**茶**・⑦[　　　　　]・**綿織物**・絹などを輸入したが，主要な輸出品がなかったヨーロッパの対アジア貿易は赤字であった。また，代金を銀で支払ったため，銀が集中したアジアに繁栄をもたらした。

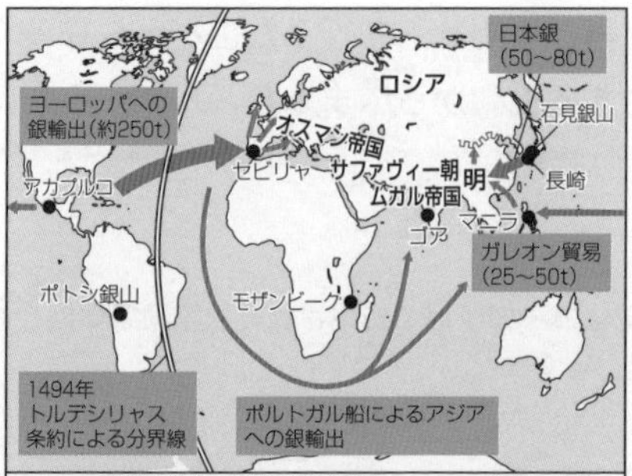

▲銀の流通(16～17世紀)

参考

ポルトガル・スペインのアジア貿易

ポルトガルは，インドの**ゴア**に拠点を置き，インド洋においてはムスリム商人に取ってかわり，日明貿易にも参加した。**スペイン**が拠点としたフィリピンの**マニラ**は，メキシコのアカプルコと結ばれ，アジア地域とアメリカ大陸間の重要な中継拠点となった。

★ 2 | 南北アメリカの動向

(1) **北アメリカ**…現在のアメリカやカナダの地域では，先住民の人口も少なく，ヨーロッパ人が求めていた貿易品も乏しかったため，イギリスからの入植者は自給自足の生活を営んでいた。

(2) **ラテンアメリカ**…⑧[　　　　　　]人が先住民の文明を滅ぼした。
└メキシコ以南の中南米
[⑧]人は銀山を開発して，採掘した銀をヨーロッパへ輸出した。
└現在のボリビアにあったポトシ銀山が知られている
また，**サトウキビ**や⑨[　　　　　　]などが大規模農園(**プランテーション**)で栽培された。一方，過酷な労働や⑩[　　　　　　]
ヨーロッパからもち込まれた┘
の流行によって先住民の人口が激減し，労働力が不足すると，西アフリカから多くの黒人が⑪[　　　　　　]として送り込まれた。また，ジャガイモ，トマト，トウモロコシ，タバコ，カカオなどの
└飢饉の際の重要な食料となった
新しい作物は，ヨーロッパ人の食生活に大きな影響を与えた。

★ 3 |「世界の一体化」

インド航路の開拓やアメリカ大陸への到達は，ヨーロッパに大きな経済的変化をもたらした。ヨーロッパの貿易は，それまでは地中海貿易が中心であった。しかし，インド航路の開拓によってアジアが，新大陸への到達によってアメリカ大陸がそれぞれ貿易圏として加わると，商品の種類や取引額にも変化が生まれ，商業の規模は世界的な広がりをもつようになり，**「世界の一体化」**が始まった。

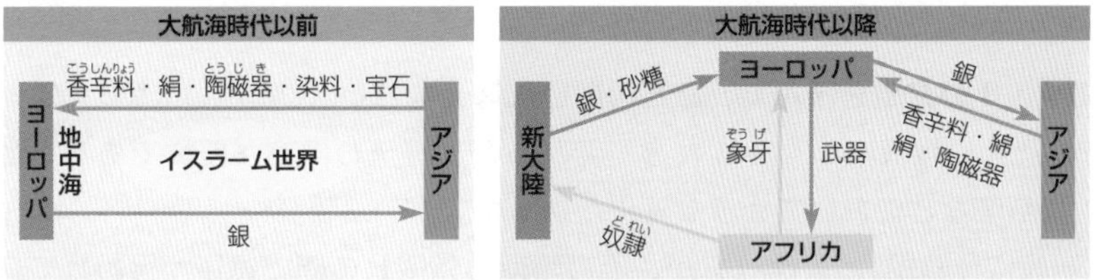

▲大航海時代前・以降の貿易

参考

新しい農産物の影響

- **茶**…日本や中国から伝わった茶は，18世紀に本格化するイギリスの紅茶文化の起源となった。
- **サトウキビ**…アメリカ大陸からの大量の砂糖の供給を背景に，ヨーロッパでは菓子づくりの文化が発達した。

注意

15～17世紀における「世界の一体化」

大航海時代の結果，ヨーロッパとアジア，ヨーロッパとアメリカ大陸・アフリカとの結びつきが強まり，「世界の一体化」が進展した。しかし，「世界の一体化」は，アメリカ大陸のヨーロッパへの従属とアジアの繁栄をもたらし，強者と弱者を新たにつくり出したともいえる。

確認しよう

- □ (1) ヨーロッパ人のアジアへの関心を高めたマルコ=ポーロの旅行記を何というか。
- □ (2) 喜望峰を通ってインドに至る航路を開拓したポルトガルの航海者はだれか。
- □ (3) ヨーロッパ経済を活性化させ，アジアにも繁栄をもたらした鉱物資源は何か。
- □ (4) アメリカ大陸で，サトウキビなどを栽培するためにつくられた大規模農場を何というか。

論述力を鍛える ヨーロッパを結ぶ貿易圏は，大航海時代の到来でどのように変化したか，簡潔に説明せよ。

演習問題 ①

解答⇒別冊 p.2

1 ［イスラーム帝国の繁栄］**次の文章を読んで，あとの問いに答えなさい。**

オスマン帝国は，（　①　）のときに最盛期を迎え，1529年にはウィーンを包囲してヨーロッパ諸国に大きな衝撃を与えた。オスマン帝国では，イスラーム法にもとづく政治が行われる一方，a非ムスリムの宗教共同体に対してイスラーム教への改宗を強制せず，法に定められた自治を認めて多民族・宗教の共存をはかった。また，フランス・イギリス・オランダの商人に b領内での居住と通商を公に認める特権を与えた。

16世紀初頭に北インドで建国されたムガル帝国では，第３代皇帝（　②　）が中央集権的な体制を確立し，第６代皇帝（　③　）のもとでその版図は最大となるも，c厳格な政策は大きな反発を招き，皇帝の死後，ムガル帝国は急速に弱体化し，各地に独立政権が生まれていった。

頻出 (1) **（　①　）～（　③　）にあてはまる人物名を答えよ。**　〔東京都立大－改〕

(2) **下線部 a に関して，このように保護された非ムスリム共同体の名称を答えよ。**　〔法政大〕

頻出 (3) **下線部 b に関して，この特権の名称を答えよ。**　〔法政大〕

(4) **下線部 c に関して，反発を招いた政策の内容について簡潔に説明せよ。**　〔東京都立大〕

(1)	①	②	③
(2)		(3)	
(4)			

2 ［鎖国体制下の貿易］**次の A・B の文章を読んで，あとの問いに答えなさい。**　〔京都産業大－改〕

A 中世から近世にかけて，社会や経済のしくみは大きく変わった。経済の中心が農業であることは同じだが，土地制度，a税制度などにおいて大きな変化があった。

B 江戸時代の対外関係は一般に「b鎖国」とよばれるが，その時期も外国との間で貿易が行われていた。近世初期における日本の主要な輸入品は，生糸や絹織物である。これに対する主要な輸出品は，金・銀・銅であった。やがて，金・銀の産出が減ってくると，c輸入品の国産化，新たな輸出品の開発など，幕府は新たな対応が必要になってきた。

(1) **下線部 a に関して，次の X・Y の文の正誤の組み合わせとして正しいものを，あとから１つ選び，記号で答えよ。**

X 江戸時代の租税で基本といえるものは，年貢であった。

Y 江戸幕府は，大名領からも毎年，年貢を徴収した。

ア X－正　Y－正　　イ X－正　Y－誤　　ウ X－誤　Y－正　　エ X－誤　Y－誤

(2) **下線部 b に関して，江戸幕府が鎖国体制を確立した目的について簡潔に説明せよ。**

(3) **下線部 c の内容に関する説明として誤っているものを，次から１つ選び，記号で答えよ。**

ア 砂糖や朝鮮人参の国産化がめざされた。　　イ 生糸の国産化が進んだ。

ウ 中国に向け，俵物や昆布が輸出された。　　エ 18世紀の主要な輸出品が石炭となった。

(1)		(2)		(3)	

3 [大航海時代とアジアへの影響] 次の文章を読んで，あとの問いに答えなさい。

ヨーロッパでは15世紀末から「a大航海時代」が始まった。その影響はアジア地域にもおよび，16世紀になるとヨーロッパ諸国がアジアに進出し，中国のb明を中心としたこれまでのアジアの朝貢体制は揺らぎはじめた。しかし，このことは国際商業の繁栄とc世界の一体化が進められていることの表れでもあった。17世紀半ば，明にかわり中国を支配したd清は，政情が安定すると海禁政策を解除した。そのため，中国とヨーロッパとの貿易が発展した。

(1) 下線部aに関して，次の問いに答えよ。

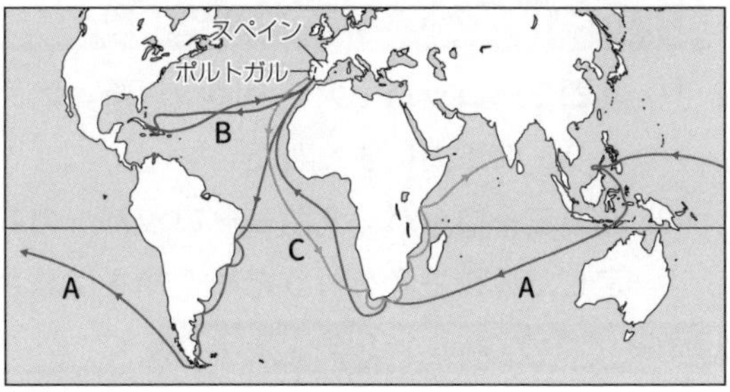

① スペイン女王の命により，インドをめざして出発した人物と，地図中におけるその航路の組み合わせとして正しいものを，次から1つ選び，記号で答えよ。

ア マゼラン－A　　イ マゼラン－B
ウ コロンブス－A　　エ コロンブス－B

② ポルトガルの航海者で，地図中のCの航路を開拓した人物名を答えよ。

③ スペインやポルトガルが新航路の開拓に力を入れた主な理由を簡潔に説明せよ。

(2) 下線部bに関して，次の問いに答えよ。

頻出 ① 永楽帝の命により南海諸国へ遠征し，朝貢を促した人物名を答えよ。

② 明から倭寇の取り締まり要請を受け，永楽帝によって「日本国王」と認められ，日明貿易を開始した人物名を答えよ。

頻出 **(3) 下線部cの具体例としての説明として適切でないものを，次から1つ選び，記号で答えよ。**

ア 東南アジアの香辛料が大量にヨーロッパへ運ばれた。
イ 南アメリカ産の銀がヨーロッパに流入した。
ウ 日本にもイエズス会の宣教師が布教活動に来た。
エ 遠隔地貿易の中心が，大西洋から地中海沿岸へと移動した。

頻出 **(4) 下線部dが，18世紀半ばにヨーロッパ船の来航を限定した港を，次から1つ選び，記号で答えよ。**

ア 広州（コワンチョウ）　イ 上海　ウ 天津（テンチン）　エ 寧波

(1)	①	②		③			
(2)	①	②		(3)		(4)	

4 [主権国家体制の形成] 次の文章中の（ ① ）～（ ④ ）にあてはまる適語を答えなさい。

16世紀から17世紀にかけて，ヨーロッパでは官僚制を備えた行政組織を整備し，支配領域を明確な国境で囲い込み，外に対して君主のみが国を代表する主権国家が生まれていった。主権国家体制が確立したころ，各国の国内における政治の主導権をめぐる争いも新たな局面を迎えていく。イギリスでは，ピューリタン革命や，1688年におきた（ ① ）を経て議会の優位が確立され，世界初の（ ② ）が始まった。フランスでは，「太陽王」とよばれた国王（ ③ ）が政治の主導権を握った。ドイツでは，皇帝と諸侯の間で権力が分立していたが，やがて皇帝の権力が弱まり，それぞれの（ ④ ）が独自に発展した。

①		②		③		④	

第1編 | 近代化と私たち

5. 産業革命とその影響

解答⇒別冊 p.3

1 ヨーロッパ経済の変化 重商主義と海外交易の発展

★ 1 | 17～18世紀のヨーロッパ経済

(1) **北西ヨーロッパ**…大航海時代以降，大西洋貿易圏が交易の中心となり，海軍力にすぐれた①[　　　　]と**イギリス**が台頭した。

(2) **北東ヨーロッパ**…北西ヨーロッパへの穀物供給地へと変化し，安定した穀物生産を行うため，領主は農民への統制を強化した。

★★ 2 | ヨーロッパ諸国の交易政策

オランダ・イギリス・フランスは，貿易特許をもつ**東インド会社**を設立し，自国や植民地の貿易から他国を排除する排他的な経済圏を成立させようとする②[　　　　]の政策をとった。

Word

東インド会社

イギリス，オランダ，フランスが設立した，アジアとの貿易を独占的に行う会社。

2 産業革命 イギリスの産業革命の要因と技術革新

★★ 1 | イギリスの産業革命の要因

(1) **市場経済の拡大**…当時のヨーロッパは人口の増加が続き，モノを市場を通じて自由に売買できる**市場経済**が拡大していた。

(2) **広大な市場**…オランダ・③[　　　　]との植民地戦争に勝利し，広大な**海外市場**を確保した。

(3) **資本の蓄積**…[②]政策や④[　　　　]（**マニュファクチュア**）の発達により**資本が蓄積**されていた。

(4) **安価な労働力**…18世紀に，農業資本家が地主から土地を借りて農業労働者を雇う資本主義的農業経営が確立される**農業革命**がおこった。その結果，土地を失った農民が都市部に流入して工場労働者となり，豊富で安価な労働力が得られた。

(5) **高い技術力**…自然科学と技術の水準が高かった。

(6) **豊かな資源**…⑤[　　　　]・**鉄**などの資源が豊富であった。

Word

産業革命

18世紀後半からイギリスで始まった，工場制手工業から工場制機械工業への変化と，それにともなう産業・経済・社会の大きな変革のこと。

★★★ 2 | 産業革命の進展

(1) **綿工業の発達**…17世紀にインド産の⑥[　　　　]**織物**が輸入されるようになり，その需要が高まった。そのため国内の⑦[　　　　]織物業が大打撃を受けたが，原料の⑧[　　　　]をインドから輸入して，国内で[⑥]織物をつくる動きがおこった。

(2) **技術革新**…**飛び杼**や**多軸紡績機**の発明，⑨[　　　　]による**蒸気機関**の改良などの技術革新により，製品を大量生産する**機械化工業**のしくみが整った。

└手工業の職人は機械打ちこわし運動（ラダイト運動）で抵抗したが，弾圧された

人物	発明品
ニューコメン	蒸気機関，ポンプ
ダービー	コークス製鉄法
ジョン=ケイ	飛び杼
ハーグリーヴズ	多軸紡績機（ジェニー紡績機）
ワット	蒸気機関改良
アークライト	水力紡績機
クロンプトン	ミュール紡績機
カートライト	力織機
フルトン	蒸気船
スティーヴンソン	蒸気機関車

▲主な技術革新

▲イギリスの紡績工場

(3) **貿易の拡大**…イギリスはアフリカで調達した ⑩[　　　　]を植民地に送り，⑪[　　　　]でつくらせた砂糖・タバコなどをもち帰りヨーロッパ諸国に再輸出するという ⑫[　　　　]を行い，多くの富を得た。

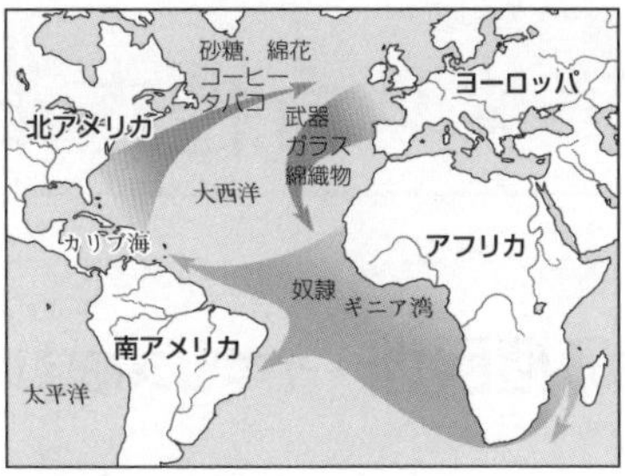

▲大西洋三角貿易

! 注意

三角貿易の影響(えいきょう)

ヨーロッパの列強は大きな利潤を得て資本が蓄積され，産業革命を生む要因ともなった。アフリカの西海岸地方では貴重な労働力を失い，政治や経済の発展が阻害(そがい)された。

3 産業革命の影響　工業化の進展と資本主義体制の形成

★★ 1｜産業革命と社会の変化

(1) **資本主義体制の確立**… ⑬[　　　　]が労働者を雇用(こよう)し，利潤(りじゅん)を追求してほかの[⑬]と競争する**資本主義**のしくみが確立した。
　└一方で，資本主義を批判する社会主義思想が生まれた

(2) **社会問題の発生**…女性や子どもの ⑭[　　　　]・長時間労働などの労働問題や，公害などの**社会問題**が発生した。

(3) **交通手段・通信手段の革新**…蒸気機関は，さらに ⑮[　　　　]や鉄道に利用され，蒸気鉄道の技術と車両はイギリスの主要輸出品になった。また，19世紀半ばには**電信**が実用化された。
　└交通革命　└通信革命

★★ 2｜産業革命の世界的影響

(1) **国際分業体制の形成**…イギリスは安価で均質な工業製品を大量に生産して世界各地に輸出できたため，「⑯[　　　　]」とよばれた。一方，インドやアメリカ南部は綿花の供給地となり，国際的な分業体制が形成された。

(2) **工業の進展**…19世紀に入ると，イギリスへの経済的従属から脱(だっ)するため，ベルギーやフランス，ドイツなどの西ヨーロッパ諸国やアメリカでも産業革命が進み，機械化工業が発展した。

参考

社会主義

資本主義の弊害(へいがい)を是正(ぜせい)する対抗理論として**社会主義**思想が生まれた。その中心が**マルクス**と**エンゲルス**。1848年に『**共産党宣言**』を発表した。

フランス	1830年代の七月王政期から本格的に展開するが，資本・労働力不足により，進展が遅(おく)れた。
ドイツ	関税同盟により市場形成を進めた1830年代から進展。1871年の国家統一を経て急激に進展。19世紀後半，重化学工業が発展。
アメリカ	イギリスとの戦争のころから進展し，1860年前後に北部で達成。19世紀後半，重化学工業が発展。
ロシア	1860年代の農奴(のうど)解放後から進展。
日本	19世紀末から国策により進展。アジア最初の達成。

主な国の産業革命の展開▶

確認しよう

- □ (1) イギリス・オランダ・フランスが設立した，アジア貿易を独占的に行う会社を何というか。
- □ (2) 織布工程でジョン=ケイが発明した装置を何というか。
- □ (3) ワットが改良し，紡績機や力織機の動力として利用されたものは何か。
- □ (4) 資本家が生産手段を所有し，労働者を雇用して生産を行う経済体制を何というか。

論述力を鍛える　産業革命によってどのような労働問題が生じたか，簡潔に説明せよ。

第1編｜近代化と私たち

6. アメリカ独立革命とフランス革命

解答⇒別冊 p.3

1 北アメリカ大陸の植民地　イギリス植民地の拡大

★ 1｜イギリスの台頭

(1) **北アメリカ植民地の拡大**…1756年に始まった**七年戦争**（└1756〜63年）後，敗れたフランスの領土がイギリス領に編入された。

(2) **北アメリカ植民地政策**…北アメリカ植民地はイギリス本国から遠く離(はな)れていた。そのため，イギリス本国は植民地に対して重商主(じゅうしょう)義政策による貿易規制を行ったが，それ以外の統制は弱かった。

★ 2｜北アメリカ植民地の経済構造

植民地の北東部では**林業・漁業・海運業**が発達し，南東部では**奴隷**(どれい)を用いた①[　　　　　　]でタバコや米が栽培(さいばい)された。七年戦争後の北アメリカ植民地の経済規模は，イギリス本国の約3分の1にまで成長した。

2 アメリカ独立革命　アメリカ合衆国の成立

★★★ 1｜イギリス植民地政策の転換

(1) **イギリス本国の政策転換**(てんかん)…イギリス本国は，七年戦争後の財政赤字に対応するため，植民地への課税の強化をはかった。

(2) **植民地の抵抗**(ていこう)…1765年の②[　　　　　]法に対し，植民地側は本国議会に議員を送っていなかったため，「③[　　　　　]**なくして課税なし**」と抗議した。**茶法**が成立すると（1773年），一部の植民地住民が④[　　　　　　　　]（└船の積み荷の茶を海に投棄した）をおこした。

★★★ 2｜アメリカ独立戦争

(1) **独立戦争の勃発**(ぼっぱつ)…[④]に対する本国の強硬(きょうこう)姿勢に対し，植民地側は⑤[　　　　　　]を設置して抗議したが，1775年に**独立戦争**が勃発した。植民地側は，総司令官に⑥[　　　　　　　]（└アメリカ合衆国初代大統領となった）を任命して戦い，1776年に⑦[　　　　　　]を発表した。

(2) **独立の達成**…戦争は植民地側が勝利し，1783年に**アメリカ合衆国**として独立した（└ヨークタウンの戦いが実質的な終結となった）。1787年に**合衆国憲法**を制定し，世界初の⑧[　　　　　　]制国家となった。また，立法・行政・司法の⑨[　　　　　　]と，各州と中央政府の権力を分立する⑩[　　　　　　]が採用された。

> われわれは次のことが自明の真理であると信ずる。すべての人は平等につくられ，神によって，一定の譲(ゆず)ることのできない権利を与えられていること。そのなかには，生命，自由，そして幸福の追求が含(ふく)まれていること。……

▲アメリカ独立宣言

Word

七年戦争

プロイセンとオーストリアの間でおこった戦争。プロイセン側にイギリス，オーストリア側にフランスなどがついた。

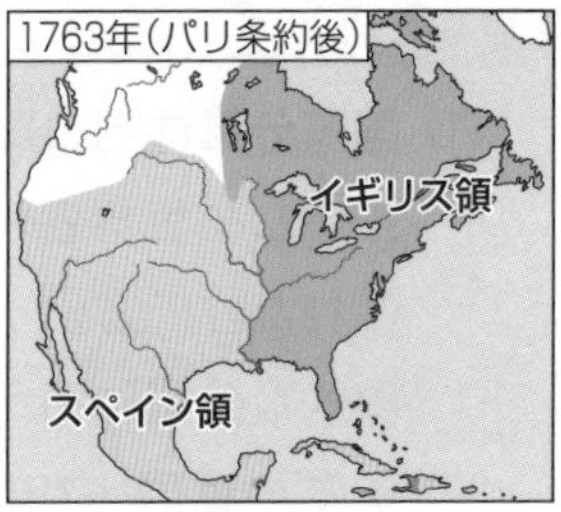

▲イギリスの北アメリカ植民地の拡大

Word

印紙法・茶法

- **印紙法**…書類・刊行物すべてに本国発行の印紙を貼(は)ることを義務づけた法律。翌1766年に撤廃(てっぱい)された。
- **茶法**…本国がアメリカ植民地への茶の直送と，茶の独占販売権(どくせんはんばいけん)を東インド会社に与(あた)えた法律。

3 フランス革命　フランス絶対王政の崩壊

★★★ 1 | 革命の始まり

(1) **革命前のフランス社会**…⑪[　　　　　　]の絶対王政下にあり，身分制などの**旧体制**(**アンシャン=レジーム**)が存続していた。
└フランス革命前の政治・社会体制

(2) **革命の勃発**…[⑪]は財政赤字に対処するため，⑫[　　　　　]を招集したが，平民身分のうちの富裕層が独自の議会を設置すると，[⑪]はこれを弾圧したため，民衆が⑬[　　　　　　　]**牢獄**を襲撃し，新議会が⑭[　　　　　　]を発表した。
└国民議会

★★ 2 | 共和政の成立と展開

1792年，革命政府は共和政(**第一共和政**)の樹立を宣言し，翌年，[⑪]は処刑された。政府内では，**ロベスピエール**ら急進派が主導権を握り，反対派を弾圧・処刑する⑮[　　　　　　]を行った。
└1794年にロベスピエールは処刑され，翌年総裁政府が成立したが，政局は安定しなかった

▲バスティーユ牢獄の襲撃

> 第１条　人間は自由，かつ権利において平等な者として生まれ，存在する。……
> 第３条　あらゆる主権の根源は，本質的に国民のうちに存する。……

▲**人権宣言**　国民主権・法の支配・権力分立・私有財産の不可侵などが規定された。

4 ナポレオンの台頭　ナポレオンの帝政開始と没落

★★ 1 | 帝政の開始

ナポレオン=ボナパルトがクーデタで**統領政府**を樹立したのち，**皇帝ナポレオン１世**として即位し，帝政(**第一帝政**)を開始した。
└対外戦争での勝利で名声を得ていた　1799年┘　1804年┘

★★★ 2 | ナポレオンのヨーロッパ支配と没落

(1) **ナポレオンの政治**…内政では⑯[　　　　　]を制定した。対外的には，たび重なる戦争でヨーロッパの大部分を支配し，イギリスを経済封鎖するために**大陸封鎖令**を出した。
└ナポレオン法典　┌大陸諸国とイギリス間の通商・交通を全面禁止する法令

(2) **没　落**…ナポレオンは**ロシア遠征**に失敗したあと，各地でおこった⑰[　　　　　　]に敗れ，1814年に退位した。翌年には再び皇帝に復位したが，⑱[　　　　　　　　　]**の戦い**に敗れ流刑となった。
└百日天下といわれる

Word

ロシア遠征
　大陸封鎖令に違反してイギリスへの穀物輸出を再開したロシアに制裁を加えるため，ナポレオンが行ったロシアへの遠征。軍隊が壊滅状態となり，失敗した。

確認しよう

- □ (1) フランスの北アメリカ大陸の領土をイギリス領に編入することになった戦争を何というか。
- □ (2) 東インド会社に植民地への茶の独占販売権を与えた法律を何というか。
- □ (3) ナポレオンが総裁政府を倒して樹立した政府を何というか。
- □ (4) ナポレオンが発した，大陸諸国にイギリスとの貿易を禁じた法令を何というか。

論述力を鍛える　アメリカ独立宣言が権利の章典などと比べて画期的であった点について，簡潔に説明せよ。

第2章
近代世界の成立とアジアの変容

第1編 | 近代化と私たち

7. 19世紀前半のヨーロッパ

解答⇒別冊 p.3

1 ウィーン体制の成立 ヨーロッパ国際秩序の形成

★★ 1 | ウィーン体制

(1) **戦後処理**…フランス革命・ナポレオン戦争後の国際秩序再建をはかるため，列強が参加する ①[　　　　　　　]（オーストリア外相のメッテルニヒが提唱した）が1814～15年に開催された。会議では，**正統主義**にもとづきヨーロッパをフランス革命以前の状態に戻すことが確認され，フランスなど多くの国で旧王朝が復活した。

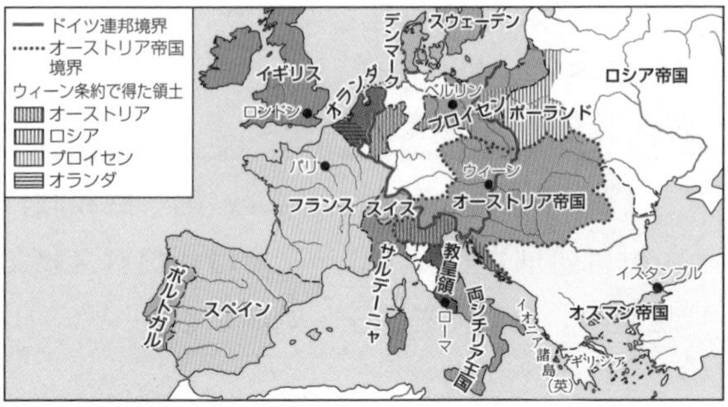

▲ウィーン会議後のヨーロッパ

(2) **復古的・保守的な国際秩序**…ウィーン会議で成立した，革命運動をおさえこみ，大国の勢力均衡をはかろうとする復古的・保守的な国際秩序を ②[　　　　　　　]という。ロシア・イギリス・プロイセン・オーストリアが結成した**四国同盟**が，この体制を実質的に支えた。

> **Word**
> **正統主義**
> フランス外相のタレーランが提唱したウィーン会議の基本原則。革命前の主権と領土を正統とし，革命前の状態に戻るべきことを主張した。

★ 2 | 反ウィーン体制勢力

復古的・保守的な[②]に対し，君主の権力を憲法で制限して議会による政治を実現しようとする ③[　　　　　　　]の運動や，同じ言語・文化をもつ人々からなる国民国家の樹立，外国支配からの独立を求める ④[　　　　　　　]の動きが各国でおこった。

2 ウィーン体制の動揺 諸国の革命運動と七月革命

★ 1 | 革命運動の高まり

ドイツやイタリア，ロシアで[②]への反抗運動がおこったが，そのほとんどが弾圧されて失敗した。一方，⑤[　　　　　　　]はヨーロッパ各国からの支援を受け，オスマン帝国からの独立を果たした。

> **Word**
> **七月革命**
> 国王が議会を未招集のまま解散したことに抗議して，民衆がパリで蜂起した。国王は亡命し，自由主義的とされた国王が新たに迎えられた。

★★ 2 | 七月革命とその影響

(1) **七月革命**…1830年，フランスで国王の圧政に対して**七月革命**がおこり，再び王政が廃止され，国民主権のもとでの**立憲君主政**が確立された。

(2) **七月革命の影響**… ⑥[　　　　　　　]がオランダから独立して立憲君主政に移行し，ポーランド・イタリア・ドイツでも立憲政治を求める運動がおこるなど（ロシアの介入で失敗），各国の自由主義運動に大きな刺激を与えた。

▲「民衆を導く自由の女神」（ドラクロワ作）

3 1848年革命 崩壊(ほうかい)するウィーン体制

★★ 1 | ヨーロッパ諸国の革命・改革

(1) **イタリア**…各地で反乱がおこったが，オーストリアなどの干渉(かんしょう)により失敗した（ローマやヴェネツィア）。イタリアの解放と統一を掲(かか)げてオーストリアと戦った**サルデーニャ王国**は戦争に敗れたが，憲法と議会は存続させた。

(2) **フランス**…1848年２月，**選挙権の拡大**や ⑦[　　　　　　　　]などの導入を求めて民衆が蜂起した。この結果，復活していた王政が倒(たお)され，⑧[　　　　　　　　]が樹立された。これを**二月革命**という。これにより，史上初の[⑦]が実現し，1852年には**ルイ=ナポレオン**（ナポレオン１世の甥にあたる）が皇帝(こうてい)に即位(そくい)し，⑨[　　　　　　　　]となって**第二帝政(ていせい)**を始めた。

(3) **ドイツ諸国**…オーストリアとプロイセンで革命がおこり（三月革命），プロイセンでは憲法が制定された。また，統一ドイツ国家の建設をめざして，自由主義者を中心に**フランクフルト国民議会**(全ドイツ議会)が設置されたが，オーストリアの圧力により頓挫(とんざ)した。

(4) **イギリス**…革命はおこらなかったが，労働者階級が[⑦]を求めて**チャーティスト運動**を展開した。経済面では，**穀物法**など重商主義的な規制が撤廃(てっぱい)されて ⑩[　　　　　　　　]**体制**に移行していった。

★★ 2 | ウィーン体制の崩壊

1848年の諸革命では諸民族による分離(ぶんり)独立や自治を求める運動も始まり，「⑪[　　　　　　　　]」とよばれる状況(じょうきょう)が生まれた。1848年革命は，その多くが弾圧されて成功には至らなかったが，各国の自由主義とナショナリズムの発展を促(うなが)し，ウィーン体制を崩壊させる役割を果たした。

Word

フランクフルト国民議会

1848年，三月革命により自由主義政権が成立したのち，ドイツ統一と憲法制定を目標に開かれた，ドイツ最初の立憲議会。オーストリア領内のドイツ人地域とベーメン(ボヘミア)を含(ふく)めて，ドイツの統一を進めようとする**大ドイツ主義**と，オーストリアを除きプロイセンを中心に統一を達成しようとする**小ドイツ主義**の対立もあり，統一は失敗した。

Word

穀物法

自国の農業を保護するため，安価な外国産穀物に対して高い関税を課して輸入を制限する法律。

確認しよう

- □ (1) ウィーン会議における国際秩序再建の原則となった考え方を何というか。
- □ (2) フランスで第二共和政が樹立された革命を何というか。
- □ (3) ナポレオン３世の皇帝即位から始まるフランスの政治体制を何というか。
- □ (4) 統一ドイツ国家の建設をめざすために設置された議会を何というか。

論述力を鍛える ウィーン会議で成立したウィーン体制とはどのような国際秩序か，簡潔に説明せよ。

第1編 | 近代化と私たち

8. 19世紀後半のヨーロッパ

解答⇒別冊 p.4

1 ロシアの動向　南下政策の挫折と近代化の推進

★★ 1 | 南下政策の展開

(1) **南下政策**…1853年，オスマン帝国と①[　　　　　　　　] をおこしたが，イギリス・フランスが支援したオスマン帝国に敗れ，②[　　　　　　　]によって南下政策は阻止された。1877年，再びオスマン帝国との間でおこった③[　　　　　　　　　　　　]ではロシアが勝利して④[　　　　　　　　　　　　]が結ばれ，バルカン半島で勢力を広げた。これに対し，**ビスマルク**が開催した**ベルリン会議**で，[④]にかわる⑤[　　　　　　　　　]が結ばれ，ロシアの南下政策は挫折した。

└1856年

└中央アジア・東アジアへの進出につとめるようになった

(2) **「東方問題」**…オスマン帝国の弱体化に乗じて勢力拡張をめざす西欧列強の動きは，西欧の側から見て**「東方問題」**とよばれた。

▲**ベルリン会議での取り決め**　セルビア・モンテネグロ・ルーマニアの独立が承認され，ブルガリアはオスマン帝国内の自治国とされた。ボスニア・ヘルツェゴヴィナはオーストリアが行政権を得た。

★ 2 | ロシアの改革

(1) **近代化政策**…[①]の敗北後，皇帝**アレクサンドル２世**は大規模な近代化政策を進めた。1861年に⑥[　　　　　　　　　]を出し，農奴の人格の自由を認め，工業化も進めた。

└あくまでも「上からの改革」であった

(2) **急進的改革**…農民を啓蒙して社会主義的改革を行おうとする一部の知識人らが現れたが，農民の支持を得られず失敗した。

└ナロードニキとよばれた

> **! 注意**
> **ロシアの近代化政策**
> 領主の支配からの農民の解放，自治体の設置，司法の独立などの改革が進められたが，皇帝の絶対的権力は保持され，身分制も残ったままであった。

2 英・仏の動向　繁栄するイギリスとフランス共和政の復活

★ 1 | イギリス

(1) **「パクス=ブリタニカ(イギリスの平和)」**…「世界の工場」として繁栄し，1851年の**第１回**⑦[　　　　　　　　]でそれを誇示した。

(2) **二大政党制**…**保守党**と**自由党**による二大政党制が成立し，**選挙法の改正**により選挙権が拡大され，労働組合も合法化された。

★★ 2 | フランス

⑧[　　　　　　　　　　　　　　　]の敗北により**第二帝政**が崩壊し，共和派による臨時政府が成立した。屈辱的な講和条件を知ったパリ民衆が蜂起し，⑨[　　　　　　　　　　　]を樹立したが，臨時政府軍に鎮圧された。その後，1875年に共和国憲法が制定され，**第三共和政**が確立した。

└1870〜71年

> **Word**
> **パリ=コミューン**
> 1871年に樹立された，史上初の労働者による自治政府。徹底した民主主義をめざしたが，臨時政府による弾圧で，２カ月で崩壊した。

3 イタリア・ドイツの統一　新しい統一国家の誕生

★★ 1 | イタリアの統一

(1) **統一運動の進展**…首相⑩[　　　　　　]のもとで近代化を進めた**サルデーニャ王国**を中心に統一の気運が高まった。1859年，統一を阻んできたオーストリアを破り，領土を拡大した。

(2) **統一の実現**…「**青年イタリア**」出身の⑪[　　　　　　　　]が，占領したシチリアと南イタリアをサルデーニャ王に譲った結果，1861年に**イタリア王国**が成立し，1870年には**イタリア統一**を実現した。しかし，国内の南北間の経済格差が課題として残された。

★★★ 2 | ドイツの統一

(1) **ドイツの統一運動**…フランクフルト国民議会の挫折後，統一運動の主導権はプロイセンの**ユンカー**層に移った。ユンカー出身の首相**ビスマルク**が統一に向けて，「⑫[　　　　]**政策**」を進めた。
└エルベ川以東の裕福な地主貴族

(2) **ドイツ帝国の成立**…⑬[　　　　　　　　　　　　　]に勝利したプロイセンは，第二帝政下のフランスとの[⑧]にも勝利した。1871年にプロイセン国王がドイツ皇帝**ヴィルヘルム１世**として即位し，**ドイツ帝国**が成立した。
└1866年
└パリのヴェルサイユ宮殿で戴冠式が行われた

(3) **ビスマルクによる内政と外交**

- **内政**…「⑭[　　　　　　　]」によってカトリック勢力をおさえ，⑮[　　　　　　　　　　]で社会主義政党(のちの社会民主党)を弾圧する一方，**社会保険制度**を整備した。
└医療保険や労災保険など
- **外交**…ロシアの台頭に対し，1878年に列強代表を集めた**ベルリン会議**を開き，列強間の利害を調整した。1882年にはドイツ・オーストリア・イタリアの⑯[　　　　　　　]を結んだ。

Word
青年イタリア
ウィーン体制期に**マッツィーニ**が，イタリア統一に向けて結成した政治結社。

参考
プロイセン=オーストリア戦争の影響
プロイセンはみずからを盟主とする**北ドイツ連邦**を結成した。オーストリアはハンガリーに自治を認めて同君連合の**オーストリア=ハンガリー帝国**を成立させた。

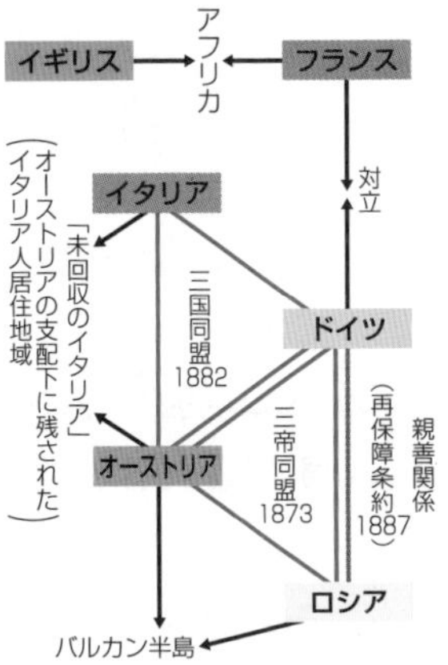

▲ビスマルク外交による国際関係

確認しよう

- [ ] (1) 西欧側から見た，オスマン帝国をめぐる西欧列強間の動きを何というか。
- [ ] (2) クリミア戦争後，近代化政策を進めたロシアの皇帝はだれか。
- [ ] (3) イギリスの二大政党制を形成した政党は，自由党ともう１つは何党か。
- [ ] (4) イタリア統一の中心となり，1859年にオーストリアとの戦いで勝利した国はどこか。
- [ ] (5) ドイツ統一を進めるため，軍備の拡張をはかったプロイセンの首相はだれか。

論述力を鍛える ビスマルクの外交政策は，ヨーロッパ情勢にどのような影響を与えたか，簡潔に説明せよ。

第2章 近代世界の成立とアジアの変容

第1編｜近代化と私たち

9. 19世紀の南北アメリカと科学の発達

解答⇒別冊 p.4

1 南北アメリカの動向　アメリカ合衆国の拡大と発展

★ 1｜ラテンアメリカ諸国

(1) **ラテンアメリカ諸国の独立**…ラテンアメリカでは，**クリオーリョ**（裕福な地主層）を中心に独立運動が進められ，①[　　　　　]らの活躍で多くの国がスペインやポルトガルから独立した。（ほとんどの独立国は，君主政および奴隷制を廃止した）

(2) **アメリカの外交**…②[　　　　　]（第5代大統領が発した宣言）を発し，南北アメリカ大陸とヨーロッパの**相互不干渉**を提唱し，以降，これが基本的外交方針となったが，**孤立主義**に陥ることにもなった。

★★ 2｜アメリカ合衆国の拡大

(1) **領土の拡大**…フランスから③[　　　　　]を購入し，テキサスも編入した。さらに，1846～48年の**アメリカ=メキシコ（米墨）戦争**に勝利して④[　　　　　]を獲得するなど，急速に領土を拡大していった。それにともない，**フロンティア**も西へと移動した。

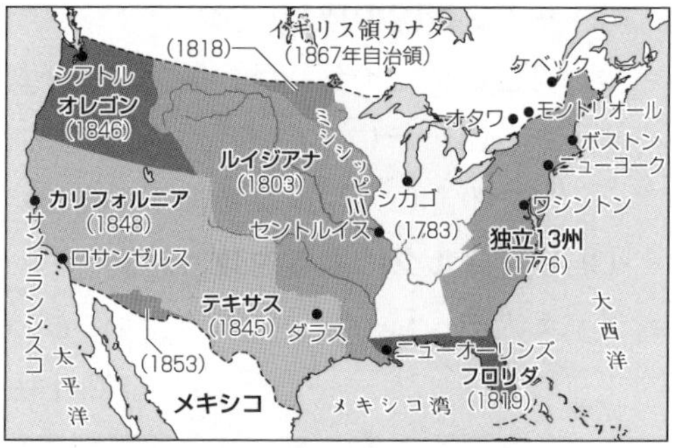

▲アメリカ合衆国の領土拡大

(2) **人口増加と都市の成長**…1848年に[④]で金鉱が発見されると**ゴールドラッシュ**が始まり，太平洋岸に移住する人々が増加した（世界中から人々が押し寄せた）。また，**ニューヨーク**などの大都市も出現し，19世紀後半には，東アジアからの移民も増えた。その一方，先住民は居住地を奪われ，西部に（ミシシッピ川以西の地域）⑤[　　　　　]させられた。

> **注意**
> **ラテンアメリカ諸国の奴隷制廃止**
> 多くの独立国が独立後に奴隷制の廃止を宣言したが，ブラジルなどは奴隷制を維持し，奴隷制廃止の実現には時間を要した。

> **Word**
> **フロンティア**
> 白人による開拓地と未開拓地の境界で，開拓の最前線のこと。

> **参考**
> **追いやられる先住民**
> 1830年の強制移住法により，先住民は1000 km以上の距離を移動させられ，途上で4000人の犠牲者を出した。

2 南北戦争と奴隷解放　奴隷をめぐる南北アメリカの対立

★★★ 1｜南北戦争

(1) **南北アメリカの対立**…南部は黒人奴隷を労働力とする**綿花栽培**が中心で，綿花の輸出に有利な⑥[　　　　]**貿易**を主張し，北部は商工業が経済の中心であったことから，イギリス製品に対抗するため関税を高くする⑦[　　　　]**貿易**を主張して対立した。

(2) **南北戦争の勃発**…共和党（北部を基盤として発足。南部を基盤とする民主党に対抗）の⑧[　　　　　]が，奴隷制反対を掲げて大統領になると，奴隷制の維持を求める南部諸州は合衆国から離脱して⑨[　　　　　　]を結成し，1861年に南北戦争が始まった。

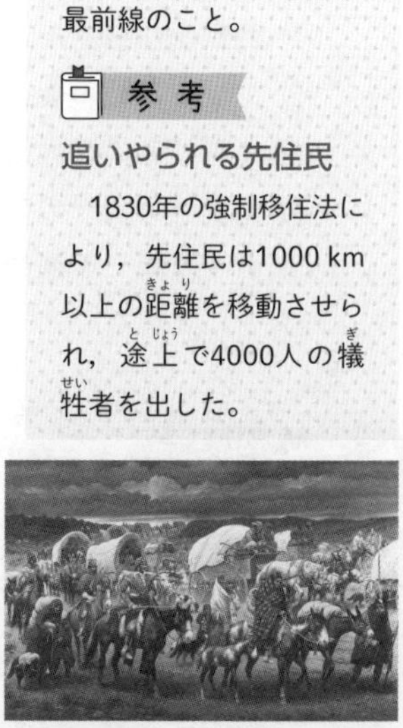
「涙の旅路」▶

(3) **南北戦争の経過**…当初，南部が優勢だったが，[⑧]が高率保護関税やホームステッド法を定めた結果，北部の商工業者や西部農民の支持が集まった。さらに国際世論に訴えるために⑩[　　　　]を出した。その後，経済力に勝る北部が勝利をおさめた。
└1863年

★★ 2 | 南北戦争後のアメリカ

(1) **産業の発展**…1869年に最初の⑪[　　　　]が開通し，西部でも農業が発達した。豊富な資源をもとに，北部では工業がより発展し，南部でも工業化が進んだ。

(2) **政治・社会**…1898年の⑫[　　　　]を契機に積極的な外交政策を行った。一方，先住民や解放された黒人に対する新たな人種差別の問題が生じた。

3 自然科学の発達　文化・科学の発達による社会の変容

★ 1 | 社会・歴史

(1) **社　会**…イギリスでは，**ベンサム**が⑬[　　　　]を確立し，**リカード**ら古典派経済学者が自由放任的な経済政策を主張した。ドイツでは，⑭[　　　　]が弁証法哲学を大成した。
└「最大多数の最大幸福」を唱えた

(2) **歴　史**…ドイツの⑮[　　　　]が近代歴史学の基礎を確立した。

★ 2 | 自然科学の発達・技術革新

(1) **自然科学**…⑯[　　　　]が『**種の起源**』で**進化論**を提唱した。**レントゲン**がX線，**キュリー夫妻**がラジウム放射線を発見した。**パストゥール**や**コッホ**によって細菌学が発達した。

(2) **技術革新**…⑰[　　　　]がダイナマイト，ベルが電話，ライト兄弟がプロペラ飛行機を発明した。

Word

ホームステッド法

公有地で5年間，定住・開墾した者に，無償で160エーカーの土地を譲渡し，所有権を認めるという法律。これによって，西部開拓が促された。

Word

アメリカ=スペイン(米西)戦争

1898年，キューバの独立運動と米艦メイン号の爆沈事件を口実に，アメリカがスペインに開戦した戦争。この結果，アメリカはキューバを事実上の保護国とし，フィリピン・グアムなどを獲得した。

Word

進化論

生物は単純な原子生物から環境に応じて進化してきたものだとする説。神が人間をつくったと考えるキリスト教社会に大きな衝撃を与えた。

確認しよう

- □ (1) ラテンアメリカの独立運動の中心となった富裕地主層のことを何というか。
- □ (2) 白人による開拓地と未開拓地の境界を何というか。
- □ (3) 金鉱の発見により世界中から人々が押し寄せ，人口が激増した現象を何というか。
- □ (4) 北部を基盤とし，奴隷制反対をスローガンに結成されたアメリカの政党を何というか。
- □ (5) ダーウィンが生物進化論を例証した著書を何というか。

論述力を鍛える

奴隷制をめぐるアメリカ南部と北部の産業構造と貿易に関する相違点を簡潔に説明せよ。

演習問題 ②

解答⇒別冊 p.5

1 [近代市民社会の形成] 次の文章を読んで，あとの問いに答えなさい。

〔東洋大－改〕

近代市民社会の形成は，a産業革命と，bアメリカ独立革命・cフランス革命という18世紀後半の二重の革命の進行に大きな影響(えいきょう)を受けている。d18世紀におこった産業革命に関して重要であったのが，先行して進んでいた自然科学や技術の発達である。17～18世紀にかけて，ヨーロッパでは近代的合理主義にもとづいた科学が発達した。近代的合理主義は，新たな思想や哲学(てつがく)を生み出し，これらがアメリカやフランスの革命に大きな影響を与(あた)え，国民国家の発展と市民社会形成の素地となった。

(1) 下線部 a に関して，次の問いに答えよ。

頻出 ① 産業革命の結果確立された経済体制の名称(めいしょう)を答えよ。

② イギリスは，産業革命により貿易が拡大した。特に綿布と綿花は大西洋の三角貿易の重要な商品であった。この三角貿易について，「奴隷(どれい)」，「武器」，「砂糖」の語句を用いて説明せよ。

(2) 下線部 b に関して，1783年にアメリカがイギリスからの独立を勝ち取った条約の名称を答えよ。

(3) 下線部 c に関して，1789年に採択された人権宣言に盛り込(こ)まれた考え方として最も不適切なものを，次から１つ選び，記号で答えよ。

ア 女性参政権　**イ** 言論の自由　**ウ** 私有財産の不可侵(ふかしん)　**エ** すべての人間の自由・平等

(4) 下線部 d に関して，18世紀のヨーロッパのできごととして最も適切なものを，次から１つ選び，記号で答えよ。

ア ドラクロワの「民衆を率いる自由の女神」の製作。

イ スティーヴンソンによる蒸気機関車の実用化。

ウ ダーウィンが『種の起源』で進化論を唱えた。

エ プロイセンとオーストリア間で七年戦争が始まった。

(1)	①	②			
(2)		(3)		(4)	

2 [ウィーン体制] 次の文章を読んで，あとの問いに答えなさい。

〔東京経済大－改〕

1814年，フランス革命とナポレオン戦争の戦後処理のための a国際会議がオーストリアのウィーンで開かれた。ウィーン議定書には２つの基本原則が存在していた。第一が(　①　)であり，第二が列強間の勢力均衡(きんこう)をはかり，自由主義とナショナリズムの運動を抑圧(よくあつ)することだった。しかし，復古的，反動的なウィーン体制に満足できない諸国民は，各地で自由主義とナショナリズムの運動をおこした。これらはいずれも鎮圧(ちんあつ)されたが，その後もギリシアやラテンアメリカ諸国の独立運動があいついだことで体制にほころびがみられるようになった。ウィーン体制の本格的な動揺(どうよう)は，1830年のフランスで発生した b七月革命をきっかけに生じた。その余波はヨーロッパ各地に波及(はきゅう)し，多くは鎮圧されたが，西ヨーロッパ列強は自由主義とナショナリズムを抑圧する政治的姿勢に非協力的になった。そして，1848年にフランスで発生した(　②　)をきっかけとする c1848年革命，さらには，1853年に勃発(ぼっぱつ)した dクリミア戦争によって，ウィーン体制は完全に崩壊(ほうかい)することになった。

頻出 (1) (①)・(②)にあてはまる適語を答えよ。

(2) 下線部 a に関して，この会議で議長となり，合意を主導した人物名を答えよ。

(3) 下線部 b の結果とその影響に関する記述として適切でないものを，次から１つ選び，記号で答えよ。

ア 七月革命の結果，国民主権の原則のもとでの立憲君主政が確立された。

イ ドイツ西部の諸国とベルギーでも革命がおこり，立憲君主政に移行した。

ウ スペインでは，憲法制定と停止を繰り返した末，国民主権と立憲君主政が確立した。

エ ロシアでは大規模な改革が始められ，農奴解放令が出された。

(4) 下線部 c に関する記述として適切でないものを，次から１つ選び，記号で答えよ。

ア フランスでは，第三共和政が樹立され，男性普通選挙が実現した。

イ ドイツでは，統一国家の建設をめざして，フランクフルト国民議会が設置された。

ウ 自由主義とナショナリズムの運動が高揚した1848年の時期は，「諸国民の春」とよばれている。

エ イタリアではローマ共和国が建設されたが，オーストリアなどの介入により倒された。

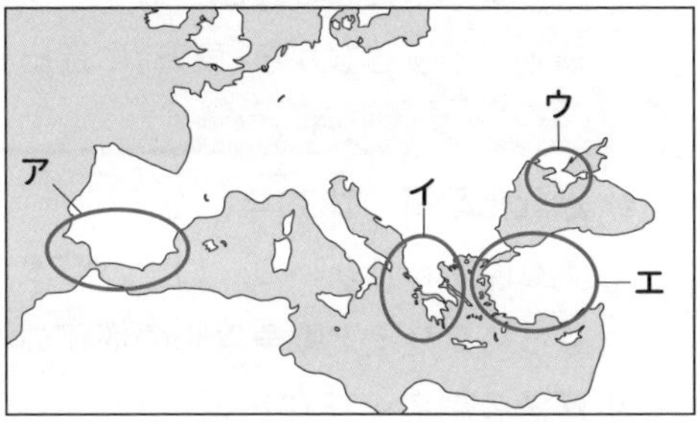

(5) 下線部 d に関して，クリミアの位置として正しいものを，右の地図中のア～エから１つ選び，記号で答えよ。

(1)	①	②	(2)	

(3)		(4)		(5)	

3 ［アメリカ合衆国の成立と発展］アメリカ合衆国に関して，次の問いに答えなさい。 〔南山大－改〕

(1) イギリス領北アメリカの13植民地に関する次の X・Y の文の正誤の組み合わせとして正しいものを，あとから１つ選び，記号で答えよ。

X 13植民地にはジョージア・ヴァージニア・ケベックなどが含まれた。

Y 南部の植民地では，奴隷を使用したプランテーションでタバコや米などがつくられた。

ア X－正 Y－正　イ X－正 Y－誤　ウ X－誤 Y－正　エ X－誤 Y－誤

(2) アメリカ合衆国に関する記述として誤っているものを，次から１つ選び，記号で答えよ。

ア 独立戦争における植民地側の総司令官はワシントンであった。

イ リンカン大統領が，南北アメリカ大陸とヨーロッパの相互不干渉を提唱した。

ウ 南北戦争では，ヨークタウンの戦いに勝利した北軍が優勢となった。

エ 1869年に最初の大陸横断鉄道が開通した。

(3) アメリカ合衆国の領土拡大に関するできごとについて，年代の古い順に正しく並べたものを，次から１つ選び，記号で答えよ。

ア テキサス併合－アラスカ購入－フロリダ購入

イ フロリダ購入－アラスカ購入－テキサス併合

ウ テキサス併合－フロリダ購入－アラスカ購入

エ フロリダ購入－テキサス併合－アラスカ購入

(1)		(2)		(3)	

第1編 | 近代化と私たち

10. 西アジアとインド・東南アジアの変容

解答⇒別冊 p.5

1 西アジアの変容　オスマン帝国の改革とエジプト・イランの近代化

★ 1 | オスマン帝国の動揺

(1) **民族運動の高揚**…フランス革命の影響のもと，19世紀前半には，①[　　　　　]の独立運動など自立を求める運動が始まった。

(2) **ヨーロッパ列強の進出**…ヨーロッパ列強は，帝国内の分離・独立運動に干渉しながら「東方」に進出し，その間に対立もおこった。
「東方問題」。p.20参照

★★ 2 | オスマン帝国の改革

(1) **近代化政策**…1839年，②[　　　　　]とよばれる近代化改革を開始したが，ヨーロッパ資本が進出し，伝統産業が衰退した。さらに**クリミア戦争**以降の債務の増加により財政が破綻した。

(2) **憲法の制定**…1876年，③[　　　　　]が，議会制などを保障した**オスマン帝国憲法（ミドハト憲法）**を発布した。しかし，
└国民の平等・議会制・言論の自由などを保障したものであった
④[　　　　　]は1878年，**ロシア=トルコ（露土）戦争**を口実に議会を停会させ，1908年まで憲法も停止された。

★★ 3 | エジプトの動向

(1) **近代化への模索**…オスマン軍人の⑤[　　　　　]がエジプト総督となり近代化を進めたが，⑥[　　　　　]の建設で巨額の債務を負い，英仏による財政管理のもとに置かれた。
└富国強兵・殖産興業

(2) **英仏への抵抗**…1881年，軍人の⑦[　　　　　]が英仏の支配に抵抗したが鎮圧され，**イギリスの保護国**となった。

★ 4 | イランの動向

1796年にアフシャール朝にかわり成立した⑧[　　　　　]**朝**は，カフカスをめぐるロシアとの戦争で敗退し，関税自主権を失い，カフカスをロシアに割譲したが，国内では専制政治を行って独立を保った。

2 インドの植民地化　イギリスによるインドの直接支配

★★ 1 | イギリスのインド支配

(1) **イギリスのインド進出**…ムガル帝国の衰退に乗じて，1757年にイギリス東インド会社が⑨[　　　　　]でフランス・ベンガル連合軍を破って，ベンガル地方の統治を始めた。その後，マイソール戦争，マラーター戦争，シク戦争に勝利し，19世紀半ばにインドのほぼ全域を植民地化した。

Word

ロシア=トルコ（露土）戦争
バルカン半島のスラヴ系民族の反乱に対するオスマン帝国の弾圧に，ロシアが干渉して勃発した戦争。オスマン帝国は完敗した。

参考

パン=イスラーム主義
イスラーム勢力が団結して，外国からの侵略に対抗しようとする思想。19世紀後半，イラン出身の**アフガーニー**らの提唱で始まった。

プラッシーの戦い(1757年)
• ベンガル支配の始まり
↓
マイソール戦争 (1767〜99年)
• インド南部を支配
↓
マラーター戦争 (1775〜1818年)
• インド西部を支配
↓
シク戦争(1845〜49年)
• インド西北部を支配
↓
インド大反乱(1857〜59年)
↓
ムガル帝国滅亡。東インド会社の解散(1858年)
↓
インド帝国の成立(1877年)

▲イギリスによるインド支配の拡大

(2) **インドの国内産業の衰退**…イギリスから安価な綿製品などが輸入され，国内の綿織物などの手工業は衰退した。

★★★ 2｜インドの直接統治

(1) **イギリスへの抵抗**…1857年におこった東インド会社の**インド人傭兵**(ようへい)(⑩[　　　　　　])の反乱が，北インド全域に反英闘争(とうそう)として拡大した。これを⑪[　　　　　　]という。

(2) **イギリスの直接統治**…[⑪]を鎮圧したイギリスは1858年に**東インド会社**を解散し，1877年には，**ヴィクトリア女王**がインド皇帝を兼(か)ねる⑫[　　　　　　]を成立させた。

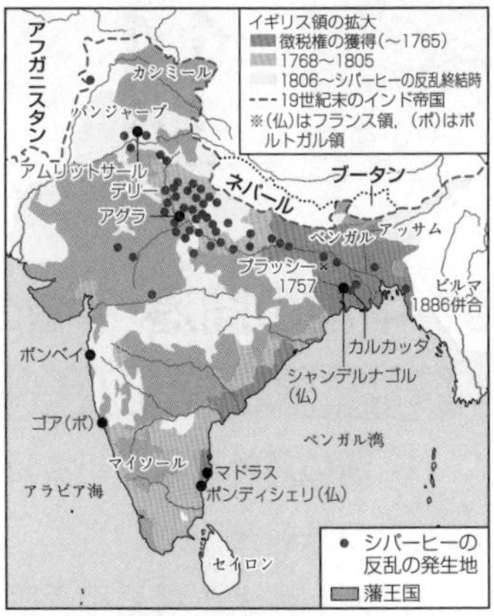

▲18世紀後半のインド

3 東南アジアの植民地化　ヨーロッパ列強による支配

★ 1｜列強の進出

東南アジアに進出したヨーロッパ諸国は，港湾(こうわん)都市を拠点(きょてん)に内陸部も開発しながら植民地化を進めていった。各地で，世界市場向けの商品作物や鉱産物の生産に特化した**モノカルチャー経済**が進展した。

★★ 2｜列強による東南アジアの植民地化

(1) **オランダ**…**インドネシア**全域を支配し，コーヒーやサトウキビなどの⑬[　　　　　　]**制度**を導入した。

(2) **イギリス**…**マレー半島**の植民地支配を進めた。また，3度にわたるビルマ戦争を経て，ビルマをインド帝国に併合(へいごう)した。
（マレー半島：ペナン・マラッカ・シンガポールを海峡植民地とした）

(3) **スペイン**…⑭[　　　　　　]を支配していたが，**アメリカ=スペイン(米西(べいせい))戦争**(1898年)後，**アメリカ**が[⑭]を植民地とした。

(4) **フランス**…**清仏(しんふつ)戦争**(1884～85年)後，⑮[　　　　　　]全域を保護国とし，1887年にカンボジアと合わせて**フランス領インドシナ連邦**(れんぽう)とした。
（のちに，ラオスも加えられた）

参考

タイの独立保持

タイは，英仏植民地の緩衝(かんしょう)地帯にあたることや，**チュラロンコン(ラーマ5世)**の近代化政策もあって独立を保った。

Word

清仏戦争

ベトナムの保護国化をねらったフランスと，ベトナムへの宗主(そうしゅ)権を主張した清との戦い。

確認しよう

- [ ] (1) 英仏によるエジプト支配に対し，パン=イスラーム主義を説いた人物はだれか。
- [ ] (2) イギリス東インド会社がプラッシーの戦い後に統治を始めた地方はどこか。
- [ ] (3) インド帝国の皇帝も兼ねたイギリスの女王はだれか。
- [ ] (4) オランダが進出し，全域を支配した東南アジアの国はどこか。
- [ ] (5) タイの独立を維持(いじ)し，近代化を進めた国王はだれか。

論述力を鍛える　植民地化されたインドの貿易や産業はどのように変化したか，簡潔に説明せよ。

11. 中国の動揺

解答⇒別冊 p.5

1 中国の開港　中国の開港と列強の中国進出

★★ 1 | イギリスの中国貿易

(1) **清の対外貿易**…朝貢貿易の形式をとっていた清は，ヨーロッパ船の来航を①[　　　　]に限定していた。18世紀後半には，イギリスが最大の貿易相手国になっていた。

(2) **イギリスの対中国貿易**…18世紀後半にはイギリスで紅茶を飲む習慣が定着し，中国から茶の輸入が増大したため，その対価として大量の②[　　　]が中国に流出した。

(3) **イギリスの対中国貿易の変化**…イギリスは[②]の流出を防ぐため，**インド産アヘン**を中国に密輸し，イギリス・中国・インド間における③[　　　　　　]が成立した。インドはイギリス製綿織物の輸出先であり，インドの購買力を保つためにも，この貿易はイギリスにとって都合がよかった。

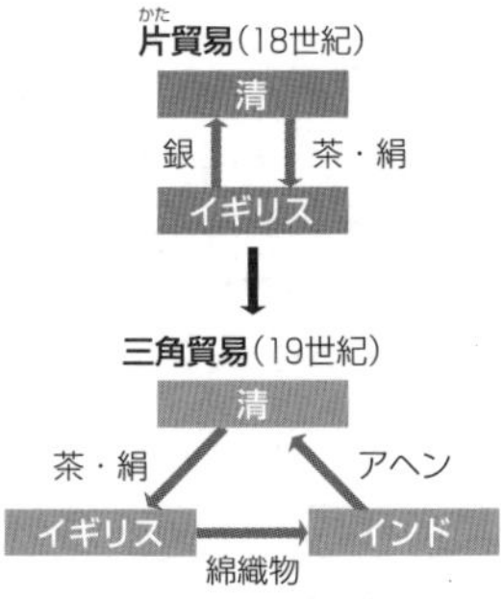

▲清とイギリスの貿易の変化

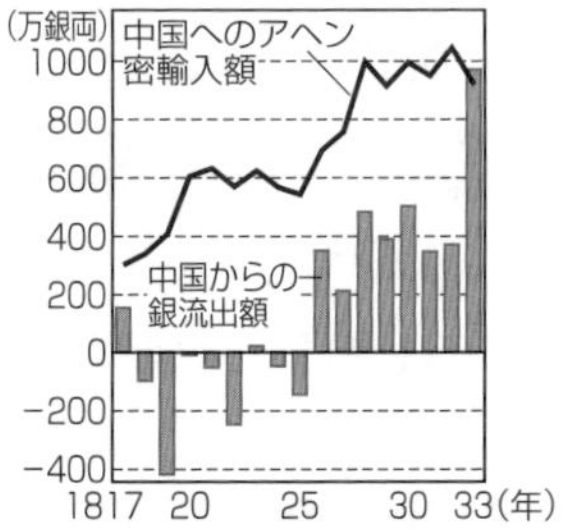

▲中国のアヘン輸入額と銀流出額　アヘンは清では禁止されていたため，密貿易によるアヘンの輸入が増大し，1826年には銀の流出が始まった。

★★★ 2 | アヘン戦争と中国の開港

(1) **アヘン戦争**…[③]の結果，中国ではアヘンの中毒者の増加によるアヘン輸入が拡大し，[②]が流出するようになった。清は1839年に④[　　　　　　]を[①]に派遣し，イギリス商人のアヘンを没収して廃棄した。これに対し，イギリスは自由貿易の実現を口実に，1840年に**アヘン戦争**をおこした。

▲アヘン戦争のようす

(2) **中国の開港と不平等条約**…清を圧倒したイギリスは，1842年に⑤[　　　　　　]を結び，清は**上海**など東南部沿岸の５港を開港し，⑥[　　　　　]を割譲したほか，賠償金を支払った。翌年には，**領事裁判権**(**治外法権**)や一方的な**最恵国待遇**などを認め，関税自主権のない不平等条約を結んだ。
└1844年にアメリカ・フランスとも同様の条約を結んだ

(3) **開港後の貿易**…貿易港の周辺には，外国人の居住が認められ，一部の地域には，自治権をもつ⑦[　　　　　　]がつくられた。1850年代には，生糸の輸出がのびた。

Word
最恵国待遇
条約締結に関して，一方の国がのちに他国に有利な待遇の条項を与えた場合，元の条約締約国にもその条項を自動的に適用するしくみ。

Word
租界
南京条約後，開港場に設置された外国人居留地。1845年にイギリスが上海に初めて設置した。治外法権によって中国の主権がおよばない地域となった。

(4) **第２次アヘン戦争**…輸出が思ったほど拡大しなかったことに不満をもったイギリスは，さらに有利な条約を結ぶため，1856年にフランスとともに**第２次アヘン戦争**(⑧[　　　　　　])をおこした。1860年に⑨[　　　　　　]を結び，**天津**(テンチン)や**漢口**など11港を新たに開港させ，**外国公使の北京駐在**や**キリスト教布教の自由**，**アヘン貿易の合法化**などを認めさせた。同じころ，清はロシアとも国境の画定をめぐる条約を結んだ。

(イギリス船籍の船が清に取り調べを受けたことがきっかけでおこった)

(ロシアは1858年にアムール川以北，1860年に沿海州を獲得した)

> **Word**
>
> **太平天国**
>
> **洪秀全**(ホンシウチュアン)を指導者とする反乱軍が建てた国。「**滅満興漢**」を唱えて清朝打倒をめざした。平等主義にもとづいた土地の均分や男女平等などを掲げた。

2 太平天国と清の改革運動　清朝打倒の動きと近代化

★★ 1 | 太平天国

(1) **アヘン戦争後の国内情勢**…アヘン戦争の費用や賠償金をまかなうための増税は，人々の生活を圧迫し不満が高まった。

(2) **太平天国**…人々の不満が高まるなか，1851年，キリスト教の影響を受けた⑩[　　　　　　]が挙兵して**太平天国**を建てたが，漢人官僚の**曽国藩**(ツォンクオファン)や**李鴻章**(リーホンチャン)が組織した⑪[　　　　　　](地方義勇軍)などによって1864年に滅ぼされた。

(1853年に南京を占領して首都とした)

▲19世紀半ばの清(アヘン戦争～太平天国)

★ 2 | 清の近代化政策と朝鮮の動向

(1) **清の近代化運動**…清の漢人官僚は，⑫[　　　　　　]とよばれる近代化運動を始めた。この運動は，伝統的な統治制度を維持しつつ，西洋技術を利用するという「⑬[　　　　　　]」の立場をとり，政治や社会制度の変革をめざすものではなかった。

(2) **朝鮮の動向**…1863年に政権を握った⑭[　　　　　　]はキリスト教徒を弾圧したため，フランスから攻撃を受けた。また，通商を求めるアメリカからも攻撃されたが，いずれも退けた。

(攘夷の決意を表明するため朝鮮全土に「斥和碑(斥洋碑)」を建てさせた)

> **参考**
>
> **清の近代化政策の事業**
>
> 兵器工場・紡績工場・汽船会社を設立し，鉱山開発や電信敷設などを推進した。また，外交を担当する**総理各国事務衙門**(総理衙門)を設置した。

確認しよう

- □ (1) 三角貿易において，イギリスからインドへの主要な輸出品は何であったか。
- □ (2) 南京条約で清が開港した港は，広州(コワンチョウ)・寧波(ニンポー)・福州(フーチョウ)・厦門(アモイ)とあと１つはどこか。
- □ (3) 太平天国が，清朝打倒をめざして掲げたスローガンは何か。
- □ (4) 郷勇を組織して，太平天国と戦った漢人官僚を２人答えよ。
- □ (5) 清朝が朝貢関係にない国との外交を担当する部署として設置した役所を何というか。

論述力を鍛える

三角貿易による銀の流出が，清の農民の困窮に直接つながった理由を簡潔に説明せよ。

第1編｜近代化と私たち

12. 日本の開国とその影響

解答⇒別冊 p.6

1 欧米諸国の日本接近　日本への通商要求と幕府の対応

★ 1｜欧米諸国の通商要求

(1) **海外情報への対応**…江戸幕府は，①[　　　　　　　　]など外国からの情報を通じて欧米の世界進出の認識を深めていた。
└オランダ商館長が幕府に提出

(2) **諸外国の日本接近**…1792年，ロシアの使節②[　　　　　　]が根室に，1804年にはロシアの使節**レザノフ**が長崎に通商を求めて来航したが，幕府はどちらも拒否した。また，アメリカなどの捕鯨船が出没するようになり，**フェートン号事件**などもおこった。

★★ 2｜幕府の対応

(1) **打払令**…幕府は，1825年に③[　　　　　　　　](無二念打払令)を出し，接近してきた外国船を撃退するよう命じた。これを契機に，水戸藩では④[　　　　　　]論が生まれた。
└オランダ・中国・琉球・朝鮮以外の外国船

(2) **打払令の緩和**…**アヘン戦争**での清の劣勢を知った幕府は，欧米諸国からの軍事攻撃を回避するために，1842年に[③]を緩和して**天保の**⑤[　　　　　　　]を出し，必要に応じて外国船に燃料や水・食料を与えるよう命じた。

2 日本の開国　鎖国体制の終焉

★★ 1｜和親条約の締結

(1) **黒船来航**…1853年，アメリカの⑥[　　　　　　]が浦賀沖に来航して開国を求めた。老中首座⑦[　　　　　　　]は海防体制を強化する一方，朝廷に報告し，諸大名にも意見を求めた。その結果，朝廷や有力大名の発言力が強まり，幕政が転換する契機となった。

(2) **和親条約の締結**…1854年，幕府は再来航した[⑥]と**日米和親条約**を結び，⑧[　　　　　]と箱館へのアメリカ船の寄港，アメリカへの最恵国待遇などを認めた。また，イギリス・ロシア・オランダとも同様の条約を結んだ。

★★★ 2｜通商条約の締結

(1) **不平等条約の締結**…アメリカ総領事⑨[　　　　　　　]の強い要請を受け，幕府は1858年に⑩[　　　　　　　　　　　　]を締結したが，**領事裁判権**を認め，**関税自主権**がないという**不平等条約**であった。
┌神奈川・長崎・新潟・兵庫・箱館を開港

(2) **安政の五カ国条約**…[⑩]のあと，**オランダ・ロシア・イギリス・フランス**とも同様の条約(**安政の五カ国条約**)を結んだ。

Word

フェートン号事件

1808年，イギリスの軍艦フェートン号がオランダ船捕獲の目的で長崎湾内に侵入し，薪水・食料を強奪して退去した事件。

Word

尊王攘夷論

皇室を尊ぶ尊王論と外国勢力を打ち払う攘夷論を結びつけた思想。水戸藩の儒学者・会沢安(正志斎)によって，天皇中心の「国体」の優越性を前提として提唱された。

参考

開港後の物価の変遷

開港後，大幅な輸出超過による品不足で輸出品の値段が高騰した。連動して米など生活必需品の物価も高騰し，多くの庶民は困窮した。

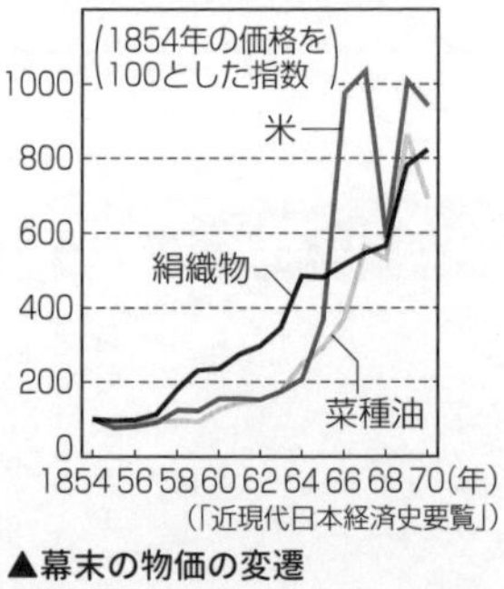

▲幕末の物価の変遷

(3) **海防体制の強化**…開国後，幕府や雄藩は，大砲を鋳造するために必要な ⑪[　　　　　]などの西洋の技術を導入した。また，幕府は**蕃書調所**や海軍技術を学ぶ海軍伝習所を設置するなど，さらに海防体制を強化した。

Word

蕃書調所

幕府が設けた洋学教授・翻訳所。当初は軍事科学の導入に重点が置かれた。

3 開国の影響　尊王攘夷論の高まりと倒幕への動き

★★ 1 | 開国後の幕府と雄藩の動向

(1) **幕府の動向**…朝廷の許可なく条約を締結した ⑫[　　　　　]が，これに対する批判者を処罰した(**安政の大獄**)。これに対する反発から，[⑫]は1860年に ⑬[　　　　　　]で暗殺された。これによって幕府の威信はさらに低下したため，幕府は朝廷と融和する ⑭[　　　　　]を進めた。

（⑫ 老中堀田正睦が孝明天皇の勅許を求めたが失敗／大老）（安政の大獄 1858〜59年）（⑭ 孝明天皇の妹・和宮を将軍徳川家茂の妻に迎えた）

(2) **雄藩の動向**…長州藩は，外国船を砲撃したことへの報復で四国連合艦隊によって下関砲台を占領され，薩摩藩は**生麦事件**の報復でイギリスと交戦した ⑮[　　　　　]などを通じて尊王攘夷の立場から倒幕へと傾き，1866年に ⑯[　　　　　]を結んだ。

（四国：イギリス・フランス・オランダ・アメリカ）（生麦事件：横浜近郊の生麦でおこった薩摩藩士によるイギリス人殺傷事件）（⑯ 土佐藩の坂本龍馬が仲介した）

注意

幕末の雄藩の主な人物

- **長州藩**…**木戸孝允**(桂小五郎)・高杉晋作
- **薩摩藩**…**西郷隆盛**・**大久保利通**
- **土佐藩**…**坂本龍馬**

★★ 2 | 貿易の動向と海外渡航

(1) **貿易の動向**…**横浜**が最大の貿易港となり，**イギリス**が最大の貿易相手国となった。日本は，⑰[　　　　]・茶・蚕卵紙などを輸出し，絹織物・毛織物・武器などを輸入した。

（アメリカは南北戦争によって，貿易額が激減した）

(2) **海外使節の派遣**…幕府は咸臨丸を含む使節団をアメリカへ送り，長州・薩摩両藩もひそかに使節や留学生を派遣した。1866年に幕府によって海外渡航が解禁され，欧米の知識が本格的にもたらされるようになった。

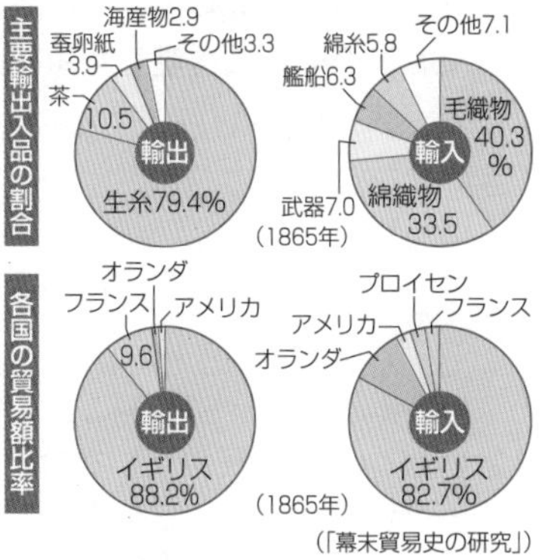

(「幕末貿易史の研究」)

▲開港後の貿易品と貿易相手国

確認しよう

- □ (1) 1804年に通商を求めて長崎に来航したロシアの使節はだれか。
- □ (2) 幕府が天保の薪水給与令を出すきっかけとなった戦争を何というか。
- □ (3) 日米修好通商条約で不平等だった点は，関税自主権がないことと何を認めたことか。
- □ (4) 1858〜59年に井伊直弼が幕政を批判する者を弾圧したできごとを何というか。
- □ (5) 開国後，日本の最大の貿易相手国となったのはどこの国か。

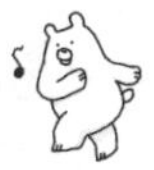

論述力を鍛える　ペリー来航に際して，幕府のとった対応とその影響について簡潔に説明せよ。

演習問題 ③

解答⇒別冊 p.6

1 [オスマン帝国の動揺] 次の文章を読んで，あとの問いに答えなさい。

〔関西学院大－改〕

オスマン帝国は，18世紀後半には黒海北部の（　①　）半島をその a勢力圏から失い，19世紀に入り，1829年には（　②　）が独立するなど弱体化が顕著となった。オスマン帝国は帝国の影響力を保持するために，世俗君主のスルタンが同時に宗教的権威としてのカリフを兼ねるという主張を強めた。18世紀末からは b近代化改革が進められ，1876年には c帝国憲法が発布されたが，1877年からの対ロシア戦争で敗北して社会情勢が不安定となると，（　③　）は議会を閉鎖し，憲法を停止した。スルタンは自身の支配を強めるためにイスラーム的価値観を重視する政策をとり，カリフとしての権威を強く押し出した。スルタン=カリフの権威は dパン=イスラーム主義とよばれる思想の支柱となり，イスラーム教徒住民が多数を占める植民地地域で広く受け入れられた。

(1)（　①　）～（　③　）にあてはまる適語を答えよ。

(2) 下線部 a に関して，ナポレオンの遠征軍が撤退したあとにエジプト総督となり，統治の実権を握った人物名を答えよ。

(3) 下線部 b のことを何というか，その名称をカタカナで答えよ。

頻出 **(4) 下線部 c を起草した人物名を答えよ。**

(5) 下線部 d を提唱した思想家を，次から1つ選び，記号で答えよ。

ア ウラービー　**イ** アフガーニー　**ウ** ワッハーブ　**エ** イブン=サウード

(1)	①	②	③	(2)	
(3)		(4)		(5)	

2 [インドの植民地化] 次の文章を読んで，あとの問いに答えなさい。

南アジアでは，18世紀ごろからイギリスの植民地支配が強まった。イギリス東インド会社が東南アジアにおける香料争奪戦から撤退したあと，インド貿易に専念したためである。a1757年にフランスとの戦争に勝利したことで，インドでの勢力拡大が進んだ。しかし，イギリス本国で自由貿易思想が広がると，東インド会社は，貿易独占権を剝奪され，1857年の bインド大反乱を機に解散させられた。その後，イギリス政府がインドを直接統治することとなり，1877年には，cイギリス女王がインド皇帝に即位した。

(1) 下線部 a について，イギリス東インド会社がフランスとベンガル太守の連合軍を破った戦いの名称を答えよ。

〔東北学院大〕

(2) 下線部 b について，「シパーヒー」，「ムガル帝国」，「インド帝国」の語句を用いて説明せよ。

〔聖心女子大－改〕

(3) 下線部 c のイギリス女王名を答えよ。

〔東北学院大－改〕

(1)		(2)	
(3)			

3 [清の動揺] 次の文章を読んで，あとの問いに答えなさい。 〔東京経済大－改〕

18世紀，欧米最大の対清貿易国であるイギリスは，貿易の拡大や規制緩和を要求したが，清は拒否した。19世紀に入ると，イギリスによるアヘン密輸が激しくなり，$_a$清がアヘンを没収して廃棄したため，清とイギリスの間でアヘン戦争がおこり，清は敗北して $_b$南京条約を結んだ。さらにイギリスは，フランスとともに，第２次アヘン戦争（アロー戦争）をおこし，清と再び戦火を交えた。清は，イギリス・フランスと1860年に $_c$条約を結び，外国との外交の重要性を認識するようになった。

(1) 下線部 a について，アヘンを没収して廃棄した清の官僚として最も適切なものを，次から１つ選び，記号で答えよ。

ア 曽国藩（ツォンクオファン）　イ 林則徐（リンツォシュイ）　ウ 左宗棠（ツオツォンタン）　エ 康有為（カンヨウウェイ）

(2) 下線部 b に関する記述として誤っているものを，次から１つ選び，記号で答えよ。

ア 公行（コホン）の廃止を決めた。　イ 九竜（クーロン）半島南部の割譲を決めた。

ウ 上海など５港の開港を定めた。　エ 条約締結の翌年，虎門寨追加条約が結ばれた。

(3) 下線部 c の条約の名称を答えよ。

(1)		(2)		(3)	

頻出 4 [日本の開国] 次の文章を読んで，あとの問いに答えなさい。 〔大阪経済大－改〕

アメリカ東インド艦隊司令長官ペリーは1854年に軍艦７隻を率いて再び来航した。幕府はペリーの強硬な態度に屈して $_a$日米和親条約を締結した。その後，アメリカ以外の国々とも同内容の和親条約を締結し，200年以上続いた鎖国政策は終わった。1856年，初代アメリカ総領事として来日した（ ① ）は，通商条約の締結を強く求めた。この交渉にあたった老中（ ② ）は，条約調印の勅許を求めたが，朝廷では攘夷の意見が強く（ ③ ）の勅許は得られなかった。しかし，大老 $_b$井伊直弼は勅許が得られないまま，1858年６月通商条約の調印を断行し，$_c$諸外国との貿易が始まった。

(1) （ ① ）～（ ③ ）にあてはまる人物名を答えよ。

(2) 下線部 a に関する記述として最も適切なものを，次から１つ選び，記号で答えよ。

ア 江戸と横浜に領事の駐在を認めることを取り決めた。

イ 下田と平戸の開港を取り決めた。

ウ アメリカ船が必要とする燃料や食料などを無償で提供することを取り決めた。

エ 日本が他国と結んだ条約において，アメリカより有利な条件を認めた場合はアメリカにも自動的にその条件を認めることを取り決めた。

資料１　1859年からの輸出入額の変遷

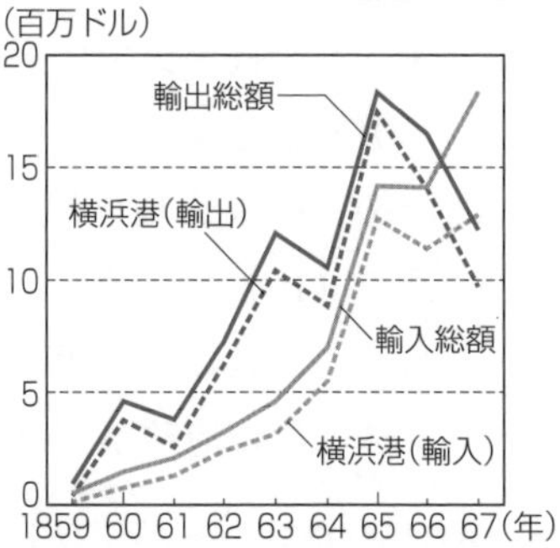

(3) 下線部 b が暗殺されたできごとを何というか，その名称を答えよ。

(4) 資料１と資料２を参考にして，下線部 c に関する説明として最も適切なものを，次から１つ選び，記号で答えよ。

ア 貿易額は長崎が圧倒的に多かった。

イ 国別ではアメリカとの取引が最も大きかった。

ウ フランスとの貿易は輸入超過であった。

エ 当初は輸出超過であったが，輸入超過に転じた。

資料２　1865年各国の貿易額比率

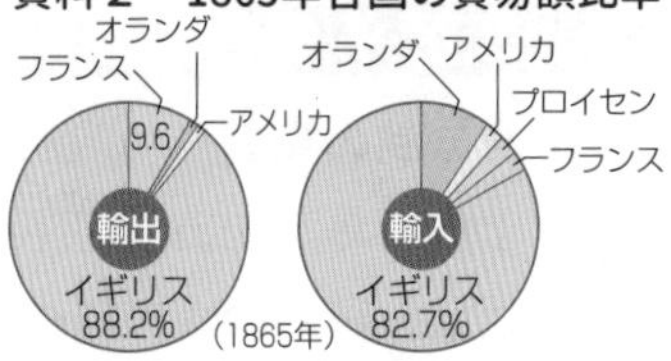

(1)	①	②	③	(2)		(3)		(4)	

第1編 | 近代化と私たち

13. 明治維新と諸改革

解答⇒別冊 p.7

1 新政府の発足と中央集権化 幕府の滅亡と明治維新

★★ 1 | 新政府の発足

(1) **政権の返上**…薩長両藩の武力倒幕を察した江戸幕府の15代将軍①[　　　　　]は1867年，朝廷に政権の返上を申し出た。これを②[　　　　　]という。

(2) **江戸幕府の滅亡**…[②]に対し，薩摩藩などの倒幕派は，公家の③[　　　　　]らとともにクーデタをおこして朝廷の実権を握り，**王政復古の大号令**を出して，天皇を中心とした新政権の樹立を宣言した。これにより江戸幕府の時代が終わった。

(3) **戊辰戦争**…新政府が[①]に官職と領地の返上を求めたことを不満とする旧幕府軍が1868年１月に大坂から京都に向かい，新政府軍との④[　　　　　　　]をきっかけに**戊辰戦争**が始まった。戦争は，**江戸城の無血開城**，奥羽越列藩同盟の結成・崩壊などを経て1869年５月に旧幕府軍が箱館で降伏して終結した。

★★ 2 | 中央集権体制の確立

(1) **新政府の方針**…1868年３月，明治天皇が⑤[　　　　　　　]を発布し，新政府の基本方針を示した。同時に政府は民衆に向けて，キリスト教の禁止などを示した**五榜の掲示**を掲げた。
└欧米から批判されて1873年に撤去した

(2) **藩から県へ**…中央集権体制に向けて，新政府は1869年，諸藩に領地と領民を天皇に返上する⑥[　　　　　　]を命じ，旧大名を**知藩事**に任命した。しかし，徴税権と軍事権は各藩に属していたため，中央集権化は不完全であった。そこで政府は，1871年に藩を廃止して，新たに府・県を設置する⑦[　　　　　　]を断行した。これにより知藩事は罷免されて東京居住となり，中央から派遣された**府知事**・**県令**が地方行政を行うことになった。
└中央集権化のための一連の改革や社会の変化を明治維新という

! 注意
公議政体
　徳川慶喜は，朝廷に政権を返上したうえで，徳川家と有力諸藩合議による公議政体をつくろうと考えていた。

郁田丹陵筆「大政奉還」(部分) 聖徳記念絵画館蔵
▲大政奉還

一　広ク会議ヲ興シ万機公論ニ決スベシ
一　上下心ヲ一ニシテ盛ニ経綸ヲ行フベシ
一　官武一途庶民ニ至ル迄各其志ヲ遂ゲ人心ヲシテ倦ザラシメン事ヲ要ス
一　旧来ノ陋習ヲ破リ天地ノ公道ニ基クベシ
一　智識ヲ世界ニ求メ大ニ皇基ヲ振起スベシ

▲五箇条の誓文

2 政府の近代化政策と文明開化 富国強兵策の推進

★ 1 | 四民平等

(1) **身分制の撤廃**…新政府は，旧藩主や公家を⑧[　　　　　]，武士を**士族**，そのほかを**平民**とし，「**四民平等**」を原則として，1872年には，統一的な**戸籍**の編成も行われた。

(2) **士族の特権廃止**…1876年の**秩禄処分**と**廃刀令**によって，士族はすべての特権を奪われた。
軍人・警察官以外の帯刀を禁止した法令┘

Word
秩禄処分
　秩禄(家禄と賞典禄)制度を廃止したこと。廃藩置県後，政府が華族・士族に支給していた秩禄は，国家財政の約30％を占め，政府の負担となったため，華族・士族に**金禄公債証書**という公債を発行して秩禄制を全廃した。

★★★ 2 | 富国強兵策による諸改革

(1) **税制改革**…1873年，新政府は，土地所有者に ⑨[　　　　]を交付し，年貢米ではなく，地価の**3%**を地租として現金での納税を義務づける ⑩[　　　　]を行った。これにより政府の財政は安定した。しかし，負担軽減を求める農民による一揆が多発したため，のちに地租は**2.5%**に引き下げられた。（└1877年）

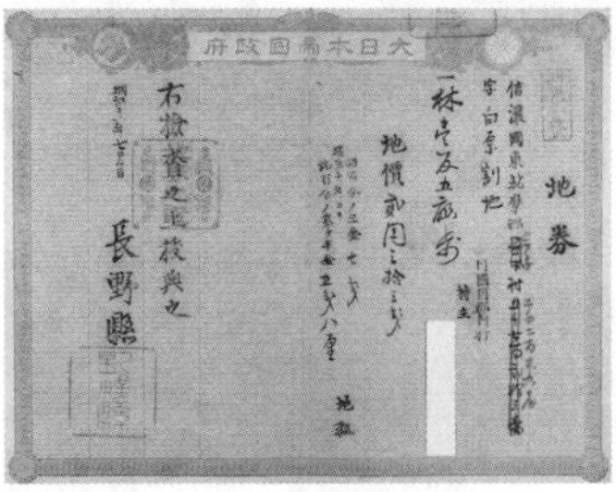

▲地　券

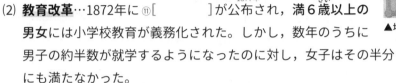

(2) **教育改革**…1872年に ⑪[　　　　]が公布され，**満6歳以上の男女**には小学校教育が義務化された。しかし，数年のうちに男子の約半数が就学するようになったのに対し，女子はその半分にも満たなかった。

(3) **兵制改革**…1872年の**徴兵告諭**で兵役の義務が示され，1873年の ⑫[　　　　]により，**満20歳以上の男性**から選抜して3年間の兵役につかせる徴兵制が実施された。

Word

徴兵告諭

新政府が新たな軍隊の創設をめざして，1872年11月に出した太政官布告。四民平等の原則にもとづき，身分を問わず兵役を果たすべきことが示された。

参考

徴兵令

戸主とその跡継ぎ，官吏，学生，代人料270円を納めた者には兵役免除を認めていたため，実際に兵役についたのは農家の次男や三男であった。

★ 3 | 文明開化

(1) **生活様式の変化**…西洋の文化・風俗が伝わったことで，都市には煉瓦造りの建物やガス灯が建てられ，**文明開化**とよばれる風潮が生まれた。この風潮は，活版印刷の普及による新聞や雑誌の発行，全国的な**郵便制度**の整備などによって，全国に広まっていった。（└前島密の立案で1871年創業）

▲牛鍋を食べる男性　人々は，それまで食べていなかった牛肉を口にし，新聞を読み，髪の毛を結うことをやめてざんぎり頭となった。

(2) **欧米思想の広まり**…⑬[　　　　]の『**学問のすゝめ**』，中村正直の『西国立志編』などにより欧米思想が広まった。（└イギリス人スマイルズの『自助論』の翻訳書）

確認しよう

□ (1) 倒幕派が朝廷の実権を握って，天皇を中心とする新政府の樹立を宣言したものを何というか。
□ (2) 鳥羽・伏見の戦いから箱館における戦いまで続いた，新政府と旧幕府側の戦争を何というか。
□ (3) 政府が，金禄公債証書を与えるかわりに華族・士族の秩禄を廃止したことを何というか。
□ (4) 徴兵令は，前年に布告された何にもとづいて公布されたか。
□ (5) 明治初期に都市部から広まった，生活様式が欧米化していった風潮を何というか。

論述力を鍛える

新政府が地租改正を行った目的とその内容について簡潔に説明せよ。

第1編｜近代化と私たち

14. 明治政府の外交政策

解答⇒別冊 p.7

1 殖産興業(しょくさんこうぎょう)と欧米視察(おうべい) 近代産業の育成と遣外使節(けんがい)

★★ 1｜近代産業の育成と欧米技術の導入

(1) **殖産興業**…新政府は近代的な産業の育成をはかり，その事業を管理するために1870年に①[　　　　　]を設け，**お雇(やと)い外国人**を招いて，新技術の導入をはかった。

(2) **欧米技術の導入**…電信施設(しせつ)や鉄道・造船所の建設，鉱山への洋式技術の導入などを進め，1872年には**鉄道**を開通させた。また，群馬県に**官営模範(もはん)工場**として②[　　　　　]を設け，輸出の中心だった生糸の品質向上と生産拡大を推進した。
└新橋－横浜間
└フランスの技術を導入

★★ 2｜欧米視察と日本人の海外渡航

(1) **欧米視察**…1871年，政府は③[　　　　　]を全権大使とする**岩倉使節団(いわくらしせつだん)**を欧米に派遣し，条約改正の予備交渉を試みた。欧米諸国のように日本の法律や制度が整備されていなかったこともあり，交渉(こうしょう)は失敗に終わったが，欧米諸国の制度・文物の視察につとめた。
└大久保利通・木戸孝允・伊藤博文らも加わっていた

(2) **日本人の海外渡航(とこう)**…明治時代に入ると多くの留学生が海外に渡(わた)った。労働者の海外渡航は禁じられていたが，ハワイへの**移民**が1885年に認められ，それ以降，渡航する労働者が増加した。
北海道開拓の必要や，渡航先での保護が困難であったため┘

2 明治初期の外交 周辺諸国との外交関係の構築

★★★ 1｜東アジア諸国との関係

(1) **中国との関係**…日本と清(しん)は，正式な国交関係がなかったため，政府は清との外交関係を築くために李鴻章(りこうしょう)(リーホンチャン)と交渉し，1871年に対等な関係の④[　　　　　]を結んだ。

(2) **朝鮮(ちょうせん)をめぐる政変**…鎖国(さこく)下にあった朝鮮に対して，留守政府の**西郷隆盛(さいごうたかもり)**や**板垣退助(いたがきたいすけ)**，江藤新平(えとうしんぺい)らが武力で朝鮮を開国させようとする⑤[　　　　　]を唱えた。しかし，大久保利通(おおくぼとしみち)らに反対され，西郷らは下野(げや)した。これを⑥[　　　　　]という。
岩倉使節団が派遣されている時期の政府┘
└内治優先論を説いた

(3) **朝鮮との関係**…1875年の**江華島(こうかとう)(カンファド)事件**をきっかけとして，1876年に⑦[　　　　　]を結んだ。この条約は，日本の領事裁判権(りょうじさいばんけん)を認めさせるなど，朝鮮にとって不利な不平等条約であった。
└釜山・仁川・元山の３港を開港させた。江華条約ともいう

(4) **台湾(たいわん)との関係**…**大久保利通**を中心とする指導体制を確立した政府は，1871年におこった**琉球漂流民殺害事件(りゅうきゅうひょうりゅう)**を理由に，1874年に⑧[　　　　　]を行った。

Ⓦ Word
お雇い外国人
明治初期に，西洋の学問・技術の導入などのため，政府機関・学校などに雇われた欧米人のこと。

▲岩倉使節団　津田梅子(つだうめこ)らが女子を含(ふく)む留学生も加わっていた。

Ⓦ Word
江華島事件
日本の軍艦雲揚(ぐんかんうんよう)号が朝鮮の江華島で挑発行為(ちょうはつこうい)を行い，朝鮮側から砲撃(ほうげき)を受けたため，日本側が報復攻撃し，仁川(じんせん)(インチョン)港対岸の永宗島(えいそうとう)を占領(せんりょう)した事件。

Ⓦ Word
琉球漂流民殺害事件
琉球王国の宮古島(みやこじま)の漁民が台湾に漂着し，多くが先住民に殺された事件。

(!) 注意
清と朝鮮との条約
清とは対等な立場での条約，朝鮮とは，朝鮮にとって不平等な内容の条約を結んだ。

2 | ロシアとの関係と北方開発

(1) **ロシアとの関係**…1854年の**日露和親条約**では，択捉島以南の島々は日本領（現在の北方領土），得撫島以北の千島列島はロシア領と定められ，樺太は日露両国民の雑居地とされた。ロシアの要望に応じて，1875年に ⑨[　　　　　　　　] を結び，国境を新たに画定した。これによって，**アイヌ**の人々が日本とロシアそれぞれの国民として分離されることになった。

(2) **北海道の開発**…1869年，政府は蝦夷地を**北海道**と改称して，⑩[　　　　] という役所を置いて開発を進めた。1874年には ⑪[　　　　] **制度**を導入するなど，開発の進展にともない，アイヌの人々は生活基盤を奪われていった。アイヌの人々の保護を名目に，1899年に**北海道旧土人保護法**が制定された。（1997年，アイヌ文化振興法の成立により廃止）

▲日本の国境（明治時代初期）

Word

北海道旧土人保護法

アイヌの人々に農地を与えるなどの内容であったが，アイヌの伝統文化は尊重されなかった。

3 | 琉球の動向と日本周辺の島々

(1) **琉球の動向**…政府は廃藩置県の実施にともない，**琉球王国**を鹿児島県に編入したのち，1872年に琉球藩とした。[⑧]において，日本の琉球に対する支配権を清が認めたとみなして，1875年には清への朝貢停止を命じ，琉球藩を内務省の管轄下に置いた。さらに，1879年には琉球藩を廃止して ⑫[　　　　] を置いた。この一連の琉球に対する施策を**琉球処分**という。

(2) **日本周辺の島々**…小笠原諸島については，1876年に日本の領有を各国に通告した。東シナ海の ⑬[　　　　　] は1895年に[⑫]に，日本海の ⑭[　　　　] は1905年に島根県に編入され，それぞれ日本の領土となった。

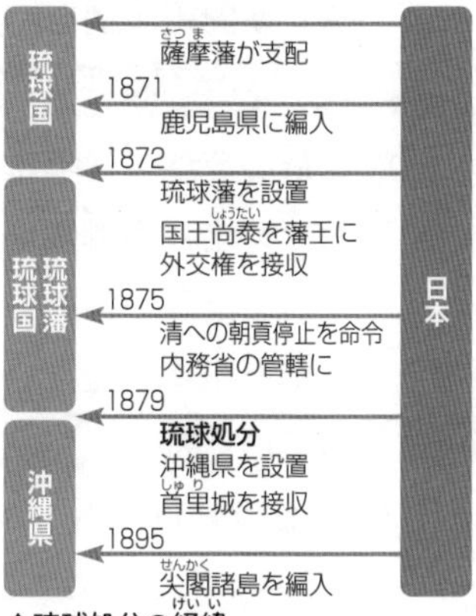

▲琉球処分の経緯

確認しよう

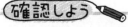

- □ (1) 欧米の技術を導入するために，政府が雇用した外国人の技術者などを何というか。
- □ (2) 1871年，不平等条約の改正予備交渉などを目的として派遣された使節団を何というか。
- □ (3) 1875年におこった，日朝修好条規を結ぶきっかけとなった事件を何というか。
- □ (4) 1899年，アイヌの人々の保護を名目に制定された法律を何というか。
- □ (5) 鹿児島県への編入から沖縄県とするまでの，琉球に対する一連の施策を何というか。

論述力を鍛える

岩倉使節団の主な目的であった条約改正交渉が必要だった理由について簡潔に説明せよ。

第1編｜近代化と私たち

15. 自由民権運動と立憲体制の成立

解答⇒別冊 p.7

1 自由民権運動の高揚　武力から言論による政府批判へ

★★★ 1｜自由民権運動の始まり

(1) **自由民権運動の起点**…征韓論争に敗れて下野した**板垣退助**・江藤新平らは，1874年に**愛国公党**を結成して①[　　　　　　　]の建白書を政府に提出し，国会の開設を求めた。これが**自由民権運動**の起点となった。

(2) **自由民権運動の高まり**…建白書の提出をきっかけに，自由民権運動が本格化していった。1874年，板垣退助は②[　　　　　]を高知でおこし，翌年，③[　　　　　]（民権派の全国組織をめざした）を大阪で設立した。

(3) **政府の対応**…1875年に**漸次立憲政体樹立の詔**を出す一方，**讒謗律**と**新聞紙条例**を制定し，反政府の言論を厳しく取り締まった。

★★★ 2｜士族の反乱と政府の動向

(1) **士族の反乱**…江藤新平がおこした④[　　　　　]（1874年）や1877年に旧薩摩藩士が**西郷隆盛**を首領としておこした⑤[　　　　　]（最大かつ最後の士族の反乱）など，士族の反乱が各地でおこった。しかし，いずれも徴兵制にもとづく政府軍に鎮圧された。[⑤]以降，政府批判は言論中心へと変わっていった。

(2) **政府の動向**…農民の不満をおさえるために，1877年に地租を2.5% に引き下げた。また，1878年に**地方三新法**（郡区町村編制法・府県会規則・地方税規則）を制定し，地方制度の基礎を整備した。

2 自由民権運動の展開　民権運動の広まりと激化

★★ 1｜国会開設の約束

(1) **政府批判の高まり**…1880年に⑥[　　　　　　　]が結成され，片岡健吉らを中心に国会開設請願書を政府に提出したが，政府は受理せず，⑦[　　　　　]を制定して政治結社の活動を規制した。しかし，翌年，**開拓使官有物払下げ事件**がおこり，世論の政府批判が激しくなった。

(2) **国会開設の勅諭**…岩倉具視や伊藤博文らは，こうした世論の動きに関係しているとして，議院内閣制の早期導入を主張していた⑧[　　　　　]（1882年，立憲改進党を結成した）を罷免した(**明治十四年の政変**)。一方，政府は**国会開設の勅諭**を出し，1890年の国会開設を公約した。これを受け，板垣退助は⑨[　　　　　]を結成した。

Word

讒謗律・新聞紙条例

- **讒謗律**…政府擁護のため，著作・文書などで官僚らの批判を禁止した。
- **新聞紙条例**…政府を攻撃する新聞・雑誌を弾圧するために公布された。

Word

漸次立憲政体樹立の詔

1875年に出された詔。元老院・大審院を設け，府知事・県令からなる地方官会議を開いて国会開設の準備をして，徐々に立憲体制を整えていくという内容であった。

Word

開拓使官有物払下げ事件

旧薩摩藩出身の開拓使長官・黒田清隆が，開拓使の廃止にともなう北海道の施設などを，同じ薩摩藩出身の政商に格安の価格で払い下げようとした事件。

注意

自由党と立憲改進党

自由党は，1881年に**板垣退助**が結成，**立憲改進党**は，1882年に**大隈重信**が結成した政党である。

★ 2 | 松方デフレと民権運動の激化

(1) **国家財政の困窮**…[⑤]の戦費調達や**国立銀行**の設立にともなう紙幣の大量発行でインフレがおこり，財政は悪化した。

(2) **松方財政**…大蔵卿となった ⑩[　　　　　　]が増税と緊縮財政を実施したが，デフレを招き，深刻な不景気となった。
松方デフレとよばれる↲

(3) **民権運動の激化**…深刻な不況は，1884年におこった ⑪[　　　　　　]（埼玉県）など，各地で激しい民権運動を招いた。

参考

松方デフレによる物価下落

松方財政は，米や繭，生糸などの価格の暴落を招き，農村は困窮した。

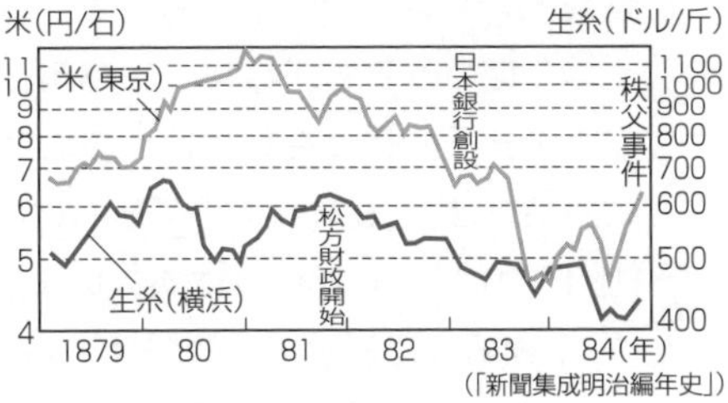

（「新聞集成明治編年史」）

▲米・生糸価格の下落

3 立憲体制の成立　憲法制定と立憲国家の成立

★★★ 1 | 国会開設の準備

(1) **憲法調査**…憲法調査のため欧州を視察した ⑫[　　　　　　]は,君主権の強い**ドイツ**の憲法理論を学び,帰国後の1885年には ⑬[　　　　　　]を導入して**初代内閣総理大臣**となった。
1888年創設。憲法制定後は天皇の相談にこたえる最高機関となった↰

(2) **憲法制定**…[⑫]らが起草した憲法草案は ⑭[　　　　　　]の審議を経て，1889年に**大日本帝国憲法**として発布された。

注意

大日本帝国憲法

天皇が定める**欽定憲法**として発布。国民は「臣民」とされ，国民の権利は法律の範囲内で認められた。

★★★ 2 | 大日本帝国憲法

(1) **天皇大権**…天皇はすべての統治権を有し，緊急勅令の発布，陸海軍の統帥，条約の締結などの**大権**をもっていた。

(2) **帝国議会**…貴族院と**衆議院**の二院制で，衆議院議員の選挙権が与えられたのは直接国税 ⑮[　　　　]円以上を納める満25歳以上の男性に限られた。
有権者は全人口の1.1%程度だった↲

(3) **諸法典の整備**…民法・商法も制定され，国民道徳の規範として ⑯[　　　　　　]が公布された。
└1890年

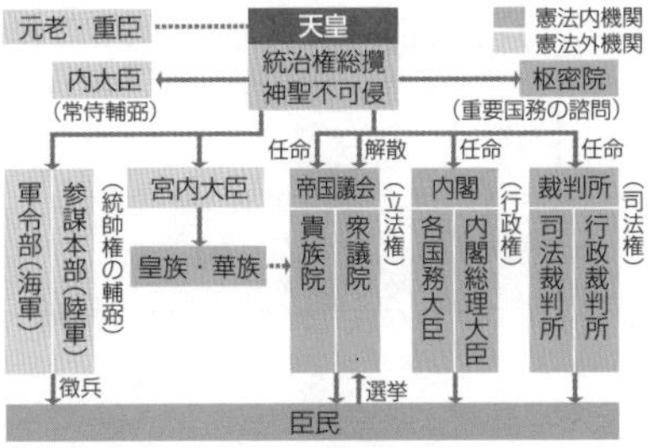

▲大日本帝国憲法の統治機構

確認しよう

- □ (1) 征韓論争に敗れて下野したのち，佐賀の乱をおこした人物はだれか。
- □ (2) 旧薩摩藩士の首領として，西南戦争をおこした人物はだれか。
- □ (3) 岩倉具視や伊藤博文らが大隈重信を罷免したできごとを何というか。
- □ (4) 大隈重信が結成した政党を何というか。
- □ (5) 大日本帝国憲法のように，天皇(君主)が定める形の憲法を何というか。

論述力を鍛える　松方財政による不況のあおりで農村は困窮した。その理由を簡潔に説明せよ。

演習問題④

解答⇒別冊 p.8

1 ［明治維新と諸改革］次の文章を読んで，あとの問いに答えなさい。

明治新政府は中央集権国家をめざしてさまざまな改革を進めた。1869年にa版籍奉還を行い，さらに1871年には（ ① ）を断行し，藩にかわって府・県を置き，中央から府知事と県令が派遣された。土地制度の改革も行われ，1873年にb地租改正条例が公布された。同年，（ ② ）が公布され，20歳以上の男子に兵役を課し，士族に対してはc廃刀令などによりその特権を剥奪した。また，教育制度においては，d6歳以上の子どもに小学校教育を受けることが義務づけられた。

頻出 (1) （ ① ）・（ ② ）にあてはまる適語を答えよ。

(2) 下線部 a に関して，政府は，1869年に諸藩へ版籍奉還を命じたが，中央集権としては不十分であった。その理由を簡潔に説明せよ。

(3) 下線部 b に関する記述として誤っているものを，次から１つ選び，記号で答えよ。

ア 田畑永代売買禁止令を解き，地券を交付して土地所有権を認めた。
イ 地価の３％の地租を現金で納めさせることにした。
ウ 政府は，江戸時代の年貢収入を維持することを方針として地租改正を進めた。
エ 地租改正反対一揆が頻発したため，1877年に地租は地価の２％に引き下げられた。

(4) 下線部 c に関して，秩禄数年分の金禄公債証書を与えるかわりに士族の秩禄を廃止したことを何というか。

(5) 下線部 d に関して，1872年に公布され，小学校教育を義務化した法令を何というか。

(1)	①	②		(2)	
(3)		(4)		(5)	

頻出 2 ［明治初期の外交］次の文章を読んで，あとの問いに答えなさい。

1871年に，（ ① ）を全権大使とするa使節団が欧米に派遣されたが条約改正の交渉には失敗した。ロシアとは，1875年のb樺太・千島交換条約により国境が画定された。琉球については，c1872年に政府は琉球藩を置き，1879年には琉球藩を廃止して沖縄県を設置した。清とは，1871年に（ ② ）を結び，朝鮮とは国交樹立の交渉を試みたが拒絶された。そのため，日本では西郷隆盛らによる（ ③ ）が高まったが，大久保利通らの反対によって挫折し，d西郷隆盛，板垣退助，江藤新平らの参議が辞職した。その後，1875年におこった（ ④ ）事件をきっかけとして，翌年，朝鮮とe日朝修好条規を結んだ。

(1) （ ① ）～（ ④ ）にあてはまる適語を答えよ。

(2) 下線部 a に同行し，のちに女子英学塾を設立した人物名を答えよ。〔慶應義塾大〕

(3) 下線部 b に関する記述として正しいものを，次から１つ選び，記号で答えよ。

ア 樺太の北半分をロシア領，千島列島のすべてと樺太の南半分を日本領と定めた。
イ 樺太をロシア領，千島列島のすべてを日本領と定めた。
ウ 千島列島のすべてと樺太の北半分をロシア領，樺太の南半分を日本領と定めた。
エ 千島列島のすべてをロシア領，樺太を日本領と定めた。

(4) 下線部 c の琉球に関する一連のできごとを何というか。

(5) 下線部 d 以降におこった次のア〜ウのできごとを，年代の古い順に並べかえよ。

ア 旧薩摩藩士族が西郷隆盛を首領として西南戦争をおこした。

イ 琉球漂流民殺害事件を理由に，政府が台湾出兵を行った。

ウ 開拓使官有物払下げ事件がおこった。

(6) 下線部 e に関する記述として誤っているものを，次から１つ選び，記号で答えよ。

ア 日本側の代表は，黒田清隆と井上馨であった。

イ 釜山(プサン)・仁川(インチョン)・元山(ウォンサン)の３港が開港されることになった。

ウ 朝鮮を「自主の国」として清との宗属関係が否定された。

エ 朝鮮と日本が対等な立場で結ばれた条約であった。

(1)	①	②	③	④	(2)		
(3)		(4)		(5)	→ →	(6)	

3 [自由民権運動] 次の文章を読んで，あとの問いに答えなさい。

〔神戸学院大－改〕

1873年におこった政変のあと，政府内では，内務卿(　①　)が政治の中心となった。これに対して，土佐藩出身で，のちに自由党を結成する(　②　)や後藤象二郎らは，1874年に，民撰議院設立の建白書を政府に提出し，公論にもとづく政治を行うための国会の設立を要求した。これが自由民権運動の発端である。(②)は建白書を提出したあと土佐に帰り，民権運動の政社を設立した。1875年にはこの政社を中心として，a大阪で民権派の全国組織をめざす政社が結成された。これに対して，政府は(②)と長州藩出身の木戸孝允を参議に復帰させるとともに，b立憲制への準備に着手した。しかし他方では，c民権運動家の言論活動の取り締まりも強化した。1880年代になると，d自由民権運動を激化させる事件が発生したが，政府の弾圧の強化によって，運動はしだいに衰退していった。

頻出 **(1) (　①　)・(　②　)にあてはまる人物名を答えよ。**

(2) 下線部 a の政社名として正しいものを，次から１つ選び，記号で答えよ。

ア 立志社　　イ 愛国社　　ウ 平民社　　エ 硯友社

(3) 下線部 b について，次の問いに答えよ。

① 立憲制への準備に関する記述として正しいものを，次から１つ選び，記号で答えよ。

ア 漸次立憲政体樹立の詔を発して，1890年の国会開設を公約した。

イ 大審院を設置して，憲法草案の起草を開始した。

ウ 府知事・県令で構成される地方官会議を設置した。

エ 最高裁判所に相当する司法機関として元老院を設置した。

頻出 ② 憲法草案に際しては，ドイツの憲法が参考にされた。その理由を簡潔に説明せよ。

(4) 下線部 c に関して，1875年に出された法令として正しいものを，次から１つ選び，記号で答えよ。

ア 新聞紙条例と讒謗律　　イ 集会条例と新聞紙条例

ウ 保安条例と讒謗律　　エ 出版条例と集会条例

(5) 下線部 d に関して，埼玉県で発生し，政府が軍隊を派遣して鎮圧した事件の名称を答えよ。

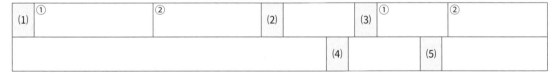

(1)	①	②	(2)		(3)	① ②
			(4)		(5)	

第1編｜近代化と私たち

16. 条約改正と日清戦争

解答⇒別冊 p.8

1 朝鮮と清の動向　朝鮮をめぐる日本と清の緊張

★★ 1｜朝鮮の情勢

(1) **朝鮮国内の抗争**…朝鮮国内で政権を握っていた親日派の**閔妃**(ミンピ)の一族に対し，大院君(テウォングン)の支持を受けた軍隊が，1882年に政府や日本公使館を襲撃したが清軍に鎮圧される①[　　　　　]がおきた。

(2) **政権の交代と失敗**…朝鮮の近代化をはかり，清からの独立をめざしていた急進開化派の**金玉均**(キムオッキュン)らが，日本公使館の支援のもと1884年に政権を奪ったが，来援した袁世凱(ユアンシーカイ)の指揮する清軍に制圧された。これを②[　　　　　]という。

★ 2｜日本の動向

(1) **日清衝突の回避**…［②］の翌1885年，伊藤博文は清の李鴻章(リーホンチャン)と③[　　　　　]を結んだ。これにより，日清両国は朝鮮から撤兵し，今後，出兵する場合には相互に通告することを取り決めた。

(2) **世論の険悪化**…朝鮮での２回の政変を経て，清と朝鮮に対する日本の世論が急速に悪化し，④[　　　　　]が発表した「**脱亜論**」などにより，清や朝鮮との軍事的対決の機運が高まった。

2 条約改正の実現　外交における最重要課題の解決

★ 1｜条約改正の展開

(1) **欧化政策**…1882年，⑤[　　　　　]外務卿(のちに外務大臣)は列強の代表を招いて条約改正の予備会議を開いた。東京日比谷に⑥[　　　　　](1883年に完成)を建設して舞踏会を開くなどの極端な**欧化政策**を進めた。

(2) **イギリスとの交渉**…当時，⑦[　　　　　]の計画を進めるなど，アジア進出をめざすロシアと対立していたイギリスは，日本との関係を深めるために条約改正交渉に応じた。しかし，**大津事件**の発生により条約改正交渉は中断された。

★★★ 2｜条約改正の実現

1894年，⑧[　　　　　]外務大臣のもとで，イギリスとの間で**領事裁判権の撤廃**や相互対等の最恵国待遇，**内地雑居**などを内容とする⑨[　　　　　](ほかの欧米諸国とも改正条約を結んだ)が締結された。また，1911年には⑩[　　　　　]外務大臣のもとで，⑪[　　　　　]**の完全回復**が実現した。

人物

閔妃

高宗(コジョン)の王妃。高宗の父である大院君を引退させ，閔氏一族の政権独占をはかった。はじめ親日派と近代化を進めたが，のちに親日派を圧迫するようになった。

Word

脱亜論

日本は清や朝鮮の近代化を待つ余裕はなく，アジアを脱して欧米列強の一員となるべきだとする論説。

Word

大津事件

1891年，シベリア鉄道の起工式に向かう途上で来日したロシア皇太子(のちのニコライ２世)が警備の巡査に切りつけられ負傷した事件。

参考

イギリスとの条約改正交渉

大津事件で**青木周蔵**外務大臣が引責辞職したことで条約改正交渉は中断した。その後，反対論が多かった外国人の経済活動を国内全域で認める**内地雑居**に自由党が賛成したことから，交渉が再開された。

3 日清戦争とその影響　東アジアの外交関係の変容

★★ 1 | 日清戦争の勃発

(1) **朝鮮の反乱**…1894年１月，**東学**の信徒を中心とする大規模な農民反乱がおこった。朝鮮はこの⑫[　　　　　　　]（東学の乱ともいう）を鎮圧するため，清に派兵を求めた。清は[③]にもとづいて日本に通告すると，日本もこれに対抗して派兵した。

(2) **日清戦争**…反乱軍は朝鮮政府と和解したが，朝鮮の内政改革を要求する日本軍は駐留を続けた。日本は閔氏政権を倒して大院君政権を立てたうえ，1894年，清に宣戦布告して**日清戦争**が始まった。

Word
東　学
キリスト教(西学)に対抗し，民俗信仰をもとに創始された宗教。

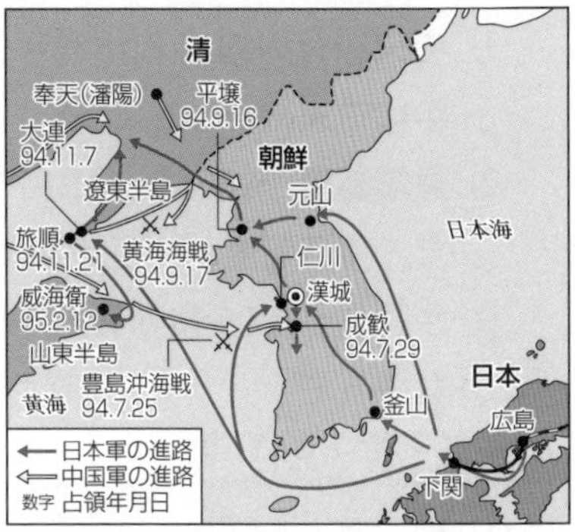

▲日清戦争の関係図

★★★ 2 | 日清戦争後の展開

(1) **講和条約**…1895年，日本の伊藤博文・陸奥宗光と清の李鴻章の間で⑬[　　　　　　]が結ばれた。日本は，清に**朝鮮の独立**を認めさせ，⑭[　　　　　　]および，**台湾・澎湖諸島**(ポンフー)を割譲させ，賠償金２億両を得た。台湾には⑮[　　　　　　]を置いて統治を始めた。

(2) **列強の干渉**…清での利益拡大をねらう**ロシア・ドイツ・フランス**は[⑭]の割譲に異議を唱え，清に返還するよう求めた。これを⑯[　　　　　　]という。日本政府はやむなく受け入れたが，国民の間でロシアに対する敵対感情が高まったことを背景に，政府は軍備拡張と産業育成を進めた。

(3) **日清戦争後の朝鮮**…親露派と結んだ閔妃は日本軍人らの陰謀で暗殺され，1897年に高宗が国号を⑰[　　　　　　](**韓国**)と改めた。

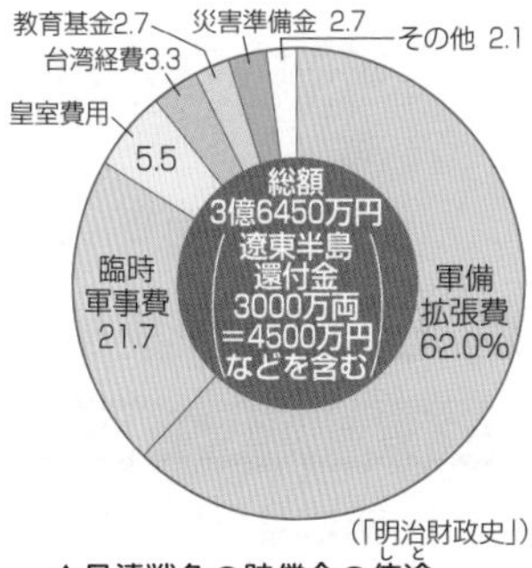

▲日清戦争の賠償金の使途
ロシアとの戦いに備え，多くが軍備拡張費に使われた。

確認しよう

- □ (1) 日本がアジアを脱して欧米列強の一員となることを主張した福沢諭吉の論説を何というか。
- □ (2) 鹿鳴館で舞踏会を開くなど，井上馨外務卿が進めた政策を何というか。
- □ (3) 甲午農民戦争をおこした農民たちが信仰していた宗教を何というか。
- □ (4) イギリスと条約改正の交渉中におこった，青木周蔵外務大臣辞任の一因となった事件を何というか。
- □ (5) 日本に遼東半島(リャオトン)の清への返還を要求したのは，ロシア・フランスとどこか。

論述力を鍛える　日清戦争後，東アジアの国際秩序はどのように変化したか，「朝鮮」，「朝貢体制」の語句を用いて簡潔に説明せよ。

第4章
帝国主義の展開とアジア

第1編｜近代化と私たち

17. 日本の産業革命

解答⇒別冊 p.8

1 政府の政策と運輸業　貨幣制度の安定と企業勃興

★ 1｜政府の金融政策

(1) **中央銀行の設立**…1881年，松方正義が大蔵卿に就任し，翌1882年に中央銀行として①[　　　　　]を設立した。

(2) **貨幣制度**…1885年，銀兌換の[①]券を発行して**銀本位制**を確立した。貨幣制度が安定すると，鉄道や紡績を中心に企業設立の機運が高まった(**企業勃興**)。その後，1897年には欧米諸国にならって②[　　　　　]に移行した。

★ 2｜運輸業の発展

(1) **鉄　道**…③[　　　　　]のほか，各地に中小の鉄道会社が誕生したが，1906年に④[　　　　　]が制定され，主要な鉄道は**国有化**された。
　└1881年，華族の資金を中心に設立

(2) **海　運**…⑤[　　　　　]が政府の補助を受けて成長し，造船業も日清・日露戦争による需要増で発展した。
　┌1885年に創立

参考

鉄道の国有化

産業上および軍事上の面から鉄道輸送の画一化・能率化をはかることと，経営不振の民営鉄道の救済の意味もあった。

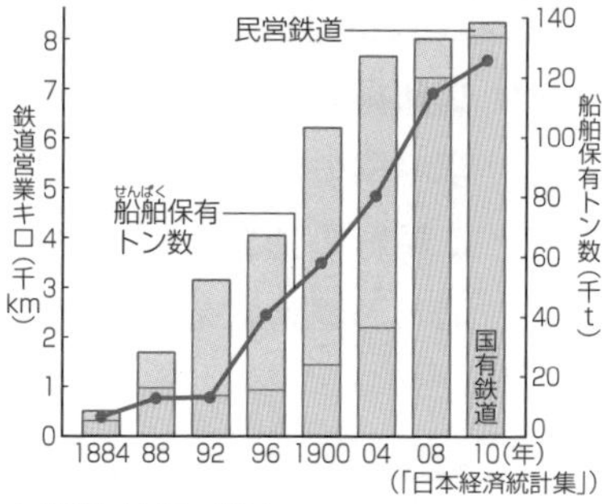

▲鉄道と海運の発達

2 日本の産業革命　産業革命の始まりと進展

★★★ 1｜繊維工業と貿易

(1) **紡績業**…日本の産業革命は，綿花から綿糸をつくる**紡績業**を中心とした**軽工業**から始まった。1883年に**大阪紡績会社**が大工場を建て，綿糸の生産量は飛躍的にのびた。
　渋沢栄一らが設立┐

(2) **製糸業**…器械製糸の普及によって**製糸業**も発展し，アメリカ向けの⑥[　　　　　]の輸出ものびた。
　└1884年以降，アメリカが最大の輸出相手国

(3) **貿　易**…1890年には綿糸の国内生産量が輸入量を上回り，1897年には輸出量が輸入量を上回った。20世紀に入ると綿織物の輸出も増え，日本は東アジアなど海外に工業製品を輸出する工業国へと成長した。
　日清戦争後に中国・朝鮮への綿糸の輸出がさかんになった┘

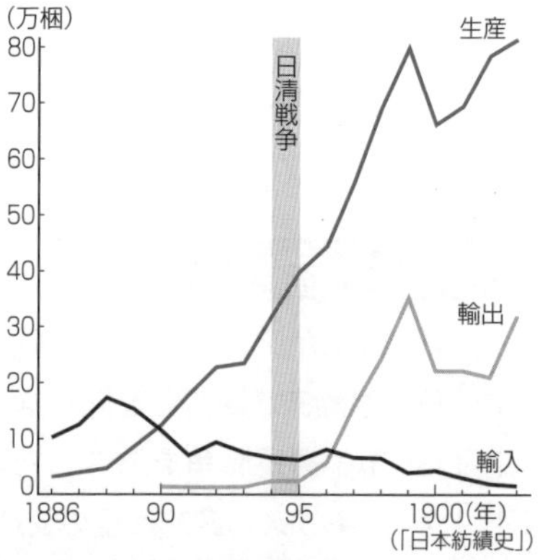

▲綿糸の生産と輸出入の変化

★★ 2｜重工業の成長

(1) **重工業の担い手**…造船や鉱業では，⑦[　　　　　]とよばれた政府と関係の深い事業者が官営事業の払下げを受けて経営を担った。三菱や三井などの[⑦]は，やがて産業界を支配する⑧[　　　　　]に発展した。

(2) **重工業の成長**…鉄鋼業では，政府の主導により，1901年に官営の⑨[　　　　　]が北九州で操業を開始した。
　└日清戦争の賠償金の一部をもとに建設された

参考

官営事業の払下げ

三菱は長崎造船所や佐渡鉱山を，三井は富岡製糸場や三池炭鉱の払下げを受けて発展していった。

3 社会問題と教育の進展　工業の発展と社会問題

★★ 1 | 労働問題

(1) **労働運動**…産業革命の進展にともない，工場労働者が増加したが，低賃金・長時間労働を強制されたことで，各地でストライキがおこるようになり，1897年には ⑩[　　　　　　　　] が結成された。その影響で，熟練労働者を中心に労働者の組合をつくる動きも生まれた。
（繊維工業の労働者は女性，重工業や鉱山の労働者は男性が中心だった）

(2) **政府の対応**…政府は1900年に ⑪[　　　　　　　　] を制定し，労働運動の取り締まりを強化した。その一方，1911年に女性・年少労働者の保護などを定めた ⑫[　　　　　　] を制定した。
（1916年に施行されたが，保障内容は不十分だった）

(3) **公害の発生**…栃木県の ⑬[　　　　　　　] で鉱毒事件がおこった。政治家の ⑭[　　　　　　　] は明治天皇に直訴しようとするなど，生涯を鉱毒事件の解決に奔走した。

参考
工場労働者の人口

1900年には，工場労働者総数約39万人のうち，繊維産業が約24万人と約6割を占めており，その88％が女性であった。

Word
寄生地主

地租改正・松方財政後に急成長した，直接農業経営をせず，高額現物小作料に依存する大地主。

★ 2 | 農業と学校教育

(1) **農業と農民**…みずからは耕作をせず，有利な投資先として土地を集積する ⑮[　　　　　　　] が現れた。一方，小作地は急増し，小作料を現物納する**小作農**は生活に困窮し，子女を女工として工場に出稼ぎに出すことも多かった。

(2) **学校教育**…産業革命の進展とともに就学率も向上し，1900年には義務教育の授業料が廃止された。**帝国大学**や教員養成の師範学校などの教育機関も整備された。また，**福沢諭吉**による**慶応義塾**や**大隈重信**による**東京専門学校**（現在の早稲田大学）などの私立学校も設立された。

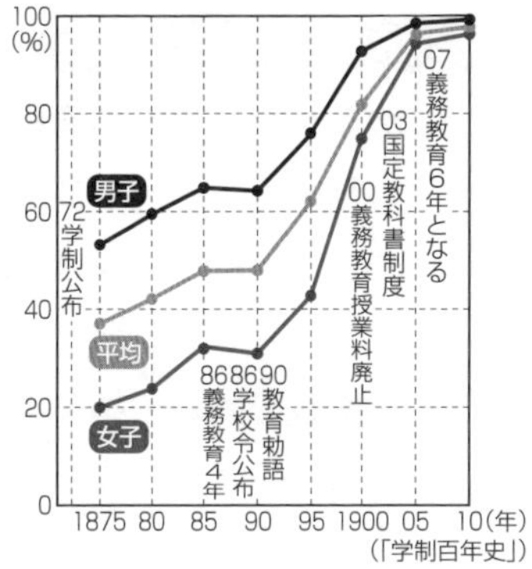

▲義務教育の就学率向上

確認しよう

- [ ] (1) 1882年に，中央銀行として日本銀行を設立した大蔵卿はだれか。
- [ ] (2) 日本の産業革命は軽工業から始まったが，その中心となった，綿花から綿糸をつくる工業は何か。
- [ ] (3) 渋沢栄一らが設立し，機械による綿糸の大規模経営に成功した会社を何というか。
- [ ] (4) 生糸の最大の輸出相手国となった国はどこか。
- [ ] (5) 東京専門学校（現在の早稲田大学）を設立したのはだれか。

論述力を鍛える

1880年代～90年代の繊維工業の発展について，貿易と関連づけて簡潔に説明せよ。

第1編｜近代化と私たち

18. 帝国主義と列強の動向

解答⇒別冊 p.9

1 第2次産業革命と帝国主義　経済発展と帝国主義

★ 1｜資本主義の発展と帝国主義

(1) **第２次産業革命**…19世紀後半には，①[　　　　　]と電力が動力源として使われるようになり，鉄鋼・機械・化学などの分野で技術革新が進み，重化学工業が発達した。こうした産業の変化を**第２次産業革命**という。

(2) **帝国主義**…大規模な産業は巨額の資本を必要とするため，少数の巨大企業が銀行と結びついて市場を支配するようになった。こうした資本主義の発展により，欧米列強が競って新しい市場や資源の供給先としての**植民地**を拡大しようとする**帝国主義**の時代が到来した。

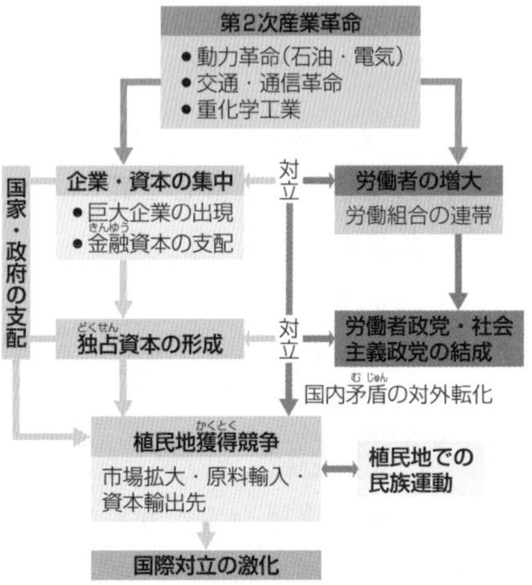

▲帝国主義成立の過程

★ 2｜帝国主義下の社会

(1) **ナショナリズムの高揚**…列強の植民地拡大による経済の発展は，政府の威信を高め，本国住民の人種的優越意識にもとづく排他的な**ナショナリズム**も高めた。未開の人々を文明化するのが「白人の責務」という考え方が，植民地支配を正当化した。
「文明化の使命」ともいわれる

(2) **労働者の動き**…第２次産業革命の進展によって工場労働者の数が増加すると，労働者の保護・権利拡大をめざす**労働者政党**の結成も列強各国で進んだ。

(3) **世界の一体化の進展**…1869年に②[　　　　　]**運河**，1914年には③[　　　　　]**運河**が開通し，海上輸送の時間が短縮された。また，1889年には，④[　　　　　　　　　]が社会主義政党の国際組織として，フランスのパリで発足した。

> **Word**
> **ナショナリズム**
> 国民・民族のまとまりを重視し，その独立や発展をめざす考え方で，国民国家の確立に役立った。一方，他国・他民族を排除する考えと結びつく危険性もある。

> **注意**
> **スエズ運河とパナマ運河**
> **スエズ運河**は地中海と紅海，**パナマ運河**は大西洋と太平洋を結ぶ運河。

2 列強の帝国主義　欧米列強の動向と内政

★ 1｜ヨーロッパ列強の動向

(1) **イギリス**…1870年代以降，世界的不況による経済の停滞に直面すると，インドに加え，⑤[　　　　　]を支配下に置く一方，**カナダ**などを**自治領**として連携強化をはかった。さらに，[⑤]を拠点にアフリカにも植民地を拡大した。20世紀初めには労働者独自の政党として⑥[　　　　　]が結成され，1914年にはアイルランドに対する⑦[　　　　　　　]が成立した。
└カナダ・オーストラリア連邦・ニュージーランド・南アフリカ連邦など

> **Word**
> **自治領**
> イギリスの植民地のなかで自治権を与えられた白人系植民地。1867年にカナダが最初の自治領となった。

(2) **フランス**…第三共和政のもと，アフリカと東南アジアに勢力を拡大した。国内では，世論を反ユダヤ的・反共和政的な保守派と，共和派とに二分する ⑧[　　　　　　　　] がおこった。また，1905年には労働者政党の ⑨[　　　　　　] が結成された。

└p.20参照

（その後，共和派が政局の主導権を握り，国内は安定した）

(3) **ドイツ**…皇帝 ⑩[　　　　　　　　] は社会政策や外交政策をめぐる対立から首相 ⑪[　　　　　　　] を辞任させ，イギリスに対抗して「**世界政策**」という対外膨張政策に転じた。また，社会主義者鎮圧法の廃止により**社会民主党**が勢力をのばした。党内では，⑫[　　　　　　　　] が**修正主義**を唱えて影響力を増した。

> **Word**
> **ドレフュス事件**
> ユダヤ系の軍人ドレフュスにドイツのスパイ容疑がかけられた冤罪事件。
>
> **Word**
> **修正主義**
> 革命によってでなく，議会闘争と社会政策に重点を置いて社会主義を実現しようとする考え。
>
> **Word**
> **血の日曜日事件**
> 窮乏を訴えるために宮殿前に集まった群衆に軍隊が発砲し，多くの犠牲者を出した事件。

★★ 2 | ロシア・アメリカの動向

┌p.20参照

(1) **ロシア**…ベルリン会議で南下政策を阻止され，極東への進出をはかった。日露戦争のさなか，**血の日曜日事件**をきっかけに革命（1905年革命）がおこると，皇帝 ⑬[　　　　　　　　] は，立憲政治の実施を約束してこの革命を収束させた。しかし，**ロシア社会民主労働党**などの社会主義政党を弾圧し，専制政治を続けた。

（└1903年，革命家だけの党をめざすボリシェヴィキと大衆政党をめざすメンシェヴィキに分裂）

(2) **アメリカ**…1890年代末から，積極的に対外進出を進め，太平洋やカリブ海に植民地を獲得し，キューバを保護国化した。⑭[　　　　　　　　] 大統領はカリブ海諸国に武力介入する「⑮[　　　　　　]」を展開した。中国政策では，1899・1900年に ⑯[　　　　　　] **宣言**を発し，中国における [⑯]・⑰[　　　　　　]・**領土保全**を提唱した。

（アメリカ=スペイン（米西）戦争に勝利した結果）

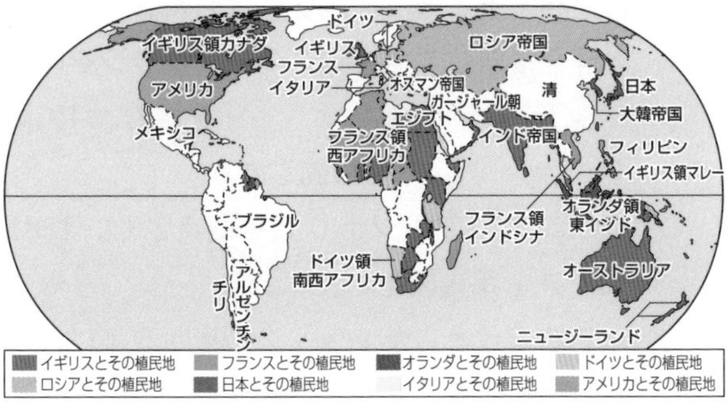

▲列強による植民地支配（1910年前後）

確認しよう

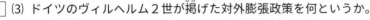

- ☐ (1) 第２次産業革命の主な動力源となったのは，石油ともう１つは何か。
- ☐ (2) 内政において広範な権限を与えられた，カナダなどのイギリスの植民地を何というか。
- ☐ (3) ドイツのヴィルヘルム２世が掲げた対外膨張政策を何というか。
- ☐ (4) 日露戦争のさなかにロシアでおこった1905年革命のきっかけとなった事件を何というか。
- ☐ (5) アメリカの門戸開放宣言の内容は，中国に対する門戸開放・機会均等とあと１つは何か。

論述力を鍛える

欧米列強が植民地を拡大する帝国主義政策をとった理由について，「第２次産業革命」，「市場」，「供給先」の語句を用いて簡潔に説明せよ。

第1編｜近代化と私たち

19. 列強による世界分割と対立

解答⇒別冊 p.9

1 アフリカの植民地化　列強のアフリカ植民地化競争

★ 1｜実効支配の原則

(1) **アフリカ分割**(ぶんかつ)…リヴィングストンらの探検を経て，1880年代以降，**アフリカ分割**とよばれる植民地獲得(かくとく)競争が激しさを増した。
└イギリスの宣教師・探検家

(2) **ベルリン会議**…1884～85年にビスマルクが開いた**ベルリン会議**（**ベルリン=コンゴ会議**）で，アフリカの植民地化における**実効支配の原則**が定められ，①[　　　　　]のコンゴ領有が認められた。
└p.21参照

> **Word**
> **実効支配の原則**
> ある地域を植民地化する国は，現地でのヨーロッパ人の安全や商業活動を保障しなければならないという原則。

★★ 2｜ヨーロッパ列強によるアフリカ分割

(1) **イギリス**…1880年代に**エジプト**を事実上の保護国とし，さらに南下して**スーダン**も支配した。1899年には**ブール人**と②[　　　　　]をおこし，これに勝利すると彼(かれ)らの国を併合(へいごう)した。さらに，アフリカ大陸を縦断して**カイロ**と**ケープタウン**を結び，さらにインドの③[　　　　　]を結びつけようとする④[　　　　　]を展開した。
└トランスヴァール共和国・オレンジ自由国の両国

(2) **フランス**…アルジェリアを拠点(きょてん)とし，1881年に**チュニジア**を保護国とした。⑤[　　　　　]やマダガスカルと結ぼうとしたフランスの横断政策はイギリスの縦断政策と衝突(しょうとつ)し，1898年に⑥[　　　　　]がおこったが，フランスが譲歩(じょうほ)することで解決した。

(3) **イタリア**…⑦[　　　　　]の獲得をめざしたが，1896年，アドワの戦いで[⑦]軍に撃退(げきたい)された。その後，1911年からオスマン帝国(ていこく)と戦い，この⑧[　　　　　]によって，**リビア**を獲得した。

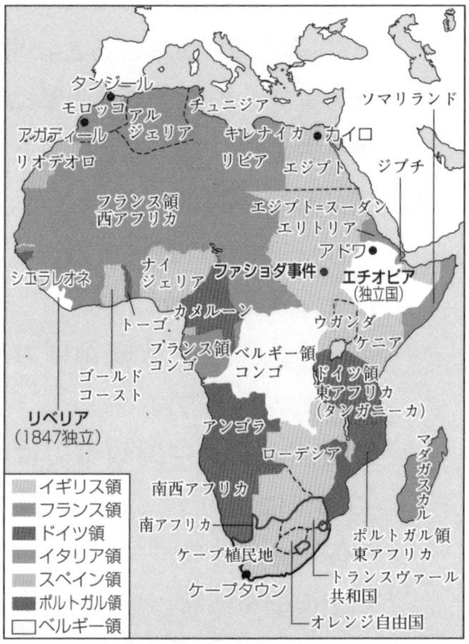

▲列強のアフリカ分割（20世紀初め）

> **Word**
> **ブール人**
> ボーア人ともいう。オランダ系の白人で，イギリスの入植者と対立した。

> **注意**
> **独立を保った国**
> 20世紀初頭までにアフリカのほとんどが植民地化されたが，**エチオピア**と**リベリア**は独立を保った。

2 太平洋地域とラテンアメリカ　帝国主義の波及(はきゅう)

★ 1｜太平洋諸地域

(1) **太平洋の国々**…**オーストラリア**と**ニュージーランド**はイギリスに領有され，オーストラリアの先住民⑨[　　　　　]や，ニュージーランドの先住民⑩[　　　　　]は抑圧(よくあつ)された。
└19世紀半ばに金鉱が発見されると移民が急増した

(2) **太平洋の島々**…アメリカがアメリカ=スペイン（米西(べいせい)）戦争に勝利し，**フィリピン**と**グアム**を獲得した。1898年には，独立国であった⑪[　　　　　]を併合した。

★ 2｜ラテンアメリカの動向

(1) **ラテンアメリカの動向**…1830年までに多くの国が独立したが，独裁政権が誕生し，クーデタや革命があいついだ。

(2) **メキシコ**…1910年に始まった ⑫[　　　　　　　　] で独裁政権が倒れたあと混乱が続いたが，1917年に民主的な憲法が制定された。

> **参考**
> **19世紀末のラテンアメリカ諸国**
> コーヒー豆や食肉など欧米への農産物・畜産物の供給地となり，中央アメリカではアメリカ，南アメリカではイギリスの影響力が特に強かった。

3 列強の対立と二極分化　列強間における提携と対立

★ 1｜20世紀初頭のヨーロッパ

20世紀初頭のヨーロッパでは，ドイツとそれを包囲するイギリス・フランス・ロシアによる提携・対立関係が再編された。

★★★ 2｜列強の対立と二極分化

(1) **ドイツ**…ヴィルヘルム２世は，ロシアとの**再保障条約の更新を拒否**した。その後，バグダード鉄道の建設を計画し，西アジアへの進出をはかった(**3B 政策**)。
└ベルリン・ビザンティウム(イスタンブル)・バグダードの頭文字に由来

(2) **ロシア・フランス**…ドイツが再保障条約の更新を拒否したことで，ロシアはフランスに接近し，1891～94年に ⑬[　　　　　　] を結んだ。これによりフランスは国際的孤立から脱した。

(3) **イギリス**…19世紀には「**光栄ある孤立**」を保っていたが，ロシアに対抗して1902年に ⑭[　　　　　　] を，また，ドイツに対抗して1904年に ⑮[　　　　　　] を結んだ。その後，1907年にロシアと ⑯[　　　　　　] を結んだことにより，**イギリス・フランス・ロシアの** ⑰[　　　　　　] が成立し，**ドイツ・オーストリア・イタリアの** ⑱[　　　　　　] が対立する二極分化の構図が形成された。
└ヨーロッパ大陸から距離を置く孤立外交政策

> **Word**
> **再保障条約**
> 1887年，ビスマルクの主導によりドイツ・ロシア間で結ばれた，一方が攻撃を受けたとき，他方は中立を守ることを約束した秘密条約。

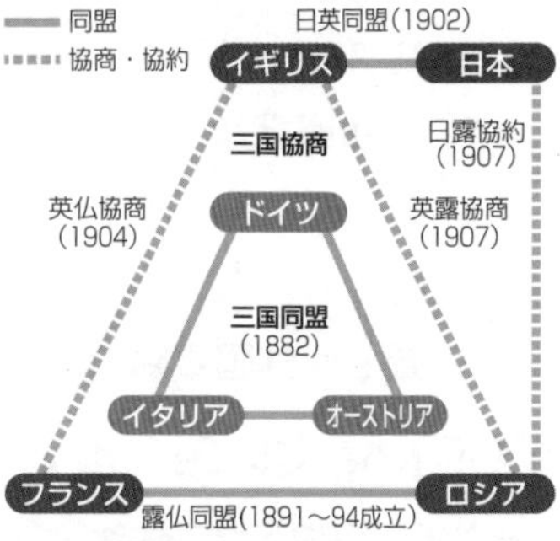

▲20世紀初頭の同盟関係

確認しよう

- □ (1) 1884～85年にビスマルクが開き，アフリカ分割の原則を決めた会議を何というか。
- □ (2) アフリカでヨーロッパ諸国の植民地とならなかったのはエチオピアとどこか。
- □ (3) ロシアがフランスと露仏同盟を結ぶきっかけとなった，ドイツが破棄した条約を何というか。
- □ (4) ベルリン・ビザンティウム・バグダードを結ぶ，ドイツの帝国主義政策を何というか。
- □ (5) 19世紀にイギリスがとっていた孤立外交政策は何とよばれたか。

論述力を鍛える

20世紀初頭にイギリスがとった外交政策の変化について，「日英同盟」，「三国協商」の語句を用いて簡潔に説明せよ。

第1編 | 近代化と私たち

20. 日露戦争とアジア諸地域の変容

解答⇒別冊 p.10

1 日清戦争後の中国の動向　加速する列強の中国進出

★★ 1 | 列強の中国進出と清の政治改革

(1) **列強の中国進出**…日清戦争後，列強の中国進出が加速し，清国内での利権の獲得に乗り出した。1898年に**ドイツ**が①[　　　　]を租借したことを契機に，ロシア・イギリス・フランスなども**租借地**を設定した。
（鉱山採掘権や鉄道敷設権など）

(2) **清の政治改革**…1898年，立憲君主政への移行を訴えた②[　　　　]を中心とする改革派とともに**光緒帝**が政治改革を始めた。しかし，③[　　　　]を中心とする保守派に弾圧されて失敗した。これを④[　　　　]という。
（戊戌の変法）

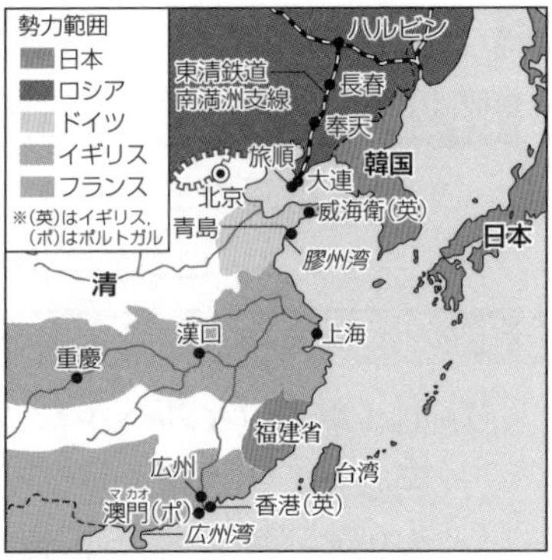

▲列強の中国分割

★★★ 2 | 義和団戦争

(1) **義和団**…民衆による宗教的武装集団である**義和団**が，「**扶清滅洋**」（清を助け，西洋を滅ぼす）をスローガンに，列強とキリスト教の排斥を訴えた。

(2) **義和団戦争**…1900年，義和団の蜂起に乗じて清も列強に宣戦布告した。しかし，清は日本を含む**8カ国連合軍**に敗れ，1901年に⑤[　　　　]（**辛丑和約**）を結び，多額の賠償金を支払うことや外国軍隊の北京駐屯などを認めた。

2 日露戦争　東アジアにおける日露の対立

★ 1 | 対ロシア主戦論の高まり

(1) **日英同盟**…ロシアは義和団戦争後も満洲（中国東北部）に駐留した。ロシアが朝鮮半島に勢力を広げることを恐れた日本は1902年，ロシアと対立するイギリスと**日英同盟**を結び，戦争に備えた。

(2) **高まる主戦論**…ロシアの動きに対し，日本国内の世論は主戦論に傾いていった。一方，キリスト教徒の⑥[　　　　]や社会主義者の**幸徳秋水**らは非戦論・反戦論を唱えた。

★★ 2 | 日露戦争

(1) **日露戦争の勃発と経過**…1904年2月に**日露戦争**が始まり，旅順（ルーション）の占領や**日本海海戦**（ロシアのバルチック艦隊を全滅させた）の勝利で日本が優勢となった。

(2) **講　和**…日本は戦力の消耗が大きく，ロシアも革命がおこったため継続が難しくなり，⑦[　　　　]（アメリカ大統領セオドア=ローズヴェルトの仲介）を結んで講和した。

(3) **講和反対の暴動**…[⑦]で日本が賠償金を得られなかったため，民衆による⑧[　　　　]などの暴動がおこった。

人物

幸徳秋水

高知県出身の社会主義者。社会民主党結成に参加。平民社を結成し，『平民新聞』で日露戦争反対を唱えた。1910年，**大逆事件**の首謀者として検挙され，翌年に刑死した。

参考

ポーツマス条約の内容

ロシアが日本に対して，韓国に対する日本の監督・指導権を認め，旅順・大連（ターリエン）の租借権と長春（チャンチュン）以南の清領内の鉄道とこれに付属する権益を譲渡。また，北緯50度以南の樺太（サハリン）を譲渡し，沿海州とカムチャツカ半島沿岸の漁業権を認めた。

3 日本の対外進出とアジアの変容 日本の大陸進出とアジアの動き

★★★ 1｜日本の大陸進出

(1) **韓国の植民地化**…日本は大韓帝国(だいかんていこく)(韓国)と３次にわたる**日韓協約**を結び，1906年に⑨[　　　　]を置いた。これに対し，韓国は⑩[　　　　]とよばれる抗日(こうにち)運動を展開した。伊藤博文(いとうひろぶみ)が暗殺されると，1910年，日本は⑪[　　　　]を締結(ていけつ)して韓国を植民地とし，⑫[　　　　]を設置して統治した。
（外交権や内政権を奪う内容の協約／高宗が第２回万国平和会議に密使を送り窮状を訴えようとしたハーグ密使事件後に活発化）

(2) **満洲の動向**…ロシアから引き継(つ)いだ鉄道などを経営するために，1906年，⑬[　　　　]**株式会社**(**満鉄**(まんてつ))を設立した。

★★ 2｜清の滅亡

(1) **革命の勃発**…清は制度改革(⑭[　　　　])に着手したが，一方で，清打倒(だとう)の気運も高まり，**三民主義**(さんみん)を掲(かか)げる⑮[　　　　]を中心に東京で**中国同盟会**が結成された。1911年，武昌(ぶしょう)で軍隊のなかにいた革命派が蜂起(ほうき)し，⑯[　　　　]が始まった。
（四川での暴動をきっかけに蜂起した）

(2) **清の滅亡**(めつぼう)…1912年，革命派は南京(ナンキン)で[⑮]を**臨時大総統**(だいそうとう)とする⑰[　　　　]の成立を宣言した。同年，清の**宣統帝**(せんとうてい)(**溥儀**(ふぎ)(プーイー))が退位し清は滅(ほろ)びた。その後，**袁世凱**(えんせいがい)(ユアンシーカイ)が北京(ペキン)で臨時大総統となった。

★ 3｜アジア諸地域の民族運動

(1) **インド**…1885年に結成された**インド国民会議**が民族運動の中心となり，イギリスは⑱[　　　　]を出して運動をおさえようとした。親英的な**全インド=ムスリム連盟**も結成された。
（1905年。ヒンドゥー教徒とムスリムの分離をはかった／1906年）

(2) **東南アジア**…インドネシアでは1912年に**イスラーム同盟**が結成され，ベトナムでは⑲[　　　　](**東遊**(とうゆう))**運動**が展開された。
（サレカット=イスラム／日本へ留学生を派遣。ファン=ボイ=チャウらが推進）

Word

日韓協約

第１次日韓協約では，韓国に外交と財政の顧問(こもん)を送り込(こ)んだ。第２次日韓協約で外交権を奪(うば)い，**統監府**(とうかんふ)を置いた。第３次日韓協約で，内政権を手に入れ，高宗(こうそう)(コジョン)を退位させ，韓国の軍隊を解散させた。

Word

三民主義

孫文が提唱した，**民族**(満洲人王朝の打倒)・**民権**(共和国の建設)・**民生**(国民生活の安定)の革命理念。

参考

西アジアの革命

イランでは**立憲革命**(1905〜11年)がおこり，議会開設と憲法制定が実現したが，ロシアの干渉(かんしょう)を受けた。オスマン帝国でも1908年に，憲法の復活をめざす**青年トルコ革命**がおこった。

確認しよう

- □ (1) 康有為(こうゆうい)(カンヨウウェイ)らとともに，政治改革を行った清の皇帝はだれか。
- □ (2) 義和団が列強とキリスト教の排斥を訴えたスローガンを何というか。
- □ (3) 日露戦争に反対し，大逆事件で刑死した社会主義者はだれか。
- □ (4) 孫文(そんぶん)(スンウェン)が革命諸団体を結集し，東京で結成した組織を何というか。
- □ (5) 1885年に結成され，インドの民族運動の中心となった組織を何というか。

論述力を鍛える

日露戦争後，講和条約に反対する暴動がおこったが，その理由を簡潔に説明せよ。

演習問題 ⑤

解答⇒別冊 p.10

頻出 **1** **［日清・日露戦争］次の文章を読んで，あとの問いに答えなさい。** 〔関西学院大－改〕

日清戦争が日本の勝利に終わり，清国の弱体化が明らかになると，$_{a}$イギリス，フランス，ドイツ，ロシアなど列強は競って清国に進出し，その勢力範囲を設定していった。三国干渉以降，中国東北部に進出したロシアに対し，$_{b}$朝鮮半島における権益が脅かされることを望まなかった日本は，イギリスと同盟してロシアに対抗する道を選んだ。1904年，桂太郎内閣はロシアと開戦した。戦局を優位に進めながらも国力の面から長期にわたって$_{c}$戦争を継続することが困難となった日本は，アメリカに調停を依頼し$_{d}$講和条約が調印された。講和条約で得た諸権益の確保は日露戦争後の日本の国是となった。

(1) **下線部 a に関する記述として誤っているものを，次から１つ選び，記号で答えよ。**
　ア　イギリスは九竜(クーロン)半島を，ドイツは山東(シャントン)半島の膠州湾(チャオチョウ)・威海衛(ウェイハイウェイ)を租借した。
　イ　ロシアは遼東(リャオトン)半島の旅順(ルーシュン)・大連(ターリエン)を租借し，さらに大連までの鉄道敷設権を獲得した。
　ウ　アメリカは門戸開放・機会均等を提案し，他方でハワイを併合，フィリピンを植民地化した。

(2) **下線部 b に関して，19世紀末から20世紀初頭にかけて朝鮮半島に関連して生じたできごとに関する記述として誤っているものを，次から１つ選び，記号で答えよ。**
　ア　開化路線をとる閔妃(ミンビ)一族は，当初清国に同調したが，壬午軍乱後は日本に接近した。
　イ　甲午農民戦争がおき，朝鮮政府が清国に出兵を要請すると，日本もこれに対抗して出兵した。
　ウ　日露戦争が始まると，日本は韓国内における軍事上必要な地点の収容権を確保した。
　エ　日露戦争後に締結された第２次日韓協約で，日本は韓国の外交権を取得し，統監府を設置した。

(3) **下線部 c に関して，ロシアも戦争の継続が困難になっていた。その理由を簡潔に説明せよ。**

(4) **下線部 d の内容として誤っているものを，次から１つ選び，記号で答えよ。**
　ア　沿海州・カムチャツカ半島沿岸における漁業権　　イ　旅順・大連を含む遼東半島の租借権
　ウ　長春(チャンチュン)・旅順間の鉄道と付属する炭鉱などの経営権　　エ　北緯50度以南の樺太の割譲

(1)		(2)		(3)		(4)	

2 **［列強のアフリカ分割］次の文章を読んで，あとの問いに答えなさい。** 〔龍谷大－改〕

19世紀後半にアフリカ内陸部の探検が進んだことをきっかけとして，フランスやイギリスをはじめとするヨーロッパ列強はこの地域に興味を示すようになった。1880年，コンゴ地域をめぐってヨーロッパ諸国が対立したため，1884年から1885年にかけて，$_{a}$アフリカの植民地化の原則が定められた。その後，ヨーロッパの列強はアフリカに押し寄せ，結果的にその大部分の分割が進んだ。フランスは1881年に（　①　）を保護国化したあと，サハラ砂漠地域を占領し，アフリカを横断してアフリカ大陸北東部に位置する（　②　）と連結することを試みた。この結果，フランスは$_{b}$３Ｃ政策をとるイギリスと衝突し，1898年に（　③　）事件がおこったが，フランスが譲歩することによって問題は解決された。その後，イギリスとフランスは接近し，1904年に（　④　）が締結された。20世紀初頭までに，アフリカ全土はエチオピアと（　⑤　）を除いてヨーロッパ列強の支配下となり，植民地化された。

(1) **（　①　）～（　⑤　）にあてはまる適語を答えよ。**

⑵ **下線部aの結果，コンゴを植民地とした国の国名を答えよ。**

⑶ **下線部bによって結びつけようとした３つの都市名を答えよ。**

⑴	①	②	③	④	⑤
⑵		⑶			

頻出 3 ［日本の産業革命］ 次の文章を読んで，あとの問いに答えなさい。

政府による官営事業の払い下げや，松方財政のもとでの貨幣・金融制度の整備により，紡績業・鉄道業・鉱山業などを中心に，会社の設立が進んだ。繊維産業では，1883年に開業した（　①　）が，蒸気機関を動力とするイギリス製紡績機械による大規模操業に成功すると，同様の紡績会社の設立があいつぎ，a紡績業は重要な輸出産業となった。日清戦争後には，重工業の基盤である鉄鋼の国産化を目的として官営の（　②　）が設立された。また，社会資本としてのb鉄道の整備も全国で進み，民営鉄道が次々と建設され，1889年には官営の営業キロ数を上回った。

⑴ **（　①　）・（　②　）にあてはまる適語を答えよ。** 〔関西大－改〕

⑵ **下線部aに関して，次の文章中の空欄に入る語句の組み合わせとして最も適切なものを，あとから１つ選び，記号で答えよ。** 〔東洋大〕

明治初期に衰えていた綿織物業は，西欧技術を取り入れて徐々に（　A　）を回復してきた。その後，多くの会社が機械紡績業に参入し，1890年には，綿糸の（　A　）量が（　B　）量を超え，1897年には，綿糸の（　C　）量が（　B　）量を超えた。綿織物業では，豊田佐吉らの考案による小型国産力織機が普及し，1909年には綿布の（　C　）額が（　B　）額を超えた。

ア A－輸出　B－生産　C－輸入　　**イ** A－輸出　B－輸入　C－生産
ウ A－生産　B－輸出　C－輸入　　**エ** A－生産　B－輸入　C－輸出
オ A－輸入　B－生産　C－輸出　　**カ** A－輸入　B－輸出　C－生産

⑶ **下線部bに関して，右の表は，1885年から1930年までの鉄道（国鉄・民営鉄道）の旅客輸送と営業距離の推移を表したものである。表に関する記述として誤っているものを，次から１つ選び，記号で答えよ。** 〔共通テスト〕

	旅客輸送（千人）		営業距離（km）	
年	国鉄	民営鉄道	国鉄	民営鉄道
1885	2637	1409	360	217
1890	11265	11411	984	1365
1900	31938	81766	1626	4674
1910	138630	25909	7838	823
1920	405820	116007	10436	3172
1930	824153	428371	14575	6902

（近代日本輸送史研究会編「近代日本輸送史」）

ア 1890年に民営鉄道の旅客輸送と営業距離が，国鉄の旅客輸送と営業距離を追い越した主な要因として，官営事業の払い下げを受けた日本鉄道会社が設立されたことが挙げられる。

イ 1900年から1910年にかけて，国鉄の旅客輸送と営業距離が増加する一方，民営鉄道の旅客輸送と営業距離が減少した要因として，鉄道の国有化政策が挙げられる。

ウ 1910年から1930年にかけて，民営鉄道の旅客輸送が増加した要因として，大都市と郊外を結ぶ鉄道の発達や沿線開発の進展が挙げられる。

エ 1920年から1930年にかけて，国鉄の営業距離が増加したきっかけの１つとして，立憲政友会内閣による鉄道の拡大政策が挙げられる。

⑴	①	②	⑵		⑶	

第2編｜国際秩序の変化や大衆化と私たち

21. 第一次世界大戦

解答⇒別冊 p.11

1 バルカン半島をめぐる緊張　協商対同盟の対立

★ 1｜バルカン半島の緊張

(1) **列強間の対立**…①[　　　　]と**三国同盟**の対立が深まり，その焦点となったのが**バルカン半島**であった。19世紀を通じてオスマン帝国の勢力が弱まり，列強の利害が対立したバルカン半島は，「②[　　　　]」とよばれる不安定な状況にあった。
└パン=ゲルマン主義とパン=スラヴ主義が激しく対立

(2) **緊張の高まり**…1908年，青年トルコ革命がおこると，オーストリアがスラヴ人の多く住む③[　　　　]を併合した。これに反発した**セルビア**は，ロシアに支援を要請した。
└p.51参照
└セルビアが編入を望んでいた

★ 2｜バルカン戦争

(1) **第１次バルカン戦争**…1912年に，ロシアの指導により結成された④[　　　　]諸国がオスマン帝国と戦って勝利した。
└セルビア・ブルガリア・ギリシア・モンテネグロが結成

(2) **第２次バルカン戦争**…第１次バルカン戦争後の領土配分をめぐって，ブルガリアとほかの[④]諸国との間で戦争がおこった。この戦いに敗北したブルガリアは多くの領土を失い，オスマン帝国とともにドイツ・オーストリアへの接近をはかった。

2 第一次世界大戦　新しい形態の世界戦争

★★ 1｜第一次世界大戦の勃発

(1) **第一次世界大戦のきっかけ**…1914年，オーストリアの帝位継承者夫妻がセルビア人青年に殺害された⑤[　　　　]をきっかけにオーストリアがセルビアに宣戦布告した。

(2) **開　戦**…ドイツがロシアに宣戦布告すると，列強も**協商国**(**連合国**)・**同盟国**に分かれて参戦し，世界規模の戦争が始まった。

★★ 2｜第一次世界大戦の経過

(1) **戦争の長期化**…西部戦線では，ドイツが⑥[　　　　]に侵入し北フランスに進撃したが阻止されて**塹壕戦**となり，膠着状態に陥った。東部戦線では，ドイツがポーランドを占領したものの，戦線は広大な範囲に広がり，ここでも戦争は長期化した。

(2) **新兵器の登場**…戦争の膠着状態を打破するために，**毒ガス**や**戦車**，**飛行機**，**潜水艦**などの新兵器が投入された。

(3) **挙国一致体制**…戦争が長期化するなか，多くの国が**挙国一致体制**をしき，史上初の⑦[　　　　]となった。
└日常生活でも食料などの価格統制や配給制などが実施された

Word
セルビア
オスマン帝国から独立したスラヴ系の小国。領土拡大をめざし，オーストリアと対立した。

▲**バルカン問題の風刺画**
バルカン問題と書かれた大釜を，列強がおそるおそる押さえ込んでいる。

Word
塹壕戦
壕を掘り，鉄条網を張りめぐらせて対峙した戦い方。

▲塹壕戦のようす

Word
挙国一致体制
長期化する戦争や経済の大恐慌などを乗り切るために，労働者政党を含む諸政党が結束して政府を支持する体制。

3 日米の参戦と大戦の終結　活発化する秘密外交

★★ 1 | 日本とアメリカの参戦

(1) **日本の動向**…日本は，第一次世界大戦を中国における権益拡大をはかる好機として日英同盟を理由に参戦し，ドイツの根拠地である山東省(シャントン)の**青島**(チンタオ)やドイツ領南洋諸島を占領した。1915年には中国の⑧[　　　　　]政府に**二十一カ条の要求**を強要し，その大部分を承認させた。これに対し，中国では反日感情が高まった。

(2) **アメリカの参戦**…ドイツが⑨[　　　　　]**作戦**を開始したため，1917年，中立国であったアメリカが連合国側について参戦した。翌年，⑩[　　　　　]大統領が**「十四カ条」の平和原則**を発表した。

交戦区域に入った船舶は，国籍を問わず無差別に撃沈するという作戦

第二号　日本国政府及支那国政府ハ、支那国政府ガ南満洲及東部内蒙古ニ於ケル日本国ノ優越ナル地位ヲ承認スルニヨリ、茲ニ左ノ条款ヲ締約セリ
第一条　両締約国ハ、旅順大連租借期限並南満洲及安奉両鉄道各期限ヲ何レモ更ニ九十九ケ年ヅツ延長スベキコトヲ約ス
第五号　一、中央政府ニ政治財政及軍事顧問トシテ有力ナル日本人ヲ傭聘セシムルコト
（日本外交年表並主要文書）

▲二十一カ条の要求

Word

「十四カ条」の平和原則
　アメリカ大統領ウィルソンが発表した大戦終結のための平和原則。秘密外交の廃止，軍備縮小，民族自決，植民地問題の公正な解決，国際平和機構の設立などを提唱した。

★★ 2 | 戦時外交と大戦の終結

(1) **戦時外交**…イギリス・フランス・ロシアは，オスマン帝国内のアラブ地域の分割に関する協定を結ぶ秘密外交を展開した。しかし，これらの協定は，のちの**パレスチナ地域の紛争**の原因ともなった。

フセイン・マクマホン協定 1915年	イギリスがアラブ民族主義を利用して，戦争協力を条件に，パレスチナを含むアラブ人居住地の独立を支持した。
サイクス・ピコ協定 1916年	イギリス・フランス・ロシアが，オスマン帝国領の分割，パレスチナの国際管理などを取り決めた。
バルフォア宣言 1917年	イギリスが，ユダヤ資本の戦争協力を得るために，パレスチナをユダヤ人の民族的領土にすることを約束した。

(2) **第一次世界大戦の終結**…ドイツでは，⑪[　　　　　]の水兵による反乱が全土に広がり，⑫[　　　　　]が成立した（**ドイツ革命**）。これによって，第一次世界大戦は終わった。

ヴィルヘルム２世は亡命した

確認しよう

- [ ] (1) 1908年に，ボスニア・ヘルツェゴヴィナを併合した国はどこか。
- [ ] (2) 第２次バルカン戦争で敗北し，ドイツ・オーストリアに接近した国はどこか。
- [ ] (3) 日本が第一次世界大戦参戦後に占領した，中国におけるドイツの根拠地であった都市はどこか。
- [ ] (4) 1915年に，日本が中国の袁世凱(ユアンシーカイ)政府に突きつけた要求を何というか。
- [ ] (5) イギリスが戦争協力を条件に，アラブ人居住地の独立を支持した協定を何というか。

論述力を鍛える

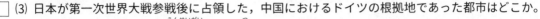

バルカン半島が「ヨーロッパの火薬庫」とよばれた理由について，簡潔に説明せよ。

第2編 | 国際秩序の変化や大衆化と私たち

22. ロシア革命とシベリア出兵

解答⇒別冊 p.11

1 ロシア革命と新政権の成立　ロシア帝国の崩壊

★ 1 | 帝政の崩壊

(1) **ロマノフ朝への不満の高まり**…第一次世界大戦中のロシアでは，戦争の長期化と生活物資の不足などにより，労働者だけでなく兵士もしだいに不満を募らせていた。

(2) **帝政の崩壊**…1917年３月(ロシア暦２月)，首都**ペトログラード**で大規模なデモやストライキがおこり，**臨時政府**が樹立された。この①[　　　　　]で，**ニコライ２世**は退位して帝政は崩壊し，各地に②[　　　　　](評議会)が結成された。

└西暦では三月革命

└労働者・農民・兵士による自治的な合議体

★★ 2 | 社会主義政権の成立

(1) **レーニンの台頭**…臨時政府と[②]の二重権力の状態が続くなか，**ボリシェヴィキ**の指導者**レーニン**が，1917年４月に**四月テーゼ**を発表して臨時政府打倒を訴え，同年７月に首相となった③[　　　　　]と対立した。

▲レーニン

(2) **社会主義政権の誕生**…1917年11月(ロシア暦10月)，ボリシェヴィキが武装蜂起して臨時政府を倒し，[②]政権の成立が宣言された。これが④[　　　　　]である。このときに，[②]政権は「⑤[　　　　　]」を出して，交戦国に第一次世界大戦の即時講和をよびかけるとともに，土地の私有権を廃止し，国有化する「**土地に関する布告**」を出した。

└西暦では十一月革命

└無併合・無償金・民族自決による講和を提唱した

2 ソ連の成立　民族共和国の連合国家誕生

★ 1 | 革命後のロシアの動向

(1) **議会の解散**…1918年１月の選挙で，⑥[　　　　　]が第一党となると，レーニンは議会を閉鎖した。

└農民を支持基盤としていた

(2) **大戦からの離脱**…1918年３月には，領土や賠償金に関してロシアに不利な条件でドイツと⑦[　　　　　]を結び，戦争から離脱した。また，首都を⑧[　　　　　]に移した。

(3) **内戦の勃発**…[④]を認めない反革命勢力と[②]政権との間で内戦が勃発し，さらに，革命の波及を恐れる列強によるロシアへの派兵が行われ，**対ソ干渉戦争**が始まった。

! 注意

ペトログラード

ロシアの首都**サンクト＝ペテルブルク**は，第一次世界大戦開始後，スラヴ風のペトログラードと改称された。

Word

臨時政府

1917年３～11月までの間の自由主義者を中心とした政府。戦争継続政策をとり，食料危機や土地改革問題を解決できずに民衆の不満が高まった。

Word

ボリシェヴィキ

ロシア社会民主労働党が分裂した際，レーニンが率いた一派で，ロシア語で「多数派」の意味。武装革命を主張した。

Word

四月テーゼ

1917年４月に亡命先から帰国したレーニンが発表した革命の基本方針。「すべての権力をソヴィエトへ」をスローガンにして，革命達成のために，臨時政府を支持せず，ソヴィエトに権力を集中すべきことを説いた。

★★ 2 | 独裁体制の形成とソ連の成立

(1) **一党独裁体制**…レーニンは⑨[　　　　]とよばれる軍隊を組織して反革命軍(白軍(はくぐん))を制圧し，1918年後半，ボリシェヴィキから改称した⑩[　　　　]による一党独裁体制が形成された。1919年には，共産主義の拡大をはかるため，⑪[　　　　]が結成された。
└第3インターナショナル，共産主義インターナショナルともいう┘

(2) **新経済政策**…**戦時共産主義**とよばれる経済統制への民衆の反発に対し，レーニンは**新経済政策**(⑫[　　　　])を実施(じっし)した。

(3) **ソ連の成立**…1922年，ウクライナなどの民族国家の連合体である⑬[　　　　](**ソ連**)が成立した。
└当初は，ロシア・ウクライナ・ベラルーシ・ザカフカースで始まった

Word
戦時共産主義
　内戦と対ソ干渉戦争に対抗(たいこう)するためにソヴィエト政権がとった経済政策。中小工場の国有化，食料配給制，農民からの穀物強制徴発(ちょうはつ)などを行い，食料不足を招いた。

Word
新経済政策(ネップ)
　ソヴィエト政権が1921年から実施した経済政策。穀物徴発制を廃止し，市場経済の一部を認めた。

3 列強のシベリア出兵　革命の拡大阻止(そし)をはかる列強

★ 1 | 列強のシベリア出兵

　ロシア革命の拡大を恐れる日本を含(ふく)む列強は，ロシアに投降したチェコスロヴァキア軍団を救援(きゅうえん)するという名目でロシアへ派兵した(**シベリア出兵**)。しかし，第一次世界大戦終結後，日本以外の国々はロシアから撤退した。

★★ 2 | 日本のシベリア出兵

(1) **日本の派兵と駐留(ちゅうりゅう)**…日本は連合国によるシベリア出兵の要請(ようせい)に応じて派兵した。しかし，各国が撤退したあとも駐留を続け，国内外から厳しい批判を受けた。
└7万人余りの軍隊を派遣した

(2) **日本の撤兵**…1922年に**ワシントン会議**で撤兵を明言し，北樺太(きたからふと)以外の撤兵を完了(かんりょう)した。その後，1925年にソ連と⑭[　　　　]を締結(ていけつ)し，北樺太からも撤兵した。
└ソ連との国交が樹立した

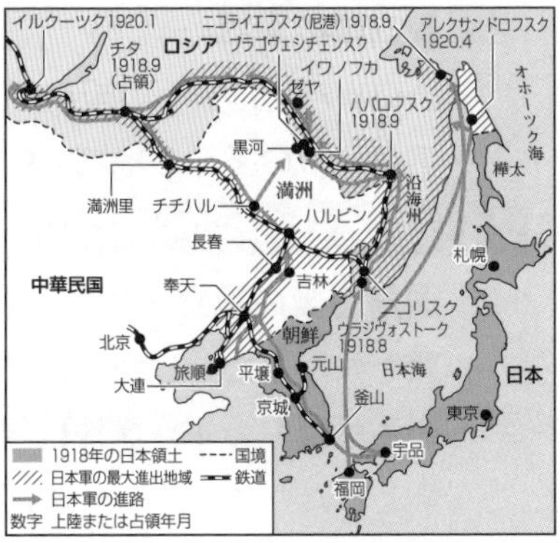

▲**シベリア出兵**　日本は，国際的地位の向上や北洋漁場の権益拡大をはかって派兵した。

確認しよう

- [ ] (1) 二月革命で退位した，帝政ロシア最後の皇帝はだれか。
- [ ] (2) ボリシェヴィキの指導者で，十月革命を成功させ，社会主義政権を樹立した人物はだれか。
- [ ] (3) 内戦と対ソ干渉戦争に対抗するためにソヴィエト政権がとった経済政策を何というか。
- [ ] (4) 日本を含む列強が，革命後のロシアへ派兵したことを何というか。
- [ ] (5) 日本がロシアからの撤退を約束した会議は何か。

論述力を鍛える　レーニンが率いた共産党の一党独裁体制が形成された経緯(けいい)について，「エスエル党」，「戦時共産主義」，「干渉戦争」の語句を用いて簡潔に説明せよ。

第2編｜国際秩序の変化や大衆化と私たち

23. 国際協調体制の形成

解答⇒別冊 p.11

1 パリ講和会議と国際連盟　戦後の新国際秩序（ちつじょ）の形成

★★★ 1｜パリ講和会議

(1) **講和会議の開催（かいさい）**…1919年１月，第一次世界大戦の講和会議がパリで開催された。会議では，アメリカ大統領**ウィルソン**が「**十四カ条**」の**平和原則**を提案したが，イギリスとフランスは同調せず，戦勝国の利害が優先された。
（敗戦国のドイツや革命がおこったソヴィエト=ロシアは招かれなかった）
（ドイツなど敗戦国に対して厳しい態度をとった）

(2) **講和条約**…ドイツは①[　　　　　　　　]により，すべての植民地を失い，②[　　　　　　　　]をフランスに返還（へんかん）し，ラインラントは非武装化された。また，軍備の制限，巨額（きょがく）の賠償金（ばいしょうきん）支払（しはら）いなどが課せられた。
（ドイツ以外の敗戦国も連合国との間で講和条約を結ばされた）

(3) **独立国の承認（しょうにん）**…③[　　　　　　]の理念にもとづき，ヨーロッパでは多くの国々の独立が承認されたが，アジア・アフリカの多くの地域では独立が認められなかった。

同盟国	条約名
オーストリア	サン=ジェルマン条約
ハンガリー	トリアノン条約
ブルガリア	ヌイイ条約
オスマン帝国（ていこく）	セーヴル条約

▲同盟国側との講和条約

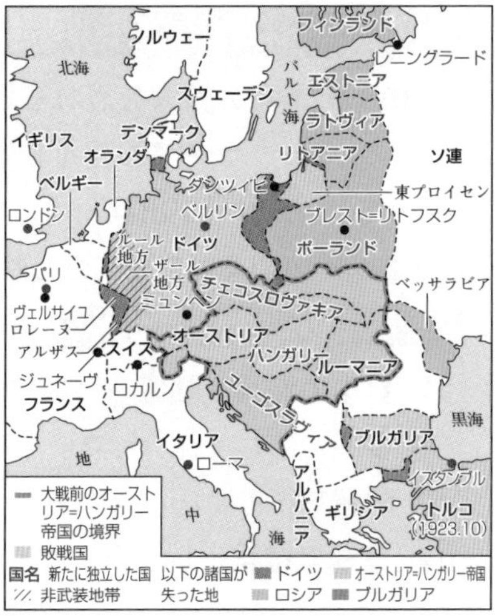

▲第一次世界大戦後のヨーロッパ

★★ 2｜国際連盟の設立とヴェルサイユ体制

(1) **国際連盟の設立**…1920年に国際平和機構として国際連盟が発足（ほっそく）した。しかし，アメリカが加盟せず，軍事制裁の手段はもたず，議決は総会での④[　　　　　　]を原則としたため，紛争（ふんそう）解決には限界があった。
（孤立主義を唱える議会が反対した）

(2) **戦後の新秩序**…パリ講和会議の決定事項（じこう）や国際連盟設立などによる新たな秩序は**ヴェルサイユ体制**とよばれる。

Word

国際連盟

史上初の国際平和機構。本部はスイスのジュネーヴに置かれ，当初42カ国が加盟したが，アメリカは加盟せず，ドイツやソヴィエト=ロシアは排除（はいじょ）された。イギリス・フランス・イタリア・日本が常任理事国となった。

2 国際協調の高まり　国際協調と軍縮の進展

★★ 1｜ワシントン体制

(1) **国際条約の締結（ていけつ）**…アジア・太平洋地域における新秩序を確立するため，1921～22年に⑤[　　　　　　　　]が開かれ，太平洋地域や中国，軍備縮小に関する条約が結ばれた。
（アメリカの主導）

条約名	参加国	条約の内容と関連事項
四カ国条約（1921年）	米・英・日・仏	・太平洋の平和に関する条約 ・これにより日英同盟解消（1923年）
ワシントン海軍軍備制限条約（1922年）	米・英・日・仏・伊	・主力艦（しゅりょくかん）保有量の制限（米・英・日・仏・伊＝5：5：3：1.67：1.67）
九カ国条約（1922年）	米・英・日・仏・伊・ベルギー・ポルトガル・オランダ・中国	・中国の主権尊重，門戸開放，機会均等などを規定

(2) **新たな国際秩序**…[⑤]で構築されたアジア・太平洋地域の新秩序は**ワシントン体制**とよばれる。

★ **2 | 国際協調の進展**

(1) **国際協調の機運の高まり**…1925年にドイツを含む７カ国による⑥[　　　　　　]が結ばれ，1928年には，戦争を国際紛争解決の手段としないことを定めた⑦[　　　　　　]が結ばれた。
└日本を含む15カ国が調印，のち63カ国が参加

(2) **軍縮の進展**…1930年には，米・英・日の補助艦保有量を制限する⑧[　　　　　　　　　　]も締結された。

3 1920年代の西ヨーロッパ諸国　安定に向かうヨーロッパ

★★ **1 | 西ヨーロッパ諸国の動向**

(1) **イギリス**…1918年に**男性普通選挙**と部分的な**女性参政権**が認められた。1919～21年の**アイルランド独立戦争**の結果，北部を除くアイルランド自由国の自治を認めた。また，1931年には**自治領**の権利を認める⑨[　　　　　　　　　　]を制定した。
30歳以上の女性に制限┘

(2) **フランス**…1923年，ドイツの賠償金滞納を理由に，**ベルギー**と⑩[　　　　　]をおこしたが，国際社会の批判を浴び撤兵した。

(3) **イタリア**…武力によって秩序回復をはかろうとする**ムッソリーニ**率いる⑪[　　　　　　]が地主や資本家などの保守層の支持を得た。ムッソリーニは1922年に⑫[　　　　　　]を行ったのち首相に任命され，1926年に[⑪]の独裁政権を樹立した。

★ **2 | ドイツの混乱と復興**

(1) **戦後の混乱**…[⑩]をきっかけに極端なインフレがおこったが，⑬[　　　　　　　　]首相による通貨改革で沈静化した。

(2) **ドイツ復興のきざし**…1924年の⑭[　　　　　　]により大戦の賠償負担が緩和され，[⑥]により国際連盟への加盟も果たした。

Word

ロカルノ条約

ドイツ西部国境の現状維持，ラインラントの非武装化の再確認，国際紛争の仲裁裁判による解決など，ヨーロッパの集団安全保障を定めた。

参考

民主主義の進展

イギリスでは，1928年に男女普通選挙が実現した。アメリカでは1920年，全国的に女性参政権が保障された。共和政が成立したドイツでは1919年，社会民主党政権下で，社会権や男女普通選挙を定める民主的な**ヴァイマル憲法**が制定された。

Word

ドーズ案

アメリカの資金貸し付けや，ドイツの賠償金の年間支払い額の減額，期限の緩和で，ヨーロッパ経済の安定をはかった。

確認しよう

- □ (1) 連合国とオスマン帝国との間で結ばれた，第一次世界大戦の講和条約を何というか。
- □ (2) 1920年に発足した，史上初の国際平和機構を何というか。
- □ (3) ワシントン会議で，米・英・日・仏が結んだ太平洋の平和に関する条約を何というか。
- □ (4) フランスとともにルール地方を占領した国はどこか。
- □ (5) イタリアでファシスト党による独裁体制を樹立したのはだれか。

論述力を鍛える　国際連盟が国際平和機構としての影響力が弱かった理由について，不参加国，紛争の解決手段，議決方法に着目して簡潔に説明せよ。

演習問題⑥

解答⇒別冊 p.12

1 ［第一次世界大戦］次の文章を読んで，あとの問いに答えなさい。 〔法政大－改〕

第一次世界大戦は，世界史の画期となるできごとだった。

震源となったのは${}_{a}$バルカン半島である。1914年６月，ボスニアの都市（　①　）で，オーストリア帝位継承者夫妻がセルビア人に暗殺され，オーストリアはセルビアに宣戦した。セルビアの後ろ盾であるロシアが総動員令を発すると，オーストリアを支援するドイツはロシアとフランスに宣戦した。ドイツの強大化を恐れるイギリスは，ドイツ軍が中立国の（　②　）を侵略すると参戦し，協商国陣営と同盟国陣営を巻き込む世界戦争へと発展した。${}_{b}$戦争が長期化するなかで，両陣営はさまざまな作戦を実行したり新しい兵器を投入したが，それは兵士のみならず民間人の犠牲をも大幅に増やす結果となった。戦局は1917年に急展開を迎え，４月に${}_{c}$アメリカがドイツに宣戦し，西部戦線は英仏側の優位に傾きはじめ，ロシアで始まった革命は東部戦線に決定的な影響を与えた。ドイツは（　③　）軍港で発生した水兵の反乱をきっかけに革命がおこると休戦協定に調印し，翌年の${}_{d}$パリ講和会議で大戦は終結した。1920年には新しい国際秩序と世界平和の維持を目的とする${}_{e}$国際連盟が設立された。

⑴（　①　）～（　③　）にあてはまる適語を答えよ。

⑵ 下線部ａに関して，第一次世界大戦開戦前のバルカン半島の情勢に関する記述として誤っているものを，次から１つ選び，記号で答えよ。

ア オーストリアがボスニア・ヘルツェゴヴィナを併合した。
イ セルビア，ブルガリア，モンテネグロ，ギリシアの４国はバルカン同盟を結んだ。
ウ 第１次バルカン戦争で，バルカン同盟はオスマン帝国に宣戦し勝利した。
エ 第２次バルカン戦争はモンテネグロとほかのバルカン同盟国との戦いで，モンテネグロが敗れた。

⑶ 下線部ｂに関して，第一次世界大戦の特徴となった，食料や生活必需品の配給制などにより，国民の日常生活も国家により再編されるような戦争形態を何というか。

⑷ 下線部ｃに関して，アメリカの参戦理由となった，ドイツの作戦を何というか答えよ。

⑸ 下線部ｄに関して，連合国がドイツ，オスマン帝国と結んだ講和条約をそれぞれ答えよ。

⑹ 下線部ｅに関して，アメリカは国際連盟に参加しなかった。その理由を簡潔に説明せよ。

⑴	①	②	③	⑵		⑶	
⑷		⑸	ドイツ		オスマン帝国		
⑹							

頻出 **2 ［ロシア革命］次の文章を読んで，あとの問いに答えなさい。** 〔南山大－改〕

1917年３月，ロシアの首都（　①　）で大規模なデモやストライキがおこり，各地で労働者・兵士のソヴィエトが組織された。一方，臨時政府が樹立され，皇帝（　②　）が退位した。ソヴィエトと臨時政府が並立する不安定な二重権力状態が続くなか，亡命先から帰国した（　③　）の指導者レーニンは臨時政府との対決を主張した。臨時政府は，（　④　）を首相にして態勢の立て直しをはかったが，（③）は11月に武装蜂起して臨時政府を倒し，ソヴィエト政権を樹立してドイツとの単独講和に踏み切って（　⑤　）を結んだ。ソヴィエト政権に対し国内の反対勢力は内戦をおこし，連合国も${}_{a}$対ソ干渉戦争を行った。ソヴィエト政権側も(　⑥　)を強化して反革命軍と戦う一方，(　⑦　)とよばれる経済統制政策を実施したが，農民の強い反発を受け，その後，新たに(　⑧　)を導入した。内戦をもちこたえたソヴィエト政権は，1922年にソヴィエト社会主義共和国連邦の成立を宣言し，ドイツをはじめ，各国と$_b$順次国交を結んだ。

(1) (　①　)〜(　⑧　)にあてはまる適語を答えよ。

(2) 下線部aに関して，連合国が対ソ干渉戦争をおこした理由を簡潔に説明せよ。

(3) 下線部bに関して，1925年にソ連と国交を結んだ国を，次から1つ選び，記号で答えよ。

ア アメリカ　**イ** イギリス　**ウ** 日本　**エ** フランス

(1)	①	②	③	④
⑤		⑥	⑦	⑧
(2)			(3)	

頻出 **3** **[第一次世界大戦後の世界の動向] 次の文章を読んで，あとの問いに答えなさい。** 〔北海学園大－改〕

パリ講和会議では，アメリカ大統領(　①　)が発表した「十四カ条」の平和原則が基礎とされたが，$_a$イギリスやフランスなどが自国の利益を主張したため，$_b$国際連盟の設立以外はほとんど実現しなかった。1919年6月に調印された(　②　)条約でドイツはすべての植民地を失い，(　③　)両地域のフランスへの返還，軍備の制限，(　④　)の非武装化，巨額の賠償金などが課された。(②)条約と一連の諸条約によって成立した$_c$ヨーロッパ中心の新しい国際秩序を(②)体制という。また，アメリカのよびかけで開かれた(　⑤　)会議で決まった東アジアの国際協調システムを(⑤)体制とよび，この両体制が1920年代の国際秩序の柱となった。1920年代には国際協調の機運が生まれ，1925年に結ばれた(　⑥　)では，ドイツと西欧諸国との国境の現状維持と相互保障が決まり，1928年には(　⑦　)が調印され，国際紛争解決の手段として戦争に訴えないことが誓われた。

(1) (　①　)〜(　⑦　)にあてはまる適語を答えよ。

(2) 下線部aが第一次世界大戦中，ユダヤ人のパレスチナ復帰運動の援助を約束した宣言の名称を答えよ。

(3) 下線部bに関する記述として誤っているものを，次から1つ選び，記号で答えよ。

ア 日本は常任理事国であった。　**イ** ソヴィエト=ロシアは当初排除されていた。
ウ 本部はジュネーヴに置かれた。　**エ** 世界保健機関(WHO)が付置された。

(4) 下線部cに関して，第一次世界大戦後のヨーロッパ諸国に関する記述として誤っているものを，次から1つ選び，記号で答えよ。

ア フランスが，ベルギーとともにルール占領を強行した。
イ イギリスでは，1918年の選挙法改正で21歳以上の男女普通選挙が実現した。
ウ ドイツでは，シュトレーゼマン首相が未曽有のインフレを収束させた。
エ イタリアでは，ムッソリーニの率いるファシスト党が一党独裁体制を確立した。

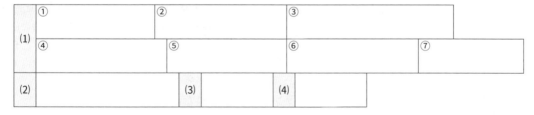

(1)	①	②	③	
	④	⑤	⑥	⑦
(2)		(3)		(4)

第2編 | 国際秩序の変化や大衆化と私たち

24. アジア・アフリカ地域の民族運動

解答⇒別冊 p.12

1 アジアの民族運動　朝鮮の独立運動と中国の国共対立

★★ 1 | 朝鮮の独立運動

(1) **独立運動**…1919年３月１日，京城(現在のソウル)で始まった「独立万歳」を叫ぶ人々のデモが朝鮮全土に広がった。このできごとは，①[　　　　　　　]とよばれる。

(2) **日本の対応**…[①]に対し，朝鮮総督府が軍を派遣して鎮圧したが，以降，武力による抑圧政策である武断政治から「②[　　　　　]」とよばれる政策へと転換した。
└朝鮮における憲兵制度の廃止など

★★★ 2 | 中国の民族運動

(1) **抗日運動**…1919年５月４日，パリ講和会議で山東省の権益返還などが認められなかったため，これに反発した北京の学生らがおこしたデモをきっかけに③[　　　　　　　]とよばれる抗日運動が全国に広がった。
中国政府はヴェルサイユ条約への調印を拒否した┐

(2) **新文化運動**…儒教を批判し，口語の提唱(④[　　　　]運動)を進めた⑤[　　　　　]や『阿Q正伝』などを著した⑥[　　　　]らが進めた**新文化運動**は，[③]にも大きな影響を与えた。

(3) **共産党と国民党**…1919年に⑦[　　　　]は**中国国民党**を，1921年に[⑤]らが社会主義体制の成立をめざす**中国共産党**を設立した。国家の統一をめざす両党は1924年，**第１次**⑧[　　　　　]とよばれる協力体制を築いた。

(4) **中国の統一**…1926年，国民党の⑨[　　　　　]が中国統一をめざして北へ軍を進めた(**北伐**)。しかし，1927年，[⑨]は共産党に対して⑩[　　　　]でクーデタをおこし，**南京**に**国民政府**を樹立して共産党を弾圧した。これにより[⑧]は崩壊したが，その後も北伐は続き，1928年に中国の統一は達成された。

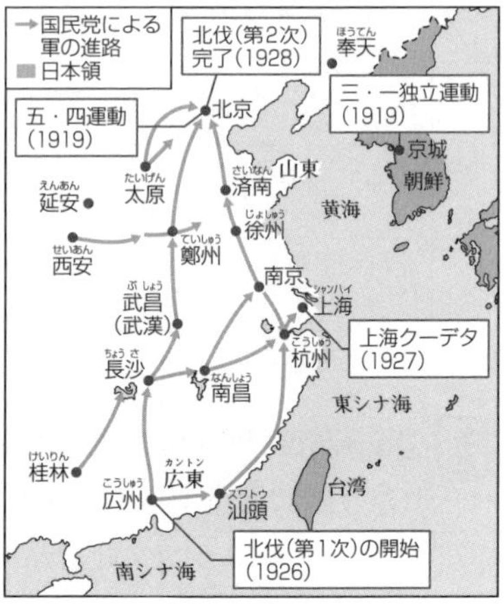

▲東アジアの民族運動と北伐

参考
中国共産党の動向
弾圧された共産党は1931年に江西省瑞金で，**毛沢東**を主席とする中華ソヴィエト共和国臨時政府を立てた。

参考
ビルマとタイの動向
- **ビルマ**…1930年に結成された**タキン党**がイギリスからの独立を唱えたが，弾圧された。
- **タイ**…1932年に若手官僚や軍人がおこした**立憲革命**により，王政から立憲君主政になった。

2 東南・南アジアの民族運動　独立運動の弾圧

★ 1 | 東南アジアの民族運動

(1) **インドネシア**…1920年に結成された**インドネシア共産党**や，1927年に⑪[　　　　　]が結成した**インドネシア国民党**が独立をめざしたが，いずれもオランダの弾圧によって阻止された。

(2) **ベトナム**…1930年に⑫[　　　　　　　　]が**インドシナ共産党**を結成して独立運動を展開したが，フランスに弾圧された。

★★★ 2 | インドの民族運動

⑴ **反英抵抗(ていこう)運動**…第一次世界大戦後の1919年にイギリスが制定した**インド統治(とうちほう)法**や**ローラット法**に対し，⑬[　　　　　　]は非暴力・不服従を掲げた抵抗運動を展開した。
└重要な権限はイギリスが握り続ける内容で，完全な自治とはほど遠かった

⑵ **自治権の獲得(かくとく)**…1929年，**国民会議派**の⑭[　　　　　　]が完全独立(**プールナ=スワラージ**)を唱え，翌年，[⑬]は「**塩の行進**」を開始してイギリスへの抵抗を示した。これに対し，イギリスは1935年のインド統治法で，各州の自治を認めた。
└ジンナーが指導する全インド=ムスリム連盟はパキスタンの建国をめざした

3 西アジア・アフリカの民族運動　近代化の進展

★★ 1 | オスマン帝国の動向

⑴ **共和国成立**…⑮[　　　　　　　　　　](のちの**アタテュルク**)が1922年に**スルタン制を廃止(はいし)**し，翌年，**トルコ共和国**を樹立した。
トルコ語で「父なるトルコ人」の意味┘
国民主権を明確にした┘

⑵ **近代化政策**…**カリフ制の廃止**や政教分離など近代化を進めた。
└イスラームの宗教的権威者

★ 2 | エジプト・イランの動向

⑴ **エジプト**…⑯[　　　　　　]を中心に独立運動が進み，1922年に**エジプト王国**が成立したが，実質イギリスの支配下にあった。

⑵ **イラン**…1921年，⑰[　　　　　　　　](のちのレザー=シャー)がクーデタをおこして実権を握(にぎ)り，1925年にガージャール朝を廃して⑱[　　　　　　　　]を開き，近代化政策を進めた。
└軍人

★ 3 | アフリカの民族運動

19世紀末，欧米(おうべい)では**パン=アフリカ主義運動**が始まった。1900年から**パン=アフリカ会議**が開かれ，これと南アフリカで結成された**アフリカ民族会議(ANC)**の両者によって民族運動が展開された。
└アメリカやカリブ海地域のアフリカ系知識人が中心

Word

ローラット法

インド人に対する令状なしの逮捕(たいほ)，裁判手続きなしの投獄(とうごく)などを認めた法律。

参考

パレスチナ問題

矛盾(むじゅん)する内容の**バルフォア宣言**と**フセイン・マクマホン協定**によって，イギリスが委任統治したパレスチナ地域では，ユダヤ人の入植が増えるにつれ，アラブ人とユダヤ人の対立が深まり，現在まで続くパレスチナ問題の始まりとなった。

Word

パン=アフリカ主義運動

アフリカ系の人々の手で西欧の植民地支配から自立しようとする運動。のちのアフリカの解放と独立に大きな役割を果たした。

確認しよう

- [ ] ⑴ 孫文(そんぶん(スンウェン))が，1919年に発足(ほっそく)させた新たな革命政党を何というか。
- [ ] ⑵ 蔣介石(しょうかいせき(チアンチエシー))が行った，各地の軍閥(ぐんばつ)を倒(たお)し中国統一をめざした戦いを何というか。
- [ ] ⑶ 1927年，インドネシアでスカルノが設立した党を何というか。
- [ ] ⑷ インドの国民会議派のネルーが唱えた「完全独立」を意味するヒンディー語を何というか。
- [ ] ⑸ 1922年，国民主権の原則にもとづき，ムスタファ=ケマルが廃止した制度を何というか。

論述力を鍛える

パレスチナ問題がおこった経緯(けいい)について，「バルフォア宣言」，「フセイン・マクマホン協定」の語句を用いて簡潔に説明せよ。

第2編｜国際秩序の変化や大衆化と私たち

25. 大衆消費社会の到来

解答⇒別冊 p.13

1 大衆消費社会の出現　大衆の形成と大衆文化

★ 1｜大衆社会の成立と大衆文化の始まり

(1) **大衆社会**…欧米諸国では，1870年代から始まった**第2次産業革命**による生産の拡大と賃金の上昇などが，国民の生活水準の均一化をもたらし，20世紀に入ると職業的な枠を超えた①[　　　　]とよばれる集団が多数を占める**大衆社会**が形成された。

▲フォード社の生産工場

(2) **大量生産・大量消費**…第2次産業革命は新たな製品の**大量生産**を可能にしたが，特にアメリカの**フォード社**が自動車生産に取り入れた，②[　　　　　　　]とよばれる経営・生産方式は画期的であった。**ベルトコンベア**を導入した流れ作業による**時間短縮・大量生産・低価格**を可能にしたこの方式は，第一次世界大戦後には自動車以外の多くの産業にも拡大し，大衆の**大量消費**を可能にした。

(3) **大衆文化の始まり**…労働時間の短縮で余暇が生じたことで，旅行業などのレジャー産業が発展し，音楽・映画・演劇・スポーツなどの娯楽を楽しむ人々による**大衆文化**が普及していった。

> **Word**
> **大量生産・大量消費**
> 1920年代以降，アメリカが自動車や家電製品（アイロン・洗濯機・掃除機・冷蔵庫・ラジオ）などの新工業分野で大量生産方式を編み出し，一方で月賦販売方式と大規模な広告で人々の購買力を拡大させて大量消費を可能とした。富裕層だけでなく労働者の多くも自動車や家電製品を購入できるようになり，これにともない**大衆文化**が誕生した。

★ 2｜アメリカの繁栄

(1) **債権国への転換**…第一次世界大戦以前には**債務国**であったアメリカは，戦後は**債権国**に転じた。また，ドイツへ資金を貸与する③[　　　　]**案**などにより，戦後のヨーロッパ経済を安定に向かわせたことで発言力を強め，国際的地位が高まった。国際金融の中心地もイギリスのロンドンからアメリカの**ニューヨーク**に移り，アメリカは資本主義経済の中心を占めるようになった。
└国土が戦場にならず，連合国に物資や資金を提供した

(2) **アメリカの繁栄**…1920年代のアメリカでは，会社員などの俸給生活者（サラリーマン）を中心とする**都市**④[　　　　]が社会の中核となり，大量生産・大量消費を支え，**アメリカ的生活様式**を確立していった。また，⑤[　　　　]**放送**，映画・タブロイド新聞などの新しい**マスメディア**が発達し，映画やジャズ音楽，スポーツ観戦なども人気を博した。こうしたアメリカで出現した大量生産・大量消費・大衆文化を特徴とした⑥[　　　　　　　]はヨーロッパや日本をはじめ，世界各地へ広まっていった。

▲1920年代のニューヨーク

⑶ **人種差別と移民排斥(はいせき)**…アメリカでは，大衆化が進展する一方で，白人社会における伝統的な価値観が強調され，保守的な気運が高まった。1919年にアルコールの製造・販売を禁止する**禁酒法(きんしゅほう)**が制定されたほか，黒人やアジア系などの移民に対する差別意識が強まり，人種差別団体⑦[　　　　　　　　](KKK)が勢力を強めた。1924年には⑧[　　　　　]が成立し，日本を含(ふく)むアジアからの移民の流入が禁止された。

参考
日本人移民
明治時代以降，多くの日本人が，アメリカのハワイや西海岸などに移住したが，現地の人々の間で反発や排斥運動もおこった。

2 日本の大衆社会　都市化の進展と教育の普及

★ 1 | 教育の発達と都市化の進展

⑴ **教育の普及**…義務教育の就学率は，明治時代末にほぼ100%となった。1920年代末期には中等教育機関への進学率も30%前後になり，英語や外国史などを学んで欧米文化に触(ふ)れる人々も増えた。

⑵ **都市化の進展**…第一次世界大戦後，日本は工業化によって都市へ人口流入が進み，都市化が進展した。都市では，洋食や洋装が普及し，映画館やデパートなどの施設(しせつ)も増えた。会社に勤める俸給生活者(サラリーマン)が増加し，タイピストや電話交換(こうかん)手などの仕事をもつ「⑨[　　　　　]」とよばれる女性も現れた。

★ 2 | 日本の大衆文化とマスメディアの発達

⑴ **消費文化と大衆文化**…菓子(かし)・飲料・医薬品などの大量生産による消費文化，映画・ジャズ音楽・流行歌などの大衆文化が都市部を中心に普及していった。

⑵ **マスメディアの発達**…1925年には[⑤]**放送**が始まり，**雑誌・新聞**の発行部数も増加した。また，⑩[　　　　]とよばれる全集本もブームとなった。
└1冊1円という低額で販売された。毎月1冊ずつ配本した

参考
新聞・雑誌の発行
1925年に創刊された月刊誌『キング』は，1927年に発行部数が100万部を超えた。1920年代中ごろに発行部数が100万部を超える新聞も現れ，各新聞社は発行部数競争を続けていった。

▲『キング』創刊号の表紙

確認しよう

- □ ⑴ 職業的な枠を超えた人々の集団が多数を占める社会を何というか。
- □ ⑵ ベルトコンベアを導入して，自動車の大量生産を行った会社はどこか。
- □ ⑶ アメリカ社会の保守的な傾向(けいこう)を示す，1919年に制定された法律を何というか。
- □ ⑷ 日本でラジオ放送が開始されたのは何年か。

論述力を鍛える　第一次世界大戦後，アメリカの国際的地位が高まった理由を，「戦場」，「債権国」，「国際協調」の語句を用いて説明せよ。

第2編 | 国際秩序の変化や大衆化と私たち

26. 日本の民主主義の拡大と社会運動の展開

解答⇒別冊 p.13

1 民主主義的風潮の高まり　政治参加へ高まる世論

★★ 1 | デモクラシーの高まりと倒閣運動

(1) **民主主義的風潮の高まり**…世界的な大衆の政治参加が加速するなか，日本でも大正時代に入ると，①[　　　　　　　]とよばれる民衆の政治参加拡大をめざす民主主義的な風潮が広がりを見せた。[①]には，②[　　　　　　]の**天皇機関説**や**吉野作造**の③[　　　　　　]が大きな影響を与えた。

(2) **倒閣運動**…1912年，陸軍や藩閥を基盤とする第３次**桂太郎**内閣が成立したことに対する，**立憲政友会**の④[　　　　　　]や**立憲国民党**の**犬養毅**らの反発に呼応して，「閥族打破・憲政擁護」をスローガンに掲げた⑤[　　　　　　　　]という大衆による倒閣運動が全国に拡大した。

★ 2 | 政権交代とデモクラシーの拡大

(1) **政権交代**…桂太郎内閣は，新党結成により政権維持をはかろうとしたが，議事堂の周辺に護憲派に賛同する数万人の群衆が集まるなど，世論の批判を浴びて総辞職した。これを⑥[　　　　　　]といい，民衆運動による初の政権交代となった。

(2) **デモクラシーの拡大**…続いて海軍の軍人⑦[　　　　　　]が立憲政友会を与党として内閣を組織し，**軍部大臣現役武官制**を改定するなどデモクラシーの拡大につとめた。しかし，1914年，海軍の汚職事件(⑧[　　　　　　　　])により退陣した。
└軍需品納入をめぐって，ドイツの会社と海軍との間でおこった汚職事件

2 政党政治と普通選挙の実現　政党内閣の成立

★★ 1 | 政党政治の実現

(1) **第一次世界大戦中の内閣**…**大隈重信**内閣は第一次世界大戦に参戦し，中国に**二十一カ条の要求**を突きつけたが，元老たちと外交方針で対立し退陣した。次の⑨[　　　　　　]内閣は，1918年におこった**米騒動**の責任をとって退陣した。

(2) **政党内閣の成立**…次の⑩[　　　　　]内閣は，閣僚の大半を立憲政友会員で占める初の本格的な**政党内閣**となった。「平民宰相」とよばれた[⑩]は，高等教育機関の充実，**選挙権の拡張**などを進めたが，普通選挙については時期尚早との立場をとった。1920年に始まった**戦後恐慌**で財政が行き詰まるなか，翌年，原首相は暗殺された。
└納税資格を国税３円以上に引き下げた

! 注意

天皇機関説と民本主義

- **天皇機関説**…主権は国家に属し，天皇は憲法にもとづいて統治権を行使する国家の最高機関であるとする学説。
- **民本主義**…政治の目的は民衆の福利にあり，政策決定は民衆の意向に従うべきとする考え方。政党内閣と普通選挙の実現を説いた。

Word

軍部大臣現役武官制

1900年に制定された，陸・海軍大臣を現役の大将・中将から任用する制度。1913年，現役規定が削除された。

Word

米騒動

シベリア出兵にともなう米の買い占めによって米価が暴騰し，富山県の主婦たちが米屋におしかけたのをきっかけに全国に暴動が広がった。

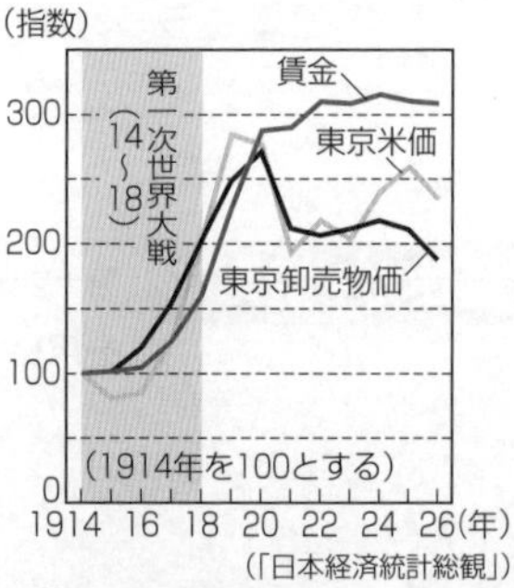

▲物価と賃金の変化

★★★ 2 |「憲政の常道」と普通選挙の実現

(1) **「憲政の常道」**…1924年，非政党内閣の清浦奎吾内閣が成立すると，政党勢力の**護憲三派**が ⑪[　　　　　　　　] をおこして総選挙で圧勝し，⑫[　　　　　] 内閣が誕生した。その後約８年間「**憲政の常道**」とよばれる慣例が続いた。
└第１党の党首が内閣を組織するという慣例で，1932年の五・一五事件まで続いた

(2) **普通選挙の実現**…1925年，[⑫] 内閣は**満25歳以上の男性**に選挙権を与える ⑬[　　　　　　　] を制定したが，同時に，共産主義を取り締まる ⑭[　　　　　　　] も制定した。

3 社会運動の拡大　労働運動と社会運動の広まり

★ 1 | 労働・農民運動

(1) **労働運動**…労働条件の改善を求める ⑮[　　　　　　] が多発するようになった。1921年には**日本労働総同盟**が結成された。

(2) **農民運動**…戦後恐慌などで経営が悪化した農村では，小作料の減免などを求める ⑯[　　　　　　] が多発し，1922年には，小作農民の解放をめざす ⑰[　　　　　　　] が結成された。

★★ 2 | 社会運動の動向

(1) **女性解放運動**…**平塚らいてう**は女性の解放を訴え，**市川房枝**らと1920年に ⑱[　　　　　　　] を設立し，女性の地位向上などを求めた。1924年には**婦人参政権獲得期成同盟会**が結成された。
└1911年に女性のみの文学団体青鞜社を設立し，雑誌『青鞜』を発行
└治安警察法の改正運動を行った
└女性の選挙権獲得をめざして結成された

(2) **差別からの解放**…1922年に ⑲[　　　　　　　　] が結成され，部落解放運動を進めた。

(3) **共産主義政党**…1922年，**堺利彦**らが ⑳[　　　　　　　　] を秘密裏に結成し，労働運動にも大きな影響を与えた。

Word
護憲三派
立憲政友会(高橋是清)・**憲政会**(加藤高明)・**革新倶楽部**(犬養毅)の政党勢力が結集し,「憲政擁護・普選実現」を掲げた。

参考
関東大震災
1923年９月１日，大地震が関東地方を襲い，10万人以上の犠牲者を出した。混乱のなか，自警団などによる朝鮮人・中国人の殺傷事件がおこった。

参考
治安警察法の改正
新婦人協会が治安警察法の「女子の政治結社・政治集会禁止」条項の撤廃運動を行った結果，改正されて女性の政治集会への参加だけは認められた。

確認しよう

- [ ] (1) 大正デモクラシーの理念となった，美濃部達吉が提唱した理論を何というか。
- [ ] (2) 第１次護憲運動によって総辞職に追い込まれた首相はだれか。
- [ ] (3) 米の買い占めによる米価の高騰に対し，富山県から全国に広がった暴動を何というか。
- [ ] (4) 第２次護憲運動をおこした護憲三派とは，立憲政友会・革新倶楽部とあと１つは何か。
- [ ] (5) 雑誌『青鞜』を刊行し，女性の解放を訴えた人物はだれか。

論述力を鍛える　清浦奎吾内閣の成立から普通選挙法が制定されるまでの過程について説明せよ。

演習問題 ⑦

解答⇒別冊 p.14

1 [アジア諸地域の民族運動] 次の文章を読んで，あとの問いに答えなさい。 〔慶應義塾大－改〕

第一次世界大戦後，アジア諸地域では民族運動・独立運動が活発になった。ベトナムでは，ホー=チ=ミンが1930年に（　①　）を結成して独立運動を展開し，インドネシアでは，インドネシア国民党を結成した（　②　）が独立をめざした。オスマン帝国では，（　③　）がスルタン制を廃止してトルコ共和国を建国し，イランでは，レザー=ハーンが（　④　）を開いて近代化を進めた。中国では，1919年，北京でヴェルサイユ条約に抗議するデモがおこって全国的な（　⑤　）に発展した。1921年には，白話運動でも知られる（　⑥　）が中国共産党を結成し，1924年には，孫文が結成した（　⑦　）と第１次国共合作が成立したが，a 1927年には崩壊した。その後，国民政府によって全国が統一されたが，共産党は農村に拠点を築き，1931年には b 中華ソヴィエト共和国臨時政府が樹立された。

(1) （　①　）～（　⑦　）にあてはまる適語を答えよ。

(2) 下線部 a に関して，第１次国共合作が崩壊した理由を，簡潔に説明せよ。

(3) 下線部 b の主席となった人物はだれか。

(1)	①	②	③	
	④	⑤	⑥	⑦
(2)			(3)	

2 [インドの民族運動] 次の文章を読んで，あとの問いに答えなさい。 〔東北学院大－改〕

イギリスは，第一次世界大戦時にインドから物的・人的支援を得る見返りとして自治権を約束していたが，a その約束を守らなかった。国民会議派を指導するガンディーは，（　①　）運動を展開して反英意識を一層強めた。運動の行き詰まりのなかで主導権を握った急進派は，1929年のインド国民会議派大会において（　②　）を決議した。その後，1935年に定められた（　③　）により，各州の自治が認められた。しかし独立をめぐってヒンドゥー教徒とムスリムの亀裂が深まると，後者の b 全インド=ムスリム連盟はパキスタンとして独立することを決議した。

(1) （　①　）～（　③　）にあてはまる適語を答えよ。

(2) 下線部 a に関して，イギリスが制定したローラット法の内容について，簡潔に説明せよ。

(3) 下線部 b に関して，当時の全インド=ムスリム連盟の指導者はだれか。

(1)	①	②	③
(2)		(3)	

3 [アメリカの繁栄] 次の文章を読んで，あとの問いに答えなさい。 〔国士舘大－改〕

1920年代のアメリカは，ヨーロッパを始めとするほかの地域が思うに任せられない戦後復興に苦しむなか，a 大量生産と大量消費を基盤とするライフ・スタイルを多くの国民が享受する時代でもあった。賃金上昇にともなう購買力拡大によって，b 労働者など大衆も自分たちの生活を大きく変える

c耐久消費財を購入することができるようになった。この時代に出現した新たなメディアも，広告や宣伝のツールとして人々の消費意欲を刺激する役割を果たしていた。野球などのプロスポーツの発展も，この時代の大衆文化の誕生と現代型社会への移行を示す変化の1つであった。その一方で，国内政治ではd保守的な面が強く，企業活動を阻害し自由放任主義的な経済政策に反対する動きは弾圧の対象となり，移民の増加を問題視する世論の高まりから新たなe移民法も1924年に制定された。

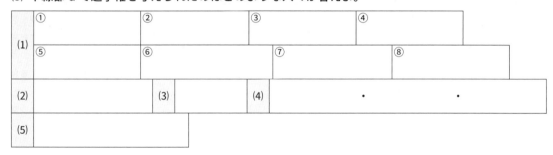

⑴ 下線部aに関して，ベルトコンベアによる流れ作業により，自動車を大量生産し，大幅な価格値下げに成功した人物はだれか。

⑵ 下線部bに関して，大量生産・大量消費を支えたサラリーマンを中心とする層を何というか。

⑶ 下線部cに関して，当時の耐久消費財にあてはまらないものを，次から1つ選び，記号で答えよ。

ア 掃除機　イ 洗濯機　ウ テレビ　エ 冷蔵庫

⑷ 下線部dに関して，黒人や移民に暴力を加えた人種差別団体の名称をアルファベットで答えよ。

⑸ 下線部eの内容にあてはまるものを，次から1つ選び，記号で答えよ。

ア 海外からの移民の割当制廃止　イ 南欧・東欧方面からの移民の禁止
ウ 海外移民の職業制限　エ アジア系移民の禁止

⑴		⑵		⑶		⑷		⑸	

頻出 **4** **［日本の民主主義の拡大］次の文章を読んで，あとの問いに答えなさい。**　〔同志社大－改〕

1912年末におこった第1次護憲運動では「(　①　)・憲政擁護」のスローガンのもと，内閣打倒の国民運動が展開した。その結果，a桂太郎内閣が総辞職に追い込まれたが，この一連の過程を(　②　)という。1918年には，初の本格的政党内閣としてb原敬内閣が誕生した。その後非政党内閣が続いたが，1924年にはc護憲三派を中心に第2次護憲運動が展開され，清浦奎吾内閣が退陣して加藤高明内閣が発足し，翌1925年にd普通選挙制度が成立した。また，第一次世界大戦以降の産業化の進展を背景とした都市化の展開を踏まえて，各地で多様な社会運動が勃興することになった。官営八幡製鉄所などで大規模な(　③　)が各地で勃発する一方，農村では(　④　)が全国で頻発した。(　⑤　)とよばれた女性たちの社会進出を背景に女性運動も活発化していた。(　⑥　)は青鞜社を結成して女性解放運動を進めていたが，1920年には市川房枝らとともに(　⑦　)を結成し，女性の政治参加を主張した。さらに被差別部落の人々が1922年に全国的な組織として，(　⑧　)を創立した。

⑴ (　①　)～(　⑧　)にあてはまる適語を答えよ。

⑵ 下線部aが結成を宣言し，彼の死後創立された政党名を答えよ。

⑶ 下線部bが推進した政策として誤っているものを，次から1つ選び，記号で答えよ。

ア 教育施設の改善充実　イ 交通機関の整備　ウ 農産物の輸入自由化　エ 国防の強化

⑷ 下線部cにあてはまる3つの政党名を答えよ。

⑸ 下線部dで選挙権を与えられたのはどのような人々か答えよ。

⑴	①	②	③	④
	⑤	⑥	⑦	⑧

⑵		⑶		⑷	・　・
⑸					

第2編｜国際秩序の変化や大衆化と私たち

27. 世界恐慌とファシズムの台頭

解答⇒別冊 p.14

1 世界恐慌の発生　世界恐慌とその影響

★ 1｜「暗黒の木曜日」

1929年10月24日，ニューヨークのウォール街にある証券取引所で株価が大暴落したことをきっかけに恐慌が発生し，瞬く間にヨーロッパをはじめ世界各地に波及する**世界恐慌**となった。
（「暗黒の木曜日」とよばれた）

★★★ 2｜欧米各国の恐慌対策

(1) **アメリカ**…1933年に大統領に就任した民主党の**フランクリン=ローズヴェルト**は①[　　　　　　]（新規まき直し）とよばれる経済政策を推進した。②[　　　　　　]（企業に生産制限を課しながら適正な利潤を確保させ，独占資本も認めた）(AAA)（農作物の作付けを制限し，農作物価格の引き上げをはかった）や**全国産業復興法**(NIRA)を制定して産業の復興を促し，**テネシー川流域開発公社**(TVA)などの大規模公共事業で失業者の救済をはかった。外交面では，経済圏を確保するため，ラテンアメリカ諸国への政治介入をしない「③[　　　　　　]」を掲げ，関係改善につとめた。

(2) **イギリス・フランス**…イギリスは，**金本位制から離脱**（金の流出を防ぐため）するとともに，**スターリング(ポンド)=ブロック**，フランスは**フラン=ブロック**という④[　　　　　　]（広大な植民地以外の国々に高い関税をかけた）による**保護貿易**をとった。

★★ 3｜ソ連の社会主義政策

(1) **レーニン後のソ連**…レーニンの死後，⑤[　　　　　　]（一国社会主義論を唱えた）が反対派の**トロツキー**らを排除して指導権を握り，独裁政治を行った。1934年に国際連盟への加盟を実現した。

(2) **計画経済**…計画経済体制のもと，⑥[　　　　　　]を実施して工業化をはかる一方，農民を⑦[　　　　　　]に編入し，国家への穀物の供出を強制した。これらの政策により，ソ連は世界恐慌の影響をほとんど受けなかった。

参考
世界恐慌の原因
世界的な農業不況による農民の購買力の減退，アメリカに集中した資金の土地や株式への投機，大量生産による商品の供給過多などがある。

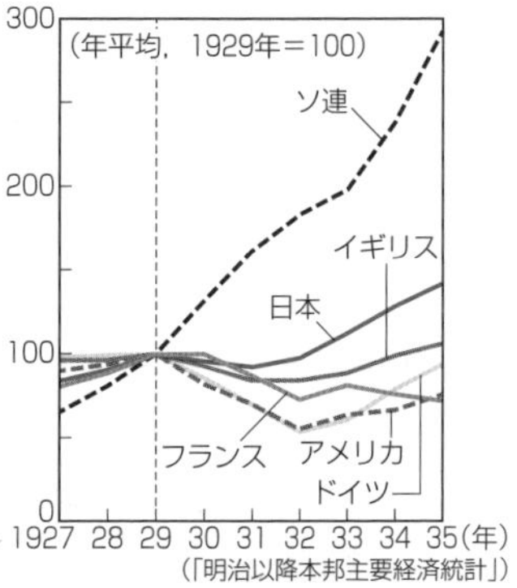

▲主な国の工業生産の推移

Word
計画経済
政府が生産から消費までの計画を立て，生産や流通，販売などを管理する経済体制。

2 ファシズムの台頭　ヴェルサイユ体制の崩壊

★★ 1｜ファシズム体制

(1) **ファシズム**…議会制民主主義を否定する独裁政治で，**全体主義**ともいう。第一次世界大戦後の**イタリア**で始まった。

(2) **イタリアのファシズム**…ムッソリーニ率いる**ファシスト党**は1935年，⑧[　　　　　　]に侵攻し，翌年これを併合した。その後，国際連盟から脱退した。

参考
ファシズム体制
排他的なナショナリズムと反共産主義を掲げ，国民の自由や権利を否定し，暴力によって非同調的な者を弾圧した。ユダヤ人などを迫害する極端な人種主義政策がとられた。ドイツのファシズム体制を**ナチズム**という。

★★★ 2 | ドイツのナチズム

(1) **ナチスの台頭**…世界恐慌で経済が悪化したドイツでは，ヴェルサイユ体制に対する国民の不満を**ヒトラー**率いる**国民社会主義ドイツ労働者党**（↳ナチス，ナチ党）が巧(たく)みな宣伝活動で吸収し，支持を得た。

(2) **ナチス政権の成立**…1932年，**ナチス**が第一党になり，翌年ヒトラー内閣が成立し，組閣後の ⑨[　　　　　　　　　　]を理由に共産党を解散させた。また，⑩[　　　　　　　　　　]により**一党独裁体制**を築き，総統(そうとう)(**フューラー**)として絶対的指導者となった。

(3) **ナチス政権の動向**…1933年に**国際連盟から脱退**し，1935年にはヴェルサイユ条約を破棄(はき)して ⑪[　　　　　　]**宣言**を行った。翌年には**ラインラント進駐**(しんちゅう)（↳非武装地帯）を行い，ロカルノ条約を破棄した。

(4) **ナチスの拡張**…1938年に ⑫[　　　　　　　　　]を併合し，さらに⑬[　　　　　　　　]（↳ドイツ人が多く居住していた）**地方**の割譲(かつじょう)を**チェコスロヴァキア**に求めた。イギリス・フランス・イタリア・ドイツの首脳による ⑭[　　　　　　　　　]で，イギリスの ⑮[　　　　　　　　　]首相(しゅしょう)らがドイツの要求を認める ⑯[　　　　　　　]をとったことで，ナチスの侵略はさらに拡大していった。

Word
総統(フューラー)
ヒンデンブルク大統領の死去により，ヒトラーが大統領制を廃(はい)止して就任した大統領・首相・党首の全権をもつ独裁的地位。

▲ドイツの領土拡大

★ 3 | 反ファシズムの動き

(1) **フランス**…1936年に反ファシズムの ⑰[　　　　　　　　]**内閣**が成立したが，経済政策で成果をあげられず，翌年退陣(たいじん)した。

(2) **スペイン**…[⑰]政府（↳ソ連が支援した）が成立したが，軍人の ⑱[　　　　　　　　]（↳ドイツ・イタリアが支援した）が反乱をおこして**スペイン内戦**に発展した。1939年に反乱軍が勝利し，[⑱]が独裁体制を確立した。

確認しよう

- ☐ (1) ニューディールとよばれる経済政策を実施したアメリカ大統領はだれか。
- ☐ (2) ニューディールで制定された，企業(きぎょう)に適正な利潤(りじゅん)を確保させるための法律を何というか。
- ☐ (3) ソ連の五カ年計画のような，政府が生産や流通，販売などを管理する経済体制を何というか。
- ☐ (4) ヒトラーが率いたナチス(ナチ党)の正式名称(めいしょう)を何というか。
- ☐ (5) 1936年，ドイツがロカルノ条約を破棄して行った軍事行動は何か。

論述力を鍛える
世界恐慌に対するアメリカとイギリスの対応策について説明せよ。

第2編 | 国際秩序の変化や大衆化と私たち

28. 日本の恐慌と満洲事変

解答⇒別冊 p.15

1 日本の恐慌と協調外交 協調外交の継続と景気回復

★★ 1 | 第一次世界大戦後の恐慌

(1) **戦後恐慌**…1920年，株式市場の暴落から**戦後恐慌**が発生した。

(2) **金融恐慌**…1923年におこった①[　　　　　]による**震災手形**の処理問題から，銀行の休業が続出する**金融恐慌**が発生したが，**田中義一**内閣のもと②[　　　　　]（**支払猶予令**）や日本銀行の救済融資が行われ，恐慌をしずめた。この間に，三井・三菱・住友などの③[　　　　]が政界・財界への影響力を強めた。

（①└p.67参照　②└災害や戦争などの非常時に出される債務者の支払延期の措置）

(3) **昭和恐慌**…1930年に**浜口雄幸**内閣が④[　　　　　]を行ったが，おりからの世界恐慌で生糸や綿製品などの輸出が激減し，日本全体が深刻な不況に陥る**昭和恐慌**が発生した。

（④└金本位制への復帰）

(4) **恐慌からの回復**…1931年に大蔵大臣に就任した⑤[　　　　　]は，同年に**金輸出の再禁止**を行い，円安を利用して輸出を促進する一方，関税を引き上げて重工業製品の輸入を抑制した。また，軍備拡大や農村向けの公共事業を行った。その結果，日本はいち早く恐慌から回復したが，景気回復後に軍事予算を抑制したことで，軍備拡大を主張する軍部などと対立した。

（金本位制から離脱┘）

参考

金融恐慌

1927年，震災手形の処理をめぐる銀行の経営悪化に関する片岡直温大蔵大臣の失言から取付け騒ぎがおこり，台湾銀行など，銀行の休業が続発した。

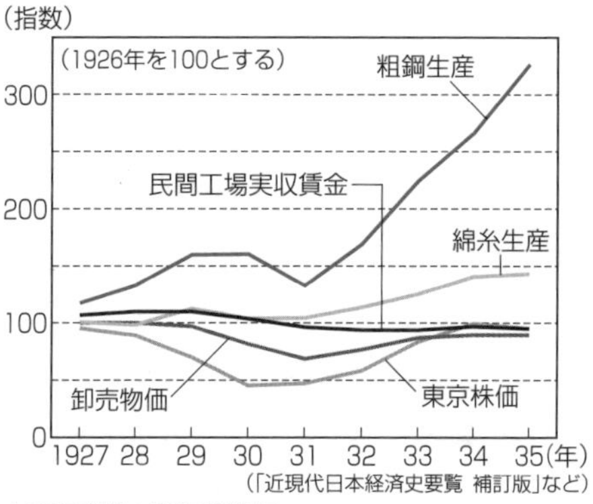

▲昭和恐慌の諸経済指標

★★ 2 | 日本の協調外交

(1) **加藤高明内閣・若槻礼次郎内閣**…外務大臣**幣原喜重郎**は，中国への不干渉政策をとるなど，**幣原外交**とよばれる**協調外交**を進めた。

（中国の関税自主権回復の支持など┘）

(2) **田中義一内閣**…1928年に締結された**不戦条約**に参加するなど協調外交を継続した。その一方，中国の北伐軍に対して3度にわたる⑥[　　　　　]を行った。同年，**関東軍**が⑦[　　　　　]を暗殺する事件を中国でおこし，その処理の責任をとって退陣した。

（┌国内では満洲某重大事件とよばれ，国民には真相は知らされなかった）

(3) **浜口雄幸内閣**…1930年にロンドンで開催された軍縮会議に参加し，⑧[　　　　　　　　　　]を締結した。しかし，想定よりも補助艦保有トン数が少ない内容に不満をもつ海軍軍令部や右派勢力は**天皇の統帥権の侵犯**だとして，浜口内閣を厳しく追及した。これを⑨[　　　　　　　　]という。そうしたなか，浜口首相は右翼の青年に狙撃され，重傷を負って退陣した。

（⑧┌米・英・日の補助艦の保有比率を10：10：6.975と定めた　「対米7割」を主張┘　天皇に与えられた軍隊の指揮・命令権┘）

Word

関東軍

1919年に設置された，関東州と南満洲鉄道沿線の警備を主な任務とする軍。旅順に司令部が置かれた。特殊工作を行う軍司令官直属の特務機関も置かれた。

2 満洲事変の勃発　政党政治の終焉と深まる孤立化

★★★ 1｜満洲事変の勃発

(1) **満洲における権益確保**…昭和恐慌が発生したころ，中国では国権回復運動が高まりを見せていた。それが満洲におよぶことを恐れた関東軍の石原莞爾らは「満蒙領有論」を主張し，満洲の権益確保をはかろうとした。

(2) **満洲事変**…関東軍は，1931年，奉天(現在の瀋陽)郊外で南満洲鉄道の線路を爆破する ⑩[　　　　　　] をおこし，これを中国の行為だと主張して軍事行動を始め，満洲全域を占領した。これを ⑪[　　　　　　] という。翌1932年，日本軍は清朝最後の皇帝である ⑫[　　　　　　]（宣統帝）を執政とする**満洲国**を建国させた。同年，日本政府は ⑬[　　　　　　] により満洲国を承認した。

▲満洲国の範囲(1932年の建国時)

Word

満蒙領有論

満洲と内蒙古東部を日本領とするべきという主張。

★★★ 2｜孤立化する日本

(1) **政党政治の終焉**…1932年５月15日，海軍の青年将校らが中心となり，満洲国の建国と承認に消極的な**犬養毅**首相を暗殺した。この ⑭[　　　　　　] によって政党政治に終止符が打たれ，これ以降，陸軍の発言力が強まった。

(2) **孤立化する日本**…満洲国の成立を不服とした中国は，国際連盟に提訴し，満洲と日本に ⑮[　　　　　　] が派遣された。その報告書にもとづき，1933年，日本が満洲国承認を撤回することを要求する勧告案が臨時総会で採択されたが，日本はそれに反発して**国際連盟を脱退**することを通告した。

参考

日本の孤立化

国際連盟からの脱退に続き，1936年には，ロンドン海軍軍備制限条約が失効，続いてワシントン海軍軍備制限条約も失効し，日本は国際的に孤立を深めていった。

確認しよう

- [ ] (1) 金融恐慌が発生した際，モラトリアムを発令した首相はだれか。
- [ ] (2) 世界恐慌に金輸出解禁もあいまっておこった日本経済の恐慌を何というか。
- [ ] (3) 協調外交を進めた，加藤高明内閣・若槻礼次郎内閣の外務大臣はだれか。
- [ ] (4) 1932年に，溥儀(プーイー)を執政として建国された国を何というか。
- [ ] (5) 五・一五事件で暗殺された首相はだれか。

論述力を鍛える

1930年代初期における，日本と国際連盟とのかかわりについて，「満洲国」，「調査団」，「脱退」の語句を用いて説明せよ。

第2編 | 国際秩序の変化や大衆化と私たち

29. 日中戦争と国内の動向

解答⇒別冊 p.15

1 軍部の台頭　強まる軍部の政治的発言力

★ 1 | 軍部の対立

(1) **天皇機関説事件**…満洲事変以降，軍部の発言力が強まるなか，1935年，貴族院で国粋主義者らが美濃部達吉の**天皇機関説**を批判し，政治問題となる**天皇機関説事件**がおこった。これに対し，岡田啓介内閣は①[　　　　　　　]を出して，天皇主権を認めた。

↳p.66参照
↳天皇機関説を否定

(2) **陸軍内の対立**…陸軍では，天皇親政による国家革新を唱える**皇道派**と，反政党・統制経済の方針をとって総力戦体制の樹立をめざす**統制派**が対立した。

国粋主義の思想家北一輝の主著『日本改造法案大綱』に影響を受けた↲

★★ 2 | 陸軍のクーデタと軍備拡大

(1) **陸軍のクーデタ**…1936年２月26日，統制派との対立で劣勢となった皇道派の青年将校の一部が，皇道派軍事政権の樹立をめざして②[　　　　　　　]とよばれるクーデタをおこした。高橋是清大蔵大臣ら政府の要人を殺害し，東京の中心部を占拠したこのクーデタは失敗に終わり，統制派が陸軍の主導権を握って政治的発言力を強めた。

▲警視庁を占拠した反乱軍

(2) **軍備拡張政策**…[②]後，軍部の干渉を受けて成立した**広田弘毅**内閣は，公債発行と増税により大規模な軍備拡張を行った。また，1936年，ドイツと③[　　　　　　　]を締結し，翌年には，イタリアが加わり，④[　　　　　　　　　　]に発展した。

2 日中戦争　長期化する戦争

★★ 1 | 華北への進軍と抗日体制の成立

(1) **華北への進出**…1935年以降，中国では，関東軍が軍需資源の豊富な華北を確保するため，国民政府から華北地域を切り離す⑤[　　　　　　　]を進めていた。

(2) **抗日体制**…[⑤]に対して，⑥[　　　　　]率いる中国共産党を中心に中国国内で抗日運動が高まり，[⑥]は国民政府に抗日への協力をよびかけた。1936年，**張学良**(チャンシュエリャン)が，抗日より共産党との内戦を重視していた国民政府の⑦[　　　　　]を監禁し，共産党との協力を説得した⑧[　　　　　　]後，国民政府は共産党攻撃を停止した。日中戦争が始まった1937年には，**第２次国共合作**が実現し，⑨[　　　　　　　　　　]が結成された。

参考

国粋主義

明治時代中ごろの欧化主義に反対して唱えられるようになった。日本的な伝統・美意識を強調する傾向があり，民族主義・国家主義に傾斜し，天皇制擁護の立場をとる。

参考

ドイツとイタリア

ドイツは日本と同じく1933年に国際連盟を脱退，イタリアも1937年に国際連盟を脱退した。

人物

張学良

中国東北の軍閥。父・張作霖(チャンツオリン)の爆死後，抗日運動と中国統一のために尽力した。

Word

第２次国共合作

西安(シーアン)事件を契機に進展し，日中戦争の開始によって具現化した国民党と共産党の協力体制。

★★★ 2｜日中戦争の勃発

(1) **日中戦争の始まり**…1937年７月７日，北京郊外で日中両軍が衝突した⑩[　　　　　　　]をきっかけに，宣戦布告のないまま戦争に突入し，**日中戦争**が始まった。

(2) **戦争の長期化**…日本軍は，1937年12月に国民政府の首都南京を占領した。その際に，日本軍が多数の住民や捕虜を殺害したとされる⑪[　　　　　　　]は，諸外国から激しい非難を浴びた。日本が国民政府と進めた和平交渉も進展せず，**近衛文麿**首相は交渉の道を断ち切る旨の声明を出した。
（国民政府は首都を武漢，さらに重慶に移して抵抗を続けた）
（「国民政府を対手とせず」という声明を出した）

(3) **親日政権の発足**…1940年，日本は南京に⑫[　　　　　　]を首班とする親日政権を樹立したが，中国民衆の支持は得られなかった。

▲日中戦争の拡大

3 総力戦体制　国民生活の統制

★★ 1｜国民精神総動員運動

(1) **経済統制**…1937年９月，近衛内閣は**国民精神総動員運動**を開始して国民に戦争協力を訴え，10月には内閣に企画院を設置し，戦争優先の経済統制(⑬[　　　　　　　　])を開始した。
（企画院…物資動員を計画）

(2) **総力戦体制**…1938年，政府が議会の承認なしに物資や労働力を利用できる⑭[　　　　　　　]が制定され，翌年には同法にもとづいて⑮[　　　　　　　]が制定された。

> **Word**
> **国民精神総動員運動**
> 近衛内閣が戦争遂行のために挙国一致・尽忠報国・堅忍持久をスローガンに日本精神の高揚をはかった政府主導の運動。

★ 2｜新体制運動

1940年，近衛文麿を中心に，ドイツのような独裁体制下で国民の結集をめざす**新体制運動**が始められ，**大政翼賛会**が結成された。政党は解散して大政翼賛会に合流した。

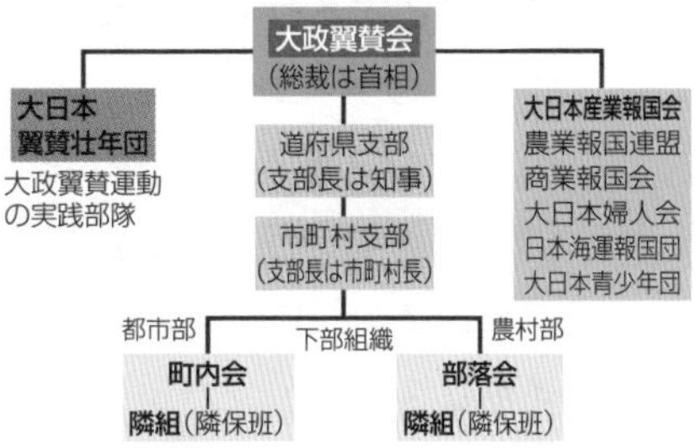

▲大政翼賛会

確認しよう

- □ (1) 二・二六事件を引きおこした陸軍の青年将校らの陸軍内の派閥を何というか。
- □ (2) 二・二六事件後，軍部の干渉で成立し，軍備拡大を進めた内閣の首相はだれか。
- □ (3) 西安事件で，蔣介石(チアンチエシー)を監禁・説得した人物はだれか。
- □ (4) 近衛内閣が始めた，挙国一致や尽忠報国などを国民に訴えた運動を何というか。
- □ (5) 1940年に結成され，全政党が解散して合流した組織を何というか。

論述力を鍛える

日中戦争が始まった背景と，戦争開始前後の中国の動向について，「華北分離工作」，「西安事件」，「重慶(チョンチン)」の語句を用いて説明せよ。

第2編｜国際秩序の変化や大衆化と私たち

30．第二次世界大戦

解答⇒別冊 p.16

1 第二次世界大戦　開戦とドイツの攻勢

★★ 1｜第二次世界大戦の始まりと経過

(1) **ドイツとソ連の接近**…1939年８月，イギリス・フランスの対独宥和政策に不信感を強めたソ連と，対外進出を推し進めるドイツが①[　　　　　　　]を結び，世界を驚かせた。

(2) **開　戦**…1939年９月，ドイツの②[　　　　　　　]侵攻に対し，イギリスとフランスがドイツに宣戦布告して**第二次世界大戦**が始まった。ソ連も[②]に侵攻し，ドイツと領土を分割した。
└ドイツは占領した西部のユダヤ人を迫害した

★ 2｜第二次世界大戦初期の経過

(1) **ドイツ**…1940年４月にデンマーク・ノルウェーに侵入，５月にはオランダ・ベルギーに侵入して北フランスに攻め入った。
こうした戦況をみて，イタリアがドイツ側で参戦した┘

(2) **フランス**…1940年６月にパリが占領されて降伏した。北部はドイツが占領し，それ以外の地域はドイツに協力的な③[　　　　　　　]を首班とする**ヴィシー政府**が統治した。一方，ロンドンに亡命した軍人の**ド=ゴール**は亡命政府(自由フランス政府)の樹立を宣言し，④[　　　　　　　](抵抗運動)をフランス国民によびかけた。

(3) **イギリス**…チェンバレンにかわり首相となった⑤[　　　　　　　]のもとで，ドイツ軍によるロンドン空襲にも耐え，本土上陸も阻止した。

参考
独ソの接近と日本
日本は対ソ連戦を想定して**日独伊三国防共協定**を結んでいたため，このときの**平沼騏一郎**内閣は「欧州情勢は複雑怪奇」と困惑し，総辞職した。

▲独ソ不可侵条約の風刺画

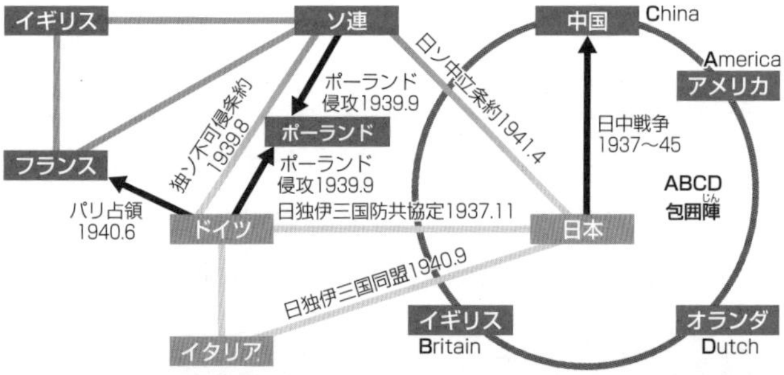

▲第二次世界大戦時の国際関係

2 独ソ戦とアメリカ参戦　枢軸国と連合国の形成

★★ 1｜独 ソ 戦

(1) **ソ戦の動向**…ポーランド東部を占領後，**バルト３国**を併合した。
エストニア・ラトヴィア・リトアニアの３国の総称┘
しかし，ドイツがユーゴスラヴィアとギリシアを占領すると警戒心を強め，1941年４月に日本と⑥[　　　　　　　]を結んで東部の安全を確保し，ドイツとの戦いに備えた。
独ソ不可侵条約を破棄┐

(2) **ドイツのソ連侵攻**…1941年６月，ドイツがソ連への侵攻を開始して**独ソ戦**が始まった。ドイツ軍はモスクワにまで迫ったが押し返された。ソ連はドイツとの戦いでイギリス・アメリカの支援を受け，両国との連携を強化するため，**コミンテルン**を解散した。
1943年５月┘

参考
ユダヤ人虐殺
ドイツによるユダヤ人迫害は熾烈を極めた。彼らを**アウシュヴィッツ**(ポーランド)などの強制収容所に送り，毒ガスを使って数百万人のユダヤ人を組織的に殺害した(**ホロコースト**)。

★ 2 | アメリカの参戦

(1) **アメリカの動向**…アメリカは当初，中立の立場をとっていたが，イギリスへの支援を念頭に置いて ⑦[　　　　　　]を成立させた。アメリカの ⑧[　　　　　　　　]大統領とイギリスの[⑤]首相は，1941年８月に大西洋上で会談を行い，戦後の平和構想の原則を掲げた ⑨[　　　　　　]を発表した。
└1941年３月成立。イギリスなどに武器を提供

(2) **アメリカの参戦**…1941年12月，アメリカは日本の**真珠湾攻撃**と宣戦布告を機に第二次世界大戦に参戦した。

3 ヨーロッパでの大戦終結　ファシズム諸国の敗北

★★ 1 | ドイツとイタリアの降伏

(1) **ドイツの後退**…1942年６月，⑩[　　　　　　　　]の戦いでの敗北後，ソ連が優位に立ちドイツは後退していった。
└現在のヴォルゴグラード

(2) **イタリアの降伏**…1943年７月，⑪[　　　　　　]島に連合国軍が上陸すると**ムッソリーニ**は失脚し，９月にイタリア新政府は連合国に**無条件降伏**した。

(3) **ドイツの降伏**…1944年６月，連合国軍が**ノルマンディー上陸作戦**を成功させ，８月にはパリを解放した。ソ連軍も東からドイツに迫り，追い込まれたヒトラーは1945年４月に自殺し，５月にはベルリンが占領され，ドイツは**無条件降伏**した。
連合国の首脳がテヘラン会談（1943年11～12月）で北フランス上陸作戦を協議した┘

★★ 2 | 連合国側の会談

この間，連合国首脳はヨーロッパの戦後処理や戦後の国際体制について，1943年11月の**カイロ会談**や1945年２月の**ヤルタ会談**など会談を重ねており，1945年７～８月には**ポツダム会談**を開いた。

Ⓦ Word

大西洋憲章

ファシズム勢力の侵略から解放して民主主義を守ること，領土の不拡大，恒久的な安全保障制度を確立することなど，戦争の目的と平和の諸原則を示した。

カイロ会談
(1943.11)
- **フランクリン=ローズヴェルト**(米)
- **チャーチル**(英)
- **蔣介石**(中)
- 対日戦争の方針を明確化
- 朝鮮の独立

↓

ヤルタ会談
(1945.2)
- **フランクリン=ローズヴェルト**(米)
- **チャーチル**(英)
- **スターリン**(ソ)
- 対ドイツ戦争の処理
- ソ連の対日参戦を密約

↓

ポツダム会談
(1945.7～8)
- **トルーマン**(米)
- **チャーチル→アトリー**(英)
- **スターリン**(ソ)
- 日本に無条件降伏を勧告
- 米英中でポツダム宣言発表

▲連合国側の主な会談

確認しよう

- □ (1) フランスがドイツに降伏したあと，フランス南部を統治した政府を何というか。
- □ (2) ロンドンに亡命し，亡命政府の樹立を宣言したフランスの軍人はだれか。
- □ (3) 独ソ戦の最中，イギリス・アメリカとの関係をより深めるために解散した組織を何というか。
- □ (4) 1944年６月に実施された，連合軍の北フランスへの上陸作戦を何というか。
- □ (5) 対ドイツ戦争の処理・ソ連の対日参戦を密約した米・英・ソの首脳会談を何というか。

論述力を鍛える　第二次世界大戦の展開について，ドイツ・ソ連両国相互の関連を中心に「ポーランド」，「独ソ戦」，「ベルリン」の語句を用いて説明せよ。

第2編｜国際秩序の変化や大衆化と私たち

31. 太平洋戦争と日本の敗北

解答⇒別冊 p.16

1 太平洋戦争 アジア・太平洋に広がる大戦

★★ 1｜第二次世界大戦と日本

(1) **枢軸国の形成**…第二次世界大戦開始後，日本では，ドイツとの提携強化の機運が高まった。1940年，日本は**援蔣ルート**の遮断と資源確保を目的にフランス領インドシナ北部に進駐(**北部仏印進駐**)するとともに，同年，①[　　　　　　　]を締結した。

(2) **ソ連との条約締結**…1941年，近衛文麿内閣は北方の安全確保とアメリカへの牽制を目的に②[　　　　　　　]を締結した。
└ソ連は独ソ戦勃発に備えるために締結

★ 2｜日米交渉の開始と決裂

(1) **日米交渉の開始**…1941年4月に開始された日米交渉で，近衛内閣は経済制裁の解除をめざしたが，アメリカは中国からの日本軍の全面撤退を求めた。これを拒否した日本は，石油資源確保のため，7月にフランス領インドシナ南部への進駐(**南部仏印進駐**)を行った。これに対し，アメリカは対日石油全面禁輸措置をとった。
└アメリカ・イギリス・中国・オランダ4カ国は対日包囲網を強化した

(2) **交渉の決裂**…1941年11月，アメリカ側から中国・フランス領インドシナからの撤退などを求める覚書(**ハル=ノート**)が提示されたが，③[　　　　　]内閣はこれに応じず，開戦を決意した。

★★ 3｜太平洋戦争の開始

(1) **開　戦**…1941年12月8日，日本軍はイギリス領**マレー半島**への上陸作戦とハワイの④[　　　　　]への奇襲攻撃を決行してアメリカ・イギリスに宣戦布告し，**太平洋戦争**が始まった。
┌近年は「アジア・太平洋戦争」ともよばれる

(2) **「共栄圏」構想**…日本は，アジアを欧米による植民地支配から解放するための戦争だとして⑤[　　　　　　　]の建設を唱え，この戦争を「大東亜戦争」とよんだ。しかし実際の目的は，戦争継続のために占領地の石油やゴムなどの資源を獲得することにあった。

(3) **戦局の転換点**…日本は1942年6月の⑥[　　　　　　　]で主力の空母を失うなど大敗を喫したことをきっかけに劣勢に転じ，その後，アメリカの反攻作戦が本格化した。

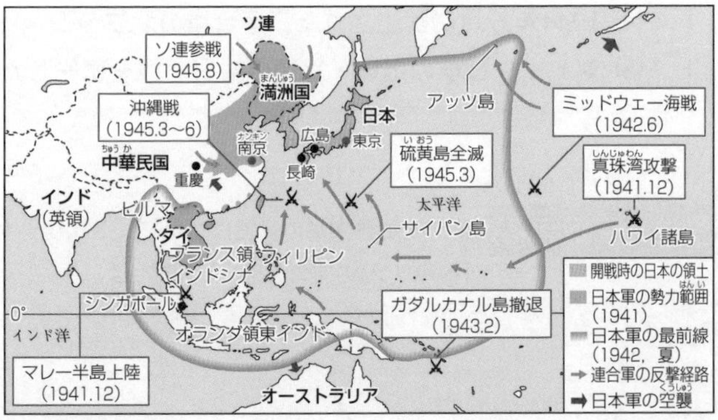

▲太平洋戦争

Word
援蔣ルート
中国の蔣介石(チアンチエシー)に対する連合国の軍事物資援助ルート。国民政府の拠点である重慶(チョンチン)へ至るビルマルートや仏印ルートなど，複数あった。

参考
ABCD包囲陣
日本政府は，アメリカ・イギリス・中国・オランダの経済封鎖を「**ABCD包囲陣**」として宣伝し，国民の危機感や敵愾心をあおった。

Word
ハル=ノート
アメリカ国務長官ハルの覚書。中国・フランス領インドシナからの日本軍の撤退，汪兆銘(ワンチャオミン)政権の否認，日独伊三国同盟の実質的廃棄などを求めた。

2 戦時下の社会と日本の敗北　戦争の終結

★★ 1 | 戦時下の社会

(1) **統制下の国民生活**…近衛文麿内閣による戦時体制がとられるなか，アメリカの経済制裁によって国民生活はさらに厳しさを増し，食料品や生活必需品は**配給制**・**切符制**になった。

(2) **国民の動員拡大**…戦局の悪化にともない，大学生の ⑦[　　　　　]，残った学生や女性を軍需工場などへ配属する ⑧[　　　　　]が実施された。空襲を避けるため，都市部の小学生を疎開させる ⑨[　　　　　]も始まった。

▲**学童疎開**　疎開先に列車で向かう児童たち。

★★ 2 | 日本の敗北

(1) **日本の後退**…[⑥]での敗北に続き，ガダルカナル島での戦いにも敗れ，さらに，**サイパン島**を失った結果，アメリカ軍による ⑩[　　　　　]が本格化した。1945年３月の ⑪[　　　　　]では10万人以上の死者を出した。
└アメリカ軍機の日本爆撃の基地となった

(2) **沖縄戦**…1945年４月には，アメリカ軍が**沖縄本島**に上陸し，住民を巻き込んだ激しい戦闘が行われ，多くの犠牲者を出した。

(3) **日本の降伏**…**日本の無条件降伏**を求める ⑫[　　　　　]を日本政府が無視すると，アメリカは８月６日**広島**，９日**長崎**に ⑬[　　　　　]を投下し，その間に**ソ連も参戦**した。日本は８月14日に[⑫]受諾を連合国側に通告し，15日に昭和天皇が国民に終戦を伝えた。９月２日の降伏文書調印によって戦争は終結した。
8月8日┘
└ラジオ放送(玉音放送)で伝えられた

Word

配給制・切符制

- **配給制**…米など不足しがちな物資を生活面での必要度に応じて配分して支給する措置。
- **切符制**…点数を決めた切符と交換で物資を渡す措置。マッチ・砂糖から始まり，その後，すべての日用品へ拡大された。

参考

戦時下の植民地

朝鮮や台湾では，神社参拝や日本語を強要する**「皇民化」政策**が強化された。さらに朝鮮では，日本式に氏名を変えさせる**創氏改名**も行われた。戦局が悪化すると朝鮮や台湾では徴兵制が施行された。労働力の不足にともなって朝鮮人や中国人を徴用し，軍需工場や炭鉱などで労働に従事させた。

確認しよう

- □ (1) ソ連と日ソ中立条約を結んだ際の首相はだれか。
- □ (2) 日本が真珠湾攻撃とともに，上陸を決行したイギリス領の半島はどこか。
- □ (3) 戦時下の朝鮮や台湾で行われた，日本語の強要などの同化政策を何というか。
- □ (4) 米など不足しがちな物資を生活面での必要度に応じて配分した措置を何というか。
- □ (5) 昭和天皇が国民に終戦を伝えた際のラジオ放送を何というか。

論述力を鍛える

太平洋戦争の開始直前から敗戦までの過程について，アメリカの動向に着目し，「禁輸措置」，「ミッドウェー海戦」，「沖縄戦」の語句を用いて説明せよ。

演習問題⑧

解答⇒別冊 p.17

1 [世界恐慌の発生] 次の文章を読んで，あとの問いに答えなさい。 〔札幌大－改〕

ニューヨーク株式市場における株価暴落に始まる世界恐慌は，経済的範囲を越えて，ヨーロッパ諸国の社会や国際関係にも多大な影響をもたらした。aイタリアとドイツでは，市民的自由や人権を無視する国家主義を掲げる政治体制や思想が現れた。経済政策においては，各国は自国経済の浮揚を優先させた。アメリカでは（ ① ）とよばれる政策が実施され，農業調整法，（ ② ）を通じた農産物・工業製品の価格調整，公共事業による失業者救済などを行った。また，イギリスはbブロック経済政策で危機を乗り越えようとした。

(1) （ ① ）・（ ② ）にあてはまる適語を答えよ。

(2) 下線部 a に関して，次の問いに答えよ。

① ドイツで1933年１月にヒトラー内閣が成立してからナチ党の一党独裁体制を築き上げる過程で成立させた，国会の立法権を政府に与える法案を何というか。

② イタリアのムッソリーニ政権が，1935年に侵攻し，翌年に併合した国はどこか。

(3) 下線部 b に関して，イギリスがとったブロック経済政策の内容について，簡潔に説明せよ。

(1)	①	②	(2)	①	②
(3)					

2 [第二次世界大戦] 次の文章中の（ ① ）～（ ⑦ ）にあてはまる適語を答えなさい。 〔立命館大－改〕

頻出

1939年８月にソ連と（ ① ）を結んだドイツが９月１日にポーランドに侵攻し，その２日後にはイギリス・フランスがドイツに宣戦して第二次世界大戦が始まった。ドイツは1940年６月にはパリを占領した。フランスでは（ ② ）が新たに首相になり，ドイツに降伏を申し入れた。これにより，フランスの南部地域は（ ③ ）を拠点とする(②)政府に委ねられ，それ以外の地域はドイツ軍の占領下に置かれた。1941年６月に独ソ戦が始まったが，同年８月にイギリスとアメリカの首脳が会談を行い，（ ④ ）を発表した。独ソ戦は，ドイツが（ ⑤ ）の戦いで敗北して以降劣勢に立たされた。1943年11月の（ ⑥ ）会談にもとづいて，翌年６月に連合国軍が（ ⑦ ）上陸作戦を決行すると，同年８月パリ市民が自力でパリを解放した。1945年４月，ソ連軍がベルリンに突入すると，同年５月にドイツは降伏した。

①	②	③	④
⑤	⑥	⑦	

3 [日本の恐慌] 次の文章を読んで，あとの問いに答えなさい。 〔獨協大－改〕

若槻礼次郎内閣はa金融恐慌の対応に失敗し退陣した。その後成立した田中義一内閣は（ ① ）を発して恐慌を鎮静化させた。次のb浜口雄幸内閣は金解禁を断行したが，世界恐慌と重なって日本の輸出が大きく減少する（ ② ）がおこった。その後，犬養毅内閣の（ ③ ）大蔵大臣は1931年に金輸出の再禁止を断行して事実上の（ ④ ）制度に移行させるとともに，それまでの財政政策を転換し，日本経済は数年後には世界恐慌以前の生産水準を回復した。

(1) (①)～(④)にあてはまる適語を答えよ。

(2) 下線部 a に関する記述として誤っているものを，次から１つ選び，記号で答えよ。

ア 片岡直温大蔵大臣による議会での失言がきっかけで，混乱が生じた。

イ 一部銀行の経営悪化が伝えられると，取付け騒ぎがおこった。

ウ 台湾銀行など，経営危機に陥り休業する銀行があいついだ。

エ 政府は，輸入品の関税を引き上げて重化学工業製品の輸入をおさえた。

(3) 下線部 b が締結した条約が，天皇の統帥権を侵害したとして批判された政治問題を何というか。

(1)	①	②	③	④
(2)		(3)		

頻出 4 ［日中戦争・太平洋戦争］次の文章を読んで，あとの問いに答えなさい。 〔中央大－改〕

1937年に始まったa日中戦争では，日本軍は首都の南京を占領したが，国民政府は漢口，さらに重慶(チョンチン)へと退き抗戦を続けた。一方で，日本は，ドイツおよびイタリアと(①)を結び，アメリカの強い反発を招いた。近衛内閣は日米衝突を回避するための交渉を開始したが進展せず，さらにb日本が南部仏印進駐に踏み切ったことで，アメリカがますます態度を硬化させたことから，c1941年12月，日本はアメリカおよびイギリスに宣戦を布告した。太平洋戦争が始まると，日本軍は東南アジアから南太平洋にかけての広大な地域を制圧して軍政下に置いたが，(②)の敗北を境に，アメリカが本格的な反攻に転ずると日本軍は戦線の後退を余儀なくされた。さらに，戦争が長引くにつれ，d兵士として動員可能な人員や国内の工場で働ける労働者の不足が顕著となり，国民生活も窮乏の度合いを増していった。ヨーロッパではドイツが降伏し，沖縄がアメリカ軍に占領されたあとも，なお軍部は本土決戦を主張したが，eアメリカ軍による本土空襲で国土が荒廃した日本にもはや戦いを続ける余力はなく，日本は1945年８月に，日本軍への無条件降伏を勧告するポツダム宣言を受諾した。

(1) (①)・(②)にあてはまる適語を答えよ。

(2) 下線部 a に関する記述として正しいものを，次から１つ選び，記号で答えよ。

ア 盧溝橋事件がおきると，近衛内閣は兵力を増員し，戦線を拡大する方針を示した。

イ 中国側は，国民党と共産党が提携して抗日民族統一戦線を結成し，日本に宣戦布告した。

ウ 日本は，汪兆銘(ワンチャオミン)を首班とする親日の新国民政府を南京に樹立した。

(3) 下線部 b に関して，日本の南部仏印進駐に対し，アメリカはどのような措置をとったか答えよ。

(4) 下線部 c に関して，日本が奇襲攻撃を行ったのは，イギリス領マレー半島とハワイのどこか。

(5) 下線部 d に関して，大学生たちも戦場へ駆り出されることになったことを何というか。

(6) 下線部 e に関する記述として誤っているものを，次から１つ選び，記号で答えよ。

ア サイパン島がアメリカ軍に占領されて以降，米軍機による本土空襲が本格化した。

イ ポツダム宣言以前のヤルタ会談で，対日領土問題，朝鮮の独立などの方針が決定されていた。

ウ ソ連はポツダム会談に参加していたが，ポツダム宣言は米・英・中の３か国で発表された。

(1)	①	②		(2)	
(3)					
(4)		(5)		(6)	

32. 新しい国際秩序の形成と冷戦の始まり

解答⇒別冊 p.17

1 新たな国際秩序の形成　国際秩序と経済体制の刷新

★★ 1｜新たな国際組織の成立

(1) **国際連合の設立**…1945年6月に開催された**サンフランシスコ会議**で①[　　　　　　]が採択され，10月に国際平和の維持や諸分野での国際協力の推進を目的とする国際機関として，51カ国が加盟する**国際連合(国連)**が発足した。（本部はアメリカのニューヨーク）

(2) **総　会**…全会一致を原則とした国際連盟と異なり，全加盟国が1票の投票権をもつ**多数決制**が採用された。（重要問題の採決には3分の2の票が必要）

(3) **安全保障理事会**（安保理）…国際紛争を解決するために必要な経済的・軍事的制裁を行う権限をもつ機関で，②[　　　　　　]5カ国と任期2年の非常任理事国10カ国で構成される。[②]の**アメリカ・ソ連・イギリス・フランス・中国**（中華民国）は，一国でも反対すると決議が採択されない③[　　　　　　]をもつ。

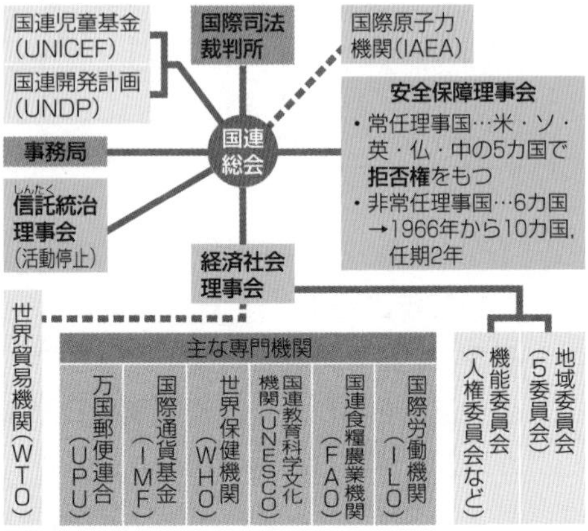

▲国際連合のしくみ

★★ 2｜新たな経済体制の形成

(1) **経済の安定と一体性の確保**…戦後の国際金融・経済の安定をめざして，国際的な為替の安定を目的とする④[　　　　　　](IMF)と戦後復興や発展途上国の開発支援などに対する融資を目的とする⑤[　　　　　　](IBRD)が設立された。（世界銀行ともよばれる）

(2) **国際通貨体制の再整備**…アメリカのドルを基軸通貨とする**金ドル本位制**を導入し，各国通貨とアメリカ通貨のドルの交換比率を固定する⑥[　　　　　　]として世界経済の安定をはかった。

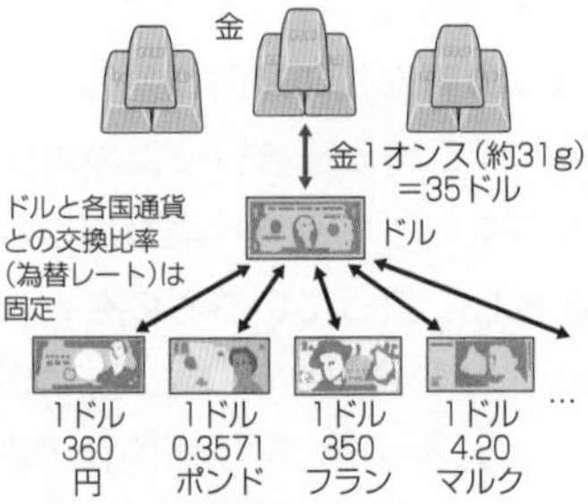

▲金ドル本位制のしくみ

(3) **自由貿易の推進**…1930年代のブロック経済化が国際的対立を深めたことへの反省から，関税などの貿易上の障壁を取り除き，自由貿易を進めていくため，**関税及び貿易に関する一般協定**(⑦[　　　　　　])が締結された。こうして形成された，新たな国際通貨体制と自由貿易体制のシステムを⑧[　　　　　　]**体制**という。

参考

敗戦国の戦後処理

連合国は，第一次世界大戦の過酷な戦後処理がドイツでのナチスの台頭につながったと考え，敗戦国に対して厳しい制裁を課さず，民主的な国に移行させることをめざした。ドイツと日本で開かれた国際軍事裁判で各国の指導者たちが戦争犯罪人として裁かれた。

注意

安全保障理事会

安全保障理事会は，大国一致の原則にもとづき，紛争解決に対処している。しかし，戦後の東西陣営の対立のなかで，ソ連やアメリカが拒否権を行使し，その機能が妨げられることも多くみられた。

2 東西対立の始まり　資本主義と社会主義の対立

★★★ 1 | 戦後の米ソ対立

(1) **アメリカの動向**…1947年，**トルーマン**大統領が，ソ連の拡大を封じ込める**トルーマン=ドクトリン**を宣言し，さらに，マーシャル国務長官がヨーロッパ経済復興援助計画(**マーシャル=プラン**)を発表した。1949年に，軍事同盟⑨[　　　　　　　　](NATO)を結成した。
（ヨーロッパの経済的困窮は共産党拡大が原因とした）
（アメリカを含む西側12カ国で結成）

(2) **ソ連の動向**…1947年，マーシャル=プランの受け入れを拒否した東欧諸国とともに⑩[　　　　　　　](共産党情報局)を結成し，対決姿勢を強めた。また，1949年に⑪[　　　　　　　　](COMECON)を結成し，1955年には[⑨]に対抗して，軍事同盟⑫[　　　　　　　]を結成した。両陣営の対立は，直接戦火を交えなかったことから「⑬[　　　　]」とよばれた。
（1991年に解体）

★★ 2 | ドイツの動向

(1) **大戦後のドイツ**…戦後のドイツはアメリカ・イギリス・フランス・ソ連の４カ国による分割占領と共同管理などが行われた。

(2) **ベルリン封鎖**…1948年，西側３国が独自の経済統合策を進めたため，ソ連は**西ベルリンを封鎖**した。
（西側は生活必需品を空輸することで対抗した）

▲西ベルリンへの空輸作戦

(3) **ドイツの分断**…1949年，西側３国の占領地に⑭[　　　　　　　　](**西ドイツ**)，東側の占領地に⑮[　　　　　　　　](**東ドイツ**)がそれぞれ成立した。

参考
東西対立
第二次世界大戦後，アメリカを中心とする**資本主義陣営(西側陣営)**と，ソ連を中心とする**社会主義陣営(東側陣営)**の対立が鮮明になった。イギリスの前首相**チャーチル**は，東側の閉鎖的な政治体制に対し，ヨーロッパ大陸をまたぐ「**鉄のカーテン**」がおろされたと述べて批判した。

参考
東西対立の東欧への影響
- **チェコスロヴァキア**
1948年，ソ連はマーシャル=プランに参加しようとしたベネシュ政権を転覆させ，共産党政権が樹立された。
- **ユーゴスラヴィア**…ティトーの指導のもと，ソ連の支配に反発し，自主的な路線をとったため，コミンフォルムから除名された。

確認しよう

- [ ] (1) 国際連合において，国際紛争の解決に必要な経済的・軍事的制裁を行う権限をもつ機関は何か。
- [ ] (2) 1947年にアメリカ大統領が宣言したソ連の封じ込め政策を何というか。
- [ ] (3) アメリカ国務長官が発表したヨーロッパ復興のための経済援助計画を何というか。
- [ ] (4) 1948年，ソ連が西側占領地区と西ベルリンとの交通を遮断したことを何というか。
- [ ] (5) コミンフォルムを除名された際のユーゴスラヴィアの指導者はだれか。

論述力を鍛える　国際連盟と比較した国際連合の特色を，総会での採決方法と制裁に着目して，簡潔に説明せよ。

第2編｜国際秩序の変化や大衆化と私たち

33. アジア諸地域の独立

解答⇒別冊 p.18

1 中国と朝鮮半島の動向　東アジアへ広がる冷戦

★★ 1｜中国の動向

(1) **内戦の再開**…第二次世界大戦終結後，**国民党**と**共産党**の対立が表面化し，1946年に①[　　　　　　]が再開された。当初アメリカが支援した国民党が優勢であったが，土地改革などにより広い階層の支持を集めた共産党が最終的に勝利した。

(2) **中華人民共和国の成立**…1949年，共産党の②[　　　　　　]を主席とする**中華人民共和国**が成立した。一方，③[　　　　　　]率いる国民党は台湾に逃れて**中華民国政府**を維持し，西側諸国は中華民国政府を中国の代表と見なした。

(3) **深まる中国とソ連との関係**…当初，中国は**新民主主義**による改革を唱えたが，1950年にソ連と④[　　　　　　　　　　　　　　]を結んで社会主義陣営に加わり，西側諸国との対決姿勢を強めた。1953年から**第１次五カ年計画**を開始した。

★★★ 2｜朝鮮半島の動向

(1) **南北分断**…1948年，**北緯38度線**の南側には⑤[　　　　　　]を大統領とする**大韓民国(韓国)**が成立し，北側には**金日成**(キムイルソン)を首相(1972年以降主席)とする⑥[　　　　　　　　　　　]**(北朝鮮)**が成立して，朝鮮半島は南北に分断された。

(2) **戦争の勃発**…1950年，北朝鮮が北緯38度線を越えて韓国に侵攻し，⑦[　　　　　　]が始まった。国連安全保障理事会はこれを侵略とみなして**国連軍**を派遣した。1953年に北緯38度線上の板門店(パンムンジョム)で休戦協定が結ばれたが，現在に至るまで緊張状態が続いている。

└正規の国連軍ではなく，統一指揮権をアメリカ軍がもつ多国籍軍

Word
新民主主義
毛沢東(マオツォトン)が提唱した革命理論。労働者の指導のもと農民など民主的な諸階級が連合して行う政治のあり方で，経済的には資本主義と社会主義の混合。

Word
第１次五カ年計画
ソ連の支援で，1953年から始められた計画経済政策。重工業化を優先しつつ，農業の集団化も進めた。

参考
朝鮮戦争
アメリカ軍中心の国連軍の派遣に対し，中国は人民義勇軍を派遣し，ソ連は参戦こそしなかったが，北朝鮮を支援したため，事実上の米ソの代理戦争となった。

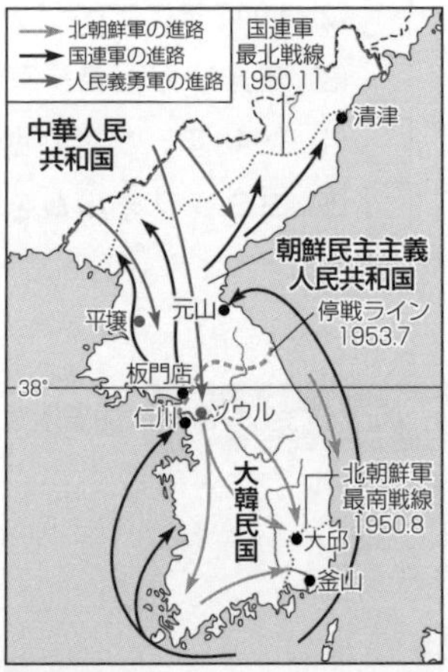

▲朝鮮戦争

2 南・東南アジアの独立　アジア諸国の独立達成

★★ 1｜インドの独立

(1) **宗教対立**…反英運動が高揚するなか，独立をめぐり，統一インドを主張する⑧[　　　　　　]と，パキスタンの分離・独立を求める**全インド=ムスリム連盟**の⑨[　　　　　　]が対立した。

(2) **分離・独立**…1947年，⑩[　　　　　　　　]が制定されると，ヒンドゥー教徒が多く住む**インド連邦**と，ムスリムが多く住む**パキスタン**に分離して独立した。

★ 2 | 東南アジア諸国の独立

(1) **インドネシア**…1945年に独立が宣言され，⑪[　　　　　　]が大統領になった。オランダとの戦争を経て，1949年に独立を達成した。
インドネシア共和国の成立を宣言した

(2) **マレー半島**…1957年，イギリスから⑫[　　　　　　]として独立し，1963年に**マレーシア連邦**に国名変更(へんこう)した。
1965年にはシンガポールが分離・独立した

(3) **ベトナム**…1945年，⑬[　　　　　　]が**ベトナム民主共和国**の成立を宣言したが，これを認めず**ベトナム国**を発足(ほっそく)させたフランスとの間で**インドシナ戦争**がおこった。フランスは1954年に⑭[　　　　　　]を結んで撤退(てったい)したが，その後，社会主義勢力の拡大を恐(おそ)れるアメリカの支援のもと，南部に**ベトナム共和国**が樹立されたため，ベトナムは南北に分断された。
阮朝最後の皇帝バオダイが元首となった
ディエンビエンフーの戦いで敗北した結果
ゴ=ディン=ジエム首相がバオダイを追放して樹立した

参考
東南アジア諸国の独立
- **フィリピン**…1946年，アメリカに戦前から約束されていた独立が認められた。
- **ビルマ**…**アウン=サン**の指導で，1948年にイギリスから独立した。
- **カンボジア**…1953年にフランスから独立し，国王**シハヌーク**が中立政策を進めた。

3 西アジアの動向　深刻化するパレスチナ問題

★ 1 | イランの動向

1951年，**モサッデグ**首相が**石油国有化**を実行したが，1953年，⑮[　　　　　　]のクーデタによって倒(たお)された。
イギリス・アメリカが支持

★★ 2 | パレスチナ地域の動向

(1) **国連決議**…国連は1947年に，パレスチナをユダヤ人国家とアラブ人国家の２つに分割(ぶんかつ)する案を決議した。

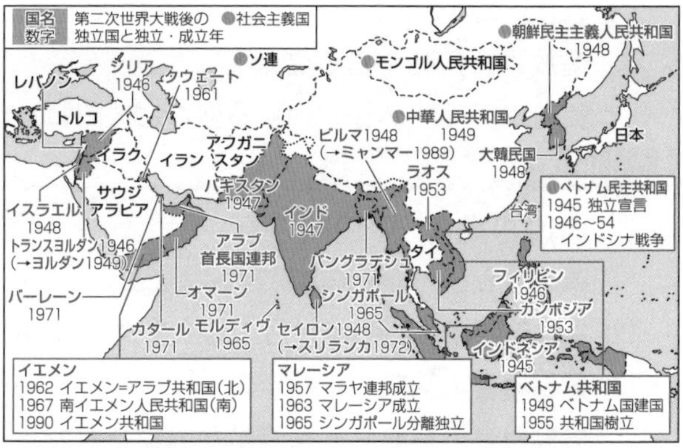

▲第二次世界大戦後のアジア

(2) **イスラエル建国**…1948年，**シオニスト**が**イスラエル**の建国を宣言したが，アラブ諸国はこれに反対し，⑯[　　　　　　]（**パレスチナ戦争**）がおこった。
ユダヤ=ナショナリスト，ユダヤ民族主義者

確認しよう

- [ ] (1) 1949年，毛沢東を主席として建国された国の正式名称(めいしょう)は何か。
- [ ] (2) 国共内戦で敗れた国民党が，中国本土から逃れて中華民国政府を維持したのはどこか。
- [ ] (3) 朝鮮半島を韓国と北朝鮮に分断している境界は北緯何度線か。
- [ ] (4) 1945年に，ホー=チ=ミンが成立を宣言した国はどこか。
- [ ] (5) 1948年に，国連の決議を受けてユダヤ人がパレスチナに建国した国はどこか。

論述力を鍛える　朝鮮戦争は，アジアにおける米ソの代理戦争ともいわれる。その理由を簡潔に説明せよ。

第2編｜国際秩序の変化や大衆化と私たち

34. 占領下の民主化政策

解答⇒別冊 p.18

1 日本の戦後処理と国民生活　非軍事化と民主化

★★ 1｜連合国の占領機構と非軍事化政策

(1) **占領統治の形態**…アメリカの①[　　　　　　　]を最高司令官とする**連合国軍最高司令官総司令部**(**GHQ**/SCAP)によって，日本の**非軍事化**や**民主化**などの改革が進められた。GHQ から指令・勧告を受けて日本政府が政策を実施する**間接統治**の形態がとられた。

(2) **非軍事化政策**…治安維持法や国家総動員法，軍隊が廃止された。戦争の協力者は**公職追放令**によって公的な地位から追放され，戦争指導者は②[　　　　　　　](**東京裁判**)で平和・人道に対する罪などに問われた。
└1948年までに約21万人が追放

★★★ 2｜日本の民主化改革

(1) **GHQ の指令**…GHQ は，③[　　　　　　　]内閣に**五大改革**を指令し，新憲法の制定も命じた。

(2) **女性参政権**…1945年11月の議会で**女性参政権**が認められた。
満20歳以上の男女に選挙権が与えられた┘

(3) **労働組合の結成**…1945年の④[　　　　　　　]の制定によって，**労働組合**の結成や労働運動が公認された。1946年には**労働関係調整法**，1947年には**労働基準法**も制定された。

(4) **教育改革**…1947年の⑤[　　　　　　　]・**学校教育法**の制定によって，教育内容の民主化が行われた。
└義務教育が6年から9年に延長　└六・三・三・四の新学制が発足

(5) **経済機構の民主化**…三井・住友などを解体する⑥[　　　　　　　]が行われ，1947年に巨大独占企業を分割するための**過度経済力集中排除法**を制定，同年⑦[　　　　　　　]も制定された。また，1946年に**自作農創設特別措置法**が制定され，国が**寄生地主**らの土地を強制的に買い上げ，小作人に安く売り渡す⑧[　　　　　　　]を実施したことで自作農が増え，農村の平等化がはかられた。
┌持株会社やカルテル・トラストの結成が禁止された

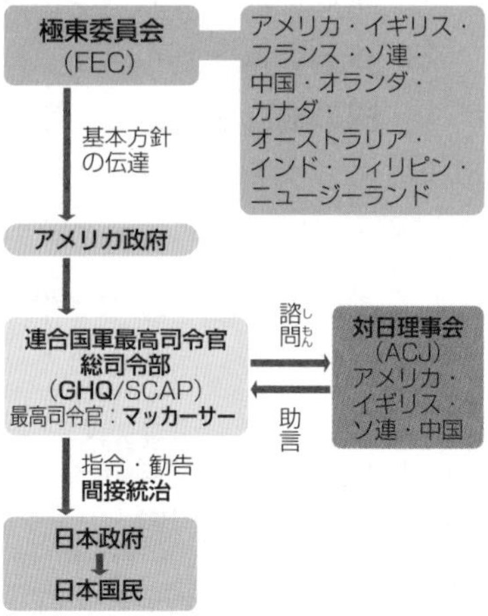

▲**日本の占領機構**　占領政策の最高意思決定機関は極東委員会だったが，実際はアメリカ政府の意向が強く反映された。

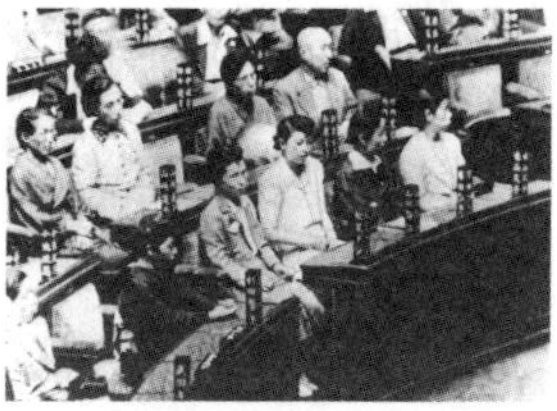

▲**女性議員の誕生**　1946年4月に行われた総選挙の結果，39人の女性議員が誕生した。

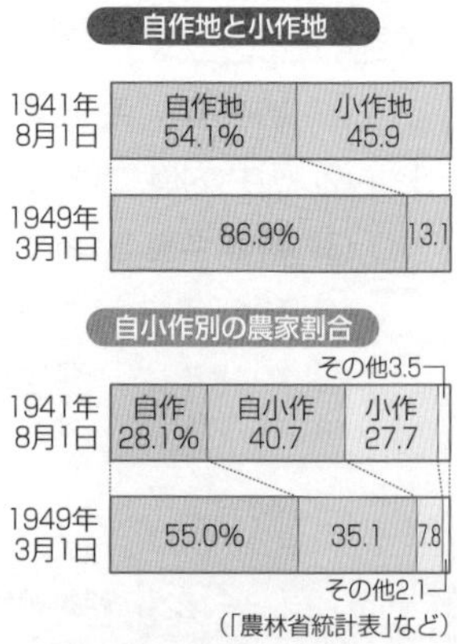

▲**農地改革による変化**

2 新憲法の制定と国民生活　天皇主権から国民主権へ

★ 1｜憲法改正案の成立過程

天皇の統治権を認める保守的な内容だった┐

GHQ の憲法改正の指示に対し，[③]内閣は憲法改正要綱を GHQ に提出したが，GHQ は内容不十分として却下し，民間の改正試案も参考にしながら憲法改正案を提示した。改正案は帝国議会での一部修正を経て成立した。

★★ 2 | 日本国憲法の制定

(1) **日本国憲法の制定**…成立した改正案は，**日本国憲法**として，**1946年11月3日に公布**され，**1947年5月3日に施行**された。

(2) **日本国憲法の原則と天皇**…日本国憲法は，⑨[　　　　　　]・**平和主義**(**戦争放棄**)・**基本的人権の尊重**を三大原則とし，天皇は日本国と国民の統合の⑩[　　　　]となった([⑩]**天皇制**)。

大日本帝国憲法		日本国憲法
1889年2月11日	発布・公布	1946年11月3日
1890年11月29日	施行	1947年5月3日
欽定憲法	形式	民定憲法
天皇主権	主権	国民主権
神聖不可侵で統治権をもつ元首	天皇	日本国と日本国民統合の象徴
各大臣が天皇を補佐する	内閣	国会に責任を負う行政機関
天皇の協賛機関 衆議院と貴族院	議会・国会	国権の最高機関，唯一の立法機関 衆議院と参議院
法律の範囲内で認められる	人権	基本的人権の尊重
兵役の義務，天皇に統帥権	軍隊	平和主義(戦争放棄)
規定なし	地方自治	首長と議員を住民が選挙

▲大日本帝国憲法と日本国憲法の比較

(3) **諸法律の制定・改正**…⑪[　　　　　　]が成立し，**刑法**改正で不敬罪や大逆罪が廃止され，**民法**改正で男女平等が進展した。
└都道府県知事・市町村長が公選になった

★ 3 | 戦後の国民生活

(1) **難航する復興**…生活物資・食料の不足で急激なインフレが生じ，失業者もあふれた。都市部の人々は，**闇市**での売買や農村への**買出し**で，日々の生活をしのいだ。

(2) **インフレ対策**…1946年2月，政府は⑫[　　　　　　　　]を出し，預金の封鎖と新円の発行によってインフレを抑制しようとした。また，工業生産力回復のために**傾斜生産方式**を導入した。

参考

平和主義(戦争放棄)

日本国憲法第9条第1項で「国際紛争を解決する手段」として**戦争を放棄**し，第2項で「前項の目的を達するため」，**戦力は保持せず，交戦権も認めない**と定められている。

Word

闇 市

各地の焼け跡などに生まれた，露天商による自由取引市場。公定価格などを無視した闇取り引きが公然と行われた。

Word

傾斜生産方式

資材や資金を鉄鋼・石炭など，産業復興に急務な分野に優先的に投じる政策。

確認しよう

- [ ] (1) GHQ が指令・勧告して日本政府が政策を実施するという占領政策の統治方法を何というか。
- [ ] (2) 1947年，巨大独占企業を分割するために制定された法律を何というか。
- [ ] (3) 1946年，農村で自作農を増やすことを目的に制定された法律を何というか。
- [ ] (4) 戦後の復興に重要な鉄鋼・石炭などの分野に重点的に資材や資金を投入する政策を何というか。

論述力を鍛える

日本の民主化政策で行われた財閥解体と農地改革について，これらが実施されることになった背景を，それぞれ説明せよ。

第2編 | 国際秩序の変化や大衆化と私たち

35. 占領政策の転換と朝鮮戦争

解答⇒別冊 p.19

1 政党政治の再開 政党内閣の復活と中道政権の誕生

★ 1 | 政党内閣の復活

女性参政権を認めた新選挙法のもとで，1946年４月，戦後初の総選挙が実施され，**日本自由党**が第一党となった。翌５月に日本自由党と日本進歩党の連立による第１次①[　　　　　　]内閣が成立し，およそ14年ぶりに**政党内閣**が復活した。

（日本自由党：└鳩山一郎を総裁として結成された保守政党）

★ 2 | 中道政権の成立

(1) **中道政権の誕生**…日本国憲法施行後初の総選挙（1947年４月）で，**日本社会党**が第一党となり，日本社会党の②[　　　　　　]を首相とする，日本社会党・民主党・国民協同党の中道連立内閣が成立した。

(2) **短命に終わった中道政権**…[②]内閣は与党内部の対立から退陣し，次の**芦田均**内閣も汚職疑惑（**昭和電工事件**）で退陣した。その後，第２次[①]内閣が成立し，1954年まで続く長期政権となった。

（芦田均内閣：└公務員のストを禁止する政令を公布した）

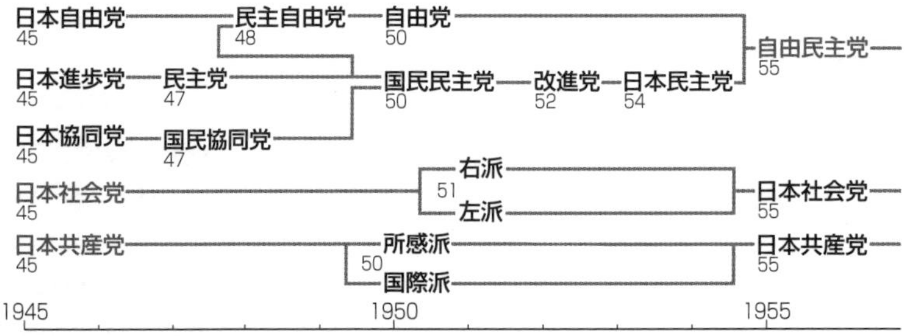

▲戦後の主な政党の推移（1955年まで）

参考

中道政権

GHQは，民主化改革を進めるために，保守でも急進でもない中道内閣の誕生を評価し，中道政権の継続を望んでいた。

Word

昭和電工事件

1948年，復興金融金庫からの融資をめぐって発覚した贈収賄事件。融資を得るために贈賄工作を行ったとの容疑で昭和電工の社長が逮捕され，さらに前副総理まで逮捕されたため，芦田内閣は総辞職した。

2 占領政策の転換 民主化政策から経済優先政策へ

★ 1 | 背　景

(1) **国際関係**…中国では，1949年，国共内戦で勝利した共産党が③[　　　　　　　　　　]の成立を宣言し，社会主義陣営に加わった。ドイツや朝鮮半島では，東西陣営の国家が成立して分断されるなど，東西対立が深刻化しつつあった。

└p.84参照

(2) **国内の経済情勢**…工業生産の回復をはかるために実施された④[　　　　　　　　]によって工業生産は増加し，一定の成果をあげた。しかし，赤字財政による資金投入にともなって，インフレがさらに進行し，日本経済は不健全な状況になっていた。

└p.87参照

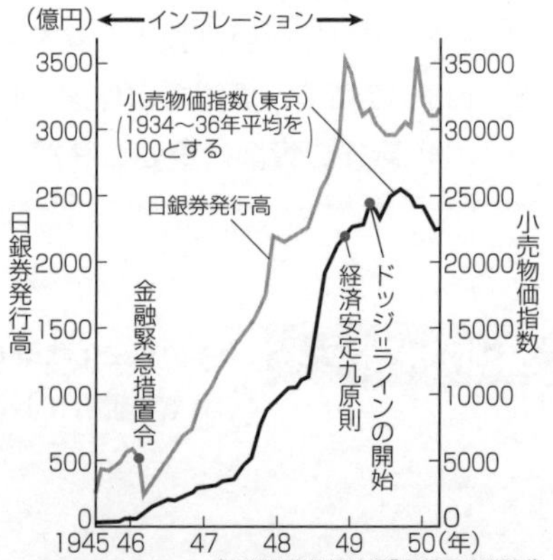

▲戦後のインフレーション

2 | 占領政策の転換

(1) **経済復興優先への転換**…冷戦構造が深刻化するなか，1948年秋からアメリカ政府は，日本の経済復興を早めて西側陣営に組み込み，東アジアにおける西側の防波堤とするべく，占領政策の中心を民主化政策から経済復興優先へと転換した。

(2) **経済回復のための指令**…日本経済の早期再建をはかるために，GHQ は，**経済安定九原則**の実行を第２次[①]内閣に指令した。

(3) **財政の健全化**…アメリカは，⑤[　　　　]を日本に派遣した。[⑤]は財政赤字を許さない超均衡予算を政府に作成させた。また，１ドル＝360円の**単一為替レート**を設定し，日本を国際経済に復帰させた。この一連の施策を⑥[　　　　]という。

（超均衡予算：補助金の支出や公債の発行を抑制した）
（単一為替レート：それまでは，品目別に異なる複数為替レートであった）

Word

経済安定九原則

日本経済の自立・安定をはかるため，GHQ が1948年12月に指示した経済政策。予算の均衡・徴税強化・資金貸出制限・賃金安定・物価統制・貿易改善・物資割当改善・増産・食糧集荷改善の９項目からなる。

参考

共産主義者の公職追放

1949年に，超均衡予算による人員整理で労使が対立していた日本国有鉄道（国鉄）の列車転覆事件（松川事件）などが背景としてあった。

3 朝鮮戦争と日本　経済復興の契機となる朝鮮戦争

1 | 朝鮮戦争と転換政策の拡大

(1) **朝鮮戦争の勃発**…1950年６月に**朝鮮戦争**が勃発すると，国連軍として日本に駐留するアメリカ軍が派遣された。

（朝鮮戦争：p.84参照）

(2) **転換政策の拡大**…GHQ の指令で，政府は在日アメリカ軍が動員されたあとの治安部隊として⑦[　　　　]を創設した。また，日本で共産主義が拡大するのを防ぐため，官公庁などから共産主義者を公職から追放した（⑧[　　　　]）。

▲**松川事件**　共産党員が犯人とされたが，容疑者は全員無罪となり，真相はいまだ不明のままである。

2 | 朝鮮戦争と日本経済

朝鮮戦争に出動するアメリカ軍によって，大量の軍需品が調達された。これによって，日本は⑨[　　　　]とよばれる好景気となり，経済復興が早められた。

確認しよう

- □ (1) 戦後初の総選挙で第一党となり，日本進歩党と連立内閣を成立させた政党を何というか。
- □ (2) 片山哲首相に続き中道政権を担ったが，閣僚の汚職疑惑で退陣した首相はだれか。
- □ (3) 1948年12月，日本経済の早期再建のため，GHQ が吉田内閣に実行を指令したものは何か。
- □ (4) アメリカから派遣されたドッジは，１ドル何円の単一為替レートを設定したか。
- □ (5) 日本に経済復興の契機となる特需景気をもたらした戦争を何というか。

論述力を鍛える　アメリカが日本の占領政策の転換に踏み切った背景について，「冷戦」，「インフレ」の語句を用いて簡潔に説明せよ。

第2編｜国際秩序の変化や大衆化と私たち

36. 日本の独立と占領期の文化

解答⇒別冊 p.19

1 日本の独立回復と日米関係　日本の主権回復

★ 1｜高まる対日講和の機運

(1) **対日講和の進展**…朝鮮戦争の勃発によって，日本の戦略的価値を再確認したアメリカは，日本を早期に西側陣営の一員として確立するため，①[　　　　　　　]大統領が対日講和を急ぎ，講和問題を協議するため，1951年１月にアメリカの特使**ダレス**が来日した。

(2) **対日講和論争**…講和条約の締結方法について，国内では，②[　　　　　　]論と**全面講和論**とが対立した。吉田茂内閣は，冷戦下の情勢では，アメリカとソ連の妥協ができないと判断し，早期に独立を達成して経済復興に全力を注ぎ，再軍備の負担を避け，独立後の安全保障をアメリカに依存するという方針を固め，[②]を決定した。

単独講和論		全面講和論
早期の独立を優先し，西側諸国とだけの講和でよい • 保守系の政党 • 社会党の右派	VS	中ソを含めたすべての国と講和すべきである • 日本共産党 • 社会党の左派

▲**単独講和論と全面講和論**　講和条約の批准をめぐって日本社会党は意思統一をはかれず，左派と右派に分裂した。

★★★ 2｜講和条約の締結

(1) **講和条約の締結**…1951年９月，サンフランシスコで対日講和会議が開かれ，日本は48カ国と③[　　　　　　　　　　　　]を締結し，翌年４月に条約が発効した。これによって日本は独立国としての主権を回復し，約７年間におよぶ連合国による日本の占領が終結した。
└③日本の主席全権は吉田茂

(2) **日本の賠償責任**…アメリカをはじめ，多くの交戦国が賠償請求権を放棄したため，日本の賠償責任は大幅に軽減された。

(3) **日本の領土**…[③]では日本の領土も決められ，**朝鮮の独立**，④[　　　　]・**南樺太**・**千島列島**などの放棄が定められた。一方，⑤[　　　　　　]と**沖縄**・**奄美群島**はアメリカの**信託統治**の予定になっていたが，アメリカはこれらの島々を施政権下に置いた。
└④1895年より日本領
奄美群島は1953年に日本に返還された┘

(4) **諸外国の対応**…⑥[　　　　　]・ポーランド・チェコスロヴァキアは，外国軍隊の駐屯・駐留や賠償放棄などに不満をもち調印を拒否した。⑦[　　　　　　]・ビルマ(ミャンマー)・ユーゴスラヴィアは条約案への不満から会議への参加を拒否し，中華人民共和国と中華民国は代表権をめぐる対立から会議に招かれなかった。

Word
信託統治
国際連合の信託を受けた国が一定の地域を統治すること。

▲サンフランシスコ平和条約による日本の領土

★★★ 3 | 日米間の安全保障体制と行政協定

⑴ **安全保障条約の締結**…[③]調印と同じ日に，日本はアメリカと⑧[　　　　　　　]を結び，独立後も引き続きアメリカ軍が「極東の平和と安全」のために日本国内に駐留することが決められた。特に沖縄には広大なアメリカ軍施設が残された。

⑵ **行政協定の締結**…[⑧]で決まったアメリカ軍駐留の詳細について，翌年⑨[　　　　　　　]が結ばれたが，日本がアメリカ軍に基地を提供し，駐留費用を分担すること，アメリカ軍人の犯罪の裁判をアメリカが行うことなど，アメリカに有利な内容であった。1960年，[⑧]の改定にともない，**日米地位協定**に引き継がれた。

第１条　平和条約及びこの条約の効力発生と同時に，アメリカ合衆国の陸軍，空軍及び海軍を日本国内及びその附近に配備する権利を，日本国は，許与し，アメリカ合衆国は，これを受諾する。……

▲日米安全保障条約

▲沖縄のアメリカ軍基地

2 占領期の社会と文化　アメリカ文化の影響

★ 1 | 占領期の社会

⑴ **世　相**…アメリカ的な大衆文化が広まり，アメリカ映画やジャズ音楽などが人気を博した。苦しい生活のなか，笠置シヅ子の「東京ブギウギ」など明るいメロディーの流行歌がヒットした。

⑵ **メディアの発達**…日本放送協会(NHK)が再発足し，1951年には民間のラジオ放送も始まった。また，多くの雑誌が発刊された。

★ 2 | 占領期の文化

⑴ **文　学**…竹山道雄の『ビルマの竪琴』や学徒出陣戦没者の遺稿集『きけわだつみの声』などで戦争の悲惨さが伝えられた。

⑵ **自然科学**…1949年に，⑩[　　　　　　]が日本人初の**ノーベル賞**(物理学賞)を受賞した。

確認しよう

- [ ] ⑴ 講和問題について協議するために1951年に来日したアメリカの特使はだれか。
- [ ] ⑵ ソ連・中国を含む全交戦国と平和条約を締結すべきという主張を何というか。
- [ ] ⑶ 1875年に日本領となり，サンフランシスコ平和条約で日本が放棄したのはどこか。
- [ ] ⑷ サンフランシスコ講和会議に日本の首席全権として出席したのはだれか。
- [ ] ⑸ 1960年，日米行政協定を引き継いで締結された協定を何というか。

論述力を鍛える

日本政府が，単独講和で平和条約を締結した理由を，簡潔に説明せよ。

演習問題 ⑨

解答⇒別冊 p.20

頻出 **1** **［大戦後の国際秩序と冷戦の開始］ 次の文章を読んで，あとの問いに答えなさい。** 〔京都産業大－改〕

第二次世界大戦終結の年に，a(①)(IMF)や国際復興開発銀行などが成立し，米ドルを基軸通貨とした固定相場制の通貨体制が整備され，貿易の自由化を進めていくための協定も締結された。一方，アメリカはヨーロッパにおける共産党や親ソ政権の成立に脅威を感じ，bソ連の勢力拡大を封じ込める政策を進めた。また，ヨーロッパの経済的困窮を助けるためにマーシャル=プランを発表した。これに対してソ連は(②)を結成して対抗し，緊張状態が激化した。これらを背景にc東欧諸国では，ソ連の後押しを受けて多くの国が社会主義を採用したが，(③)に率いられたユーゴスラヴィアは独自路線を進んだ。ドイツでは米・英・仏の占領地区とソ連占領地区の間で分断が進み，d東西対立が激しくなった。1948年，ソ連は西側地区の通貨改革に反対し，西ベルリンへの交通を遮断した。その後，西側地区では，1949年に(④)が成立した

⑴ (①)～(④)にあてはまる適語を答えよ。なお，(②)はカタカナで，(④)は正式名称で答えよ。

⑵ 下線部 a に関して，このような戦後の新しい国際経済体制を何というか。

⑶ 下線部 b に関して，共産主義の封じ込めを宣言したアメリカ大統領はだれか。

⑷ 下線部 c に関して，ソ連の東欧政策を批判する演説を行った人物と演説の内容を示した言葉の組み合わせとして正しいものを，次から１つ選び，記号で答えよ。

ア ド=ゴール－「鉄のカーテン」　**イ** ド=ゴール－「鉄と血」
ウ チャーチル－「鉄と血」　**エ** チャーチル－「鉄のカーテン」

⑸ 下線部 d に関して，アメリカを中心とする西側諸国が結成した軍事同盟を何というか。

<table>
<tr><td>(1)</td><td colspan="2">①</td><td colspan="2">②</td><td colspan="2">③</td><td colspan="2">④</td></tr>
<tr><td>(2)</td><td></td><td>(3)</td><td colspan="2"></td><td>(4)</td><td></td><td>(5)</td><td></td></tr>
</table>

2 **［アジア諸地域の独立］ 次の文章を読んで，あとの問いに答えなさい。** 〔大阪経済大・同志社大－改〕

朝鮮半島では1948年に，(①)を大統領とする大韓民国と(②)を首相とする朝鮮民主主義人民共和国が成立し，中国大陸では1949年，(③)を主席とする中華人民共和国が成立した。インドシナでは，大戦終結直後，(④)がベトナム民主共和国の独立を宣言したが，フランスはこれを認めず，(⑤)を発足させる一方，民主共和国とインドシナ戦争を続けた。しかし，1954年，(⑥)の戦いで大敗してこの地から撤退した。イギリス支配下のインドでは，統一インドを主張するガンディーと，パキスタンの分離・独立を求める，のちにパキスタンの初代総督になる(⑦)らが対立した。(⑧)年にインド独立法が制定されると，ヒンドゥー教徒を主体とするインド連邦と(⑨)教徒によるパキスタンに分かれて独立した。その後，a東南アジアのイギリス領も次々に独立を果たした。また，西アジアのパレスチナでは，国際連合による分割案をユダヤ人は受け入れて1948年に(⑩)の建国を宣言したが，bアラブ連盟は反対して戦争になった。

⑴ (①)～(⑩)にあてはまる適語を答えよ。

⑵ 下線部 a に関して，イギリスから独立した国を，次から１つ選び，記号で答えよ。

ア インドネシア　**イ** マラヤ連邦　**ウ** フィリピン　**エ** カンボジア

⑶ 下線部bに関して，この戦争を何というか。

(1)	①	②	③	④
	⑤	⑥	⑦	⑧
	⑨	⑩	(2)	(3)

3 ［政党政治の復活］次の文章を読んで，あとの問いに答えなさい。

〔東北福祉大－改〕

戦後の数年間は，GHQによるa民主諸政策が指令され実現した段階であった。(　①　)内閣はb衆議院議員選挙法を改正，翌年4月の第一回総選挙では，保守二党連立の第1次(　②　)内閣が生まれて政党政治が復活した。さらに1947年5月に社会党首班の(　③　)内閣，続いて翌年3月には民主党総裁の(　④　)内閣が誕生したが，昭和電工事件で短期間のうちに退陣した。

⑴ (　①　)～(　④　)にあてはまる適語を答えよ。

⑵ 下線部aに関して，自作農創設特別措置法にもとづいて行われた改革を何というか。

頻出 ⑶ 下線部bに関して，衆議院議員選挙法が大きく改正された内容を簡潔に説明せよ。

(1)	①	②	③	④	(2)	
(3)						

4 ［日本の主権回復］次の文章を読んで，あとの問いに答えなさい。

〔中央大－改〕

戦後初期の対日占領政策は，中国内戦で中国共産党の勢力が強まるにつれて大きな転換を迫られることになり，ロイヤル陸軍長官は極東における共産主義に対する防壁としての役割を日本に負わせることを説いた。すなわち，米ソ冷戦の進行のもとで，日本を政治的に安定した工業国として復興させ，極東における主要友好国とする方向への大転換で，吉田内閣にa経済安定九原則の実施を指令した。銀行家(　①　)が財政顧問として来日し超均衡予算を成立させた結果，インフレーションは終息した。1950年に朝鮮戦争が勃発すると，GHQは，朝鮮戦争に出動した在日アメリカ軍の空白を埋めるために(　②　)の創設を指令した。また，GHQの指令によるb日本共産党幹部の公職追放は，官公庁・報道機関の日本共産党員やその同調者の追放へと拡大していった。他方で，朝鮮戦争はアメリカ軍の軍需品発注の増加による(　③　)で日本経済の復興を遂げる契機となった。1952年4月にはサンフランシスコ平和条約が発効し，日本は独立国としての主権を回復した。他方で平和条約の調印と同時に(　④　)が調印され，独立後もcアメリカ軍が引き続き日本に駐留することになった。

⑴ (　①　)～(　④　)にあてはまる適語を答えよ。

⑵ 下線部aの内容に含まれる項目を，次からすべて選び，記号で答えよ。

ア 徴税強化　　イ 物価統制　　ウ 信用拡張制限　　エ 輸出増進

⑶ 下線部bのできごとを何というか，カタカナで答えよ。

⑷ 下線部cの細目について結ばれた協定を何というか。

(1)	①	②	③	④
(2)		(3)		(4)

第3編 | グローバル化と私たち

37. 集団防衛体制と核開発

解答⇒別冊 p.20

1 米ソの集団防衛体制　米ソの軍事同盟拡大

★★ 1 | アメリカと諸地域の集団防衛体制

(1) **西側諸国**…1949年，アメリカを中心とする12カ国により①[　　　　　　　　](NATO)が結成された。

(2) **南北アメリカ諸国**…1948年，南北アメリカ州21カ国からなる**米州機構**(OAS)が結成された。
└反共協力組織

(3) **オセアニア地域**…1951年，オーストラリア・ニュージーランド・アメリカで②[　　　　　　　　](ANZUS)が結ばれた。

(4) **東南アジア諸国**…1954年，アメリカと東南アジア諸国を中心とする8カ国で③[　　　　　　　　](SEATO)が結成された。
└1977年に解消した

(5) **中東地域**…1955年に結成された**バグダード条約機構**(中東条約機構，METO)にアメリカはオブザーバーとして参加した。

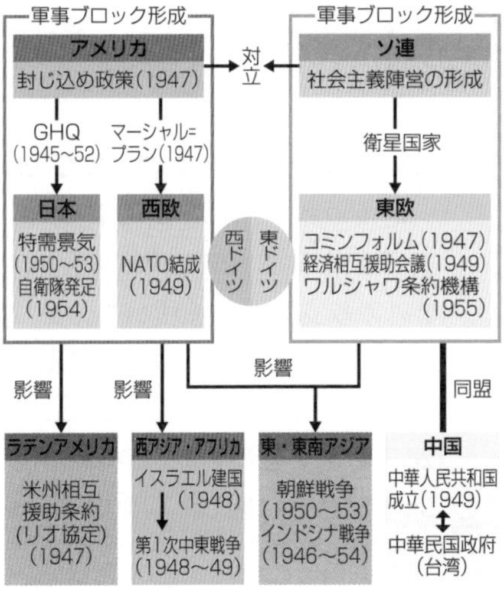

▲東西陣営の形成

★★ 2 | ソ連の集団防衛体制

(1) **中国との軍事同盟**…ソ連は，1949年に成立した**中華人民共和国**と1950年に④[　　　　　　　　]を結んだ。
└1980年に解消した

(2) **東欧諸国との同盟**…1954年，アメリカ・イギリス・フランスが**西ドイツの主権回復と再軍備**を認め，1955年に西ドイツがNATOへ加盟したことを受け，同年，ソ連はこれに対抗して東欧諸国とともに⑤[　　　　　　　　]を結成し，軍事的連携を強化した。
└1991年に解消した

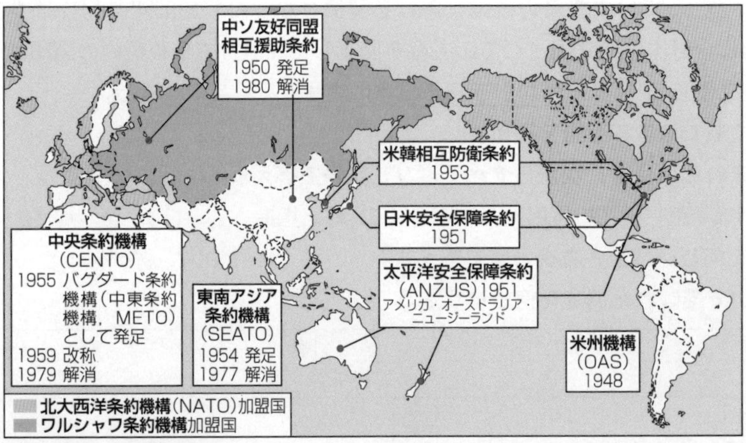

▲1950年代の集団防衛体制

Word

バグダード条約機構

トルコ・イラク・イラン・パキスタン・イギリスが結成した安全保障機構。アメリカはオブザーバーとして参加した。1959年にイラクが脱退したあと，**中央条約機構**(CENTO)に改称した。1979年のイラン革命でイラン・トルコ・パキスタンが脱退し，中央条約機構は崩壊した。

参考

西ドイツの再軍備

1954年に調印されたパリ協定で，西ドイツの主権回復と再軍備，NATOへの加盟が承認された。

2 冷戦下の核開発競争　過熱する米ソの核開発競争

★ 1 | 核兵器開発競争

(1) **原子爆弾(原爆)**…終戦後しばらくは，広島・長崎に原子爆弾を投下した**アメリカ**が唯一の核保有国であった。しかし，1949年には**ソ連**が原爆の開発に成功し，アメリカに衝撃を与えた。1952年には⑥[　　　　　　]も原爆の開発に成功して核保有国となった。

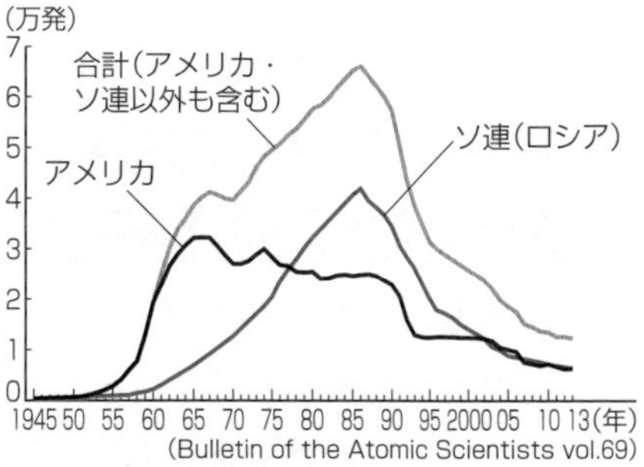

▲核兵器保有量の推移

(2) **水素爆弾(水爆)**…1952年，アメリカが，原子爆弾よりもはるかに強力な破壊力をもつ**水素爆弾**の開発に成功すると，1953年にはソ連も水爆の開発成功を発表した。以降，両国は互いに核兵器保有量を競い合い，核戦争勃発の危険性を増加させていった。

★ 2 | 核実験と原子力の平和利用

(1) **核実験**…核兵器開発では**核実験**が繰り返し行われ，大量の放射性降下物が発生した。アメリカが南太平洋の⑦[　　　　　　]で行った核実験では周辺住民が「死の灰」によって被爆し，1954年には日本の漁船⑧[　　　　　　]が[⑦]の水爆実験で被爆し，乗員に死傷者が出た。これを機に日本でも**原水爆禁止運動**が高まった。1955年には，世界の科学者の連名によって核兵器廃絶を訴える⑨[　　　　　　　　　　]が出された。
（「死の灰」とよばれる）
（1955年，第1回原水爆禁止世界大会が広島で開催された）

▲ビキニ環礁の水爆実験　アメリカは1954年3月に広島型原爆1000個分の威力をもつ水爆実験を，マーシャル諸島のビキニ環礁で実施した。

(2) **原子力の平和利用**…アメリカ大統領⑩[　　　　　　　　]は，国連の総会で原子力の平和利用を提唱し，各国が**原子力発電**の開発を本格的に行うようになった。また，1957年には原子力発電の軍事利用を防ぐため，**国際原子力機関(IAEA)**が設立された。

確認しよう

- [ ] (1) 1948年に南北アメリカ州21カ国で結成された協力組織を正式名称で何というか。
- [ ] (2) 1955年にアメリカがオブザーバーとして参加した，中東での軍事同盟を正式名称で何というか。
- [ ] (3) 1952年にアメリカが，翌年ソ連も開発に成功した核兵器は何か。
- [ ] (4) 1955年，第1回原水爆禁止世界大会が開催された日本の都市はどこか。

論述力を鍛える

ソ連が東欧諸国と軍事同盟を結成する契機となったできごとについて，その軍事同盟の名称を用いて簡潔に説明せよ。

第3編 | グローバル化と私たち

38. 米ソ両大国の動向

解答⇒別冊 p.21

1 戦後のアメリカ社会 大衆消費社会の定着と保守化

★ 1 | 保守化が進むアメリカ

(1) **大衆消費社会の定着**…1950年代に入ると，アメリカでは，原子力・ミサイル・航空機・コンピュータなど軍需関連産業の技術革新が経済成長を促進し，「ホワイトカラー」の人口が「ブルーカラー」の人口を上回った。1920年代に出現した**大衆消費社会**を支えてきた ①[ ] が増加したことで，より大衆消費社会が定着した。

└専門職・事務職・販売職などの従事者 └肉体労働者 └p.64参照

(2) **保守化の進行**…冷戦による緊張の高まりを受け，反共主義が高まるなど保守化の傾向が強まった。保守化の典型的な例となったのが，1950年から始まった共産主義者を弾圧する ②[ ] であった。

└こうした傾向はマッカーシズムともよばれた

★ 2 | 軍需産業と政府・軍の一体化

戦争で巨大化した軍需産業は，軍部との関係を深めつつ，政治に対する発言力も強めていった。こうした軍需産業と軍部，政府機関の一部が結びついた ③[ ] の形成が進み，アメリカの政治に大きな影響力をもつようになった。

└1961年，アイゼンハワー大統領が離任の際の演説で，その影響力を警告した

2 戦後のソ連の動向 対米融和を模索するソ連

★ 1 | スターリン後の体制

スターリン時代には，独裁体制のもとで国民は厳しく統制されていた。しかし，1953年のスターリンの死後，後継者らによる集団指導体制に移行し，内政・外交面において緩和策がとられるようになった。こうした政策の変化は「④[ ]」とよばれ，各国から歓迎された。

★★ 2 | 緊張緩和への模索

(1) **東西首脳会談**…1955年，アメリカ・イギリス・フランス・ソ連の首脳による ⑤[ ] が開かれた。具体的な合意は得られなかったが，緊張緩和への第一歩となった。

(2) **スターリン批判**…集団指導体制のなかから，共産党第一書記の ⑥[ ] が台頭し，1956年の党大会で**スターリン批判**を行い，自由化の方針を打ち出した。また，これにともない平和共存政策を提唱して，⑦[ ] を解散した。

┌社会主義国と資本主義国は互いに平和に共存できるという考え方
└共産党情報局

Word

マッカーシズム

1950～54年にアメリカで，共和党のマッカーシー上院議員が中心となって行われた，改革派の公務員・軍人・文化人などをすべて共産主義者と決めつけて追放する扇動的な運動。同時期の日本でも**レッド=パージ**が行われた。

参考

スターリン後のソ連の政策の変化

外交では，朝鮮戦争の休戦に関与したほか，1955年にはユーゴスラヴィアとも和解し，西ドイツとも国交を結んだ。内政では，スターリン時代に収容所に送られた人々が釈放された。また，重工業への偏重が緩和され，生活水準の引き上げなどがはかられた。

参考

スターリン批判

フルシチョフは，スターリンの個人崇拝や反対派の大量処刑などを非難した。一方，アメリカとの対決姿勢をとる中国は，毛沢東(マオツォトン)が独裁体制をとっており，スターリン批判により，中ソ関係が悪化した。

(3) **宇宙開発**…緊張緩和が模索されるなか，1957年に人類初の**人工衛星スプートニク１号**の打ち上げを成功させた。さらに，1961年には，⑧[　　　　　　]による初の有人宇宙飛行を実現させ，宇宙開発では，ソ連はアメリカに先行した。

参考

アメリカの宇宙開発

アメリカは，1958年に人工衛星の打ち上げに成功し，1969年には，宇宙船アポロ11号で，人類史上初の月面着陸と帰還に成功した。

3 米ソ間の緊張と緩和　繰り返される緊張と緩和

★ 1 | 反ソ暴動

スターリン批判を契機に東ヨーロッパ諸国では，ソ連からの自立と自由化を求める動きがおこった。

(1) **ポーランド**…1956年，ポーランドの⑨[　　　　　　]で反ソ暴動が発生したが，ソ連軍の介入を恐れたポーランド指導部によって鎮圧された。

(2) **ハンガリー**…1956年，ハンガリーの首都ブダペストで反ソ暴動がおこり，首相の⑩[　　　　]はワルシャワ条約機構からの脱退などを表明したが，ソ連軍の軍事介入により鎮圧され，[⑩]は処刑された。

★★ 2 | 融和から緊張へ

(1) **訪米の実現**…1959年，[⑥]がソ連の最高指導者として初めての訪米を実現し，アイゼンハワー大統領と会談を行い，米ソ協調が模索された。

(2) **再度の緊張**…1960年，アメリカの偵察機がソ連領空内で撃墜される事件がおこり，米ソは再び緊張に向かった。また，東ベルリンから西ベルリンへ流出する人々が増加したことから，これを阻止するために，1961年，東ドイツ政府は，東西ベルリンの境界に「⑪[　　　　　　　]」を築いた。
↳冷戦の象徴的存在

▲握手をするアイゼンハワー（左）とフルシチョフ（右）

▲ベルリンの壁　建設中の壁を眺める西ベルリンの市民。

確認しよう

- □ (1) 1955年に，アメリカ・イギリス・フランス・ソ連４カ国の首脳が会談したスイスの都市はどこか。
- □ (2) 1956年に，フルシチョフがその独裁体制を批判した人物はだれか。
- □ (3) フルシチョフが東西間の緊張緩和政策として打ち出した外交方針を何というか。
- □ (4) 1959年，フルシチョフが訪米して会談を行ったアメリカ大統領はだれか。

論述力を鍛える　フルシチョフのスターリン批判が，ポーランドとハンガリーに与えた影響について，「ポズナニ」，「ナジ」，「ワルシャワ条約機構」の語句を用いて説明せよ。

第3編 | グローバル化と私たち

39. 西ヨーロッパ諸国の動向

解答⇒別冊 p.21

1 戦後の西ヨーロッパ諸国 西ヨーロッパの復興

★ 1 | イギリスとエールの動向

(1) **イギリス**…1945年の総選挙で，チャーチル率いる保守党を破った**労働党**の ①[　　　　]が首相となった。[①]は，「**ゆりかごから墓場まで**」をスローガンに掲げて**社会福祉制度**を充実させ，福祉国家の実現につとめた。

(2) **エール**…1949年，イギリス連邦から完全に離脱し，共和政の**アイルランド**となった。

★ 2 | 独自路線をとるフランス

(1) **第四共和政**…1946年に**第四共和政**が成立したが，大統領の権限が議会よりも弱かったため，短命内閣が続いた。

(2) **国内の混乱**…1954年，ベトナムとの ②[　　　　]に敗れた直後に，北アフリカの植民地**アルジェリア**で独立運動が激化し，その対応をめぐって国内が混乱した。

(3) **第五共和政**…1958年に ③[　　　　]が政権を握り，大統領の権限を強化した**第五共和政**に移行し，1962年には保守派の反対をおさえ，アルジェリアの独立を承認した。[③]のもと，原子爆弾の開発（└アメリカ・ソ連・イギリスに続く核保有国となった），中国の承認，北大西洋条約機構（NATO）の軍事機構からの脱退など，アメリカとは距離を置く独自外交が展開された。

★ 3 | 西ドイツとイタリアの動向

(1) **西ドイツ**…1954年のパリ協定で主権を回復し，再軍備も承認され，翌年にNATOに加盟した。また，長期政権となった ④[　　　　]首相のもと，「経済の奇跡」とよばれる急速な経済復興を成し遂げた。

(2) **イタリア**…ファシスト党と深いかかわりをもっていた王政に対する批判が高まり，1946年の国民投票で共和政へと移行し，王政は廃止された。

参考
アトリー内閣
社会福祉制度の充実とともに，イングランド銀行や石炭産業などの**重要産業の国有化**を進めた。

参考
アルジェリアの独立運動
1954年に独立をめざす民族解放戦線(FLN)が結成され，独立に反対するフランス人入植者(コロン)・現地のフランス軍との間で武装抗争が続いた。

国名／期間	1900〜13	1913〜50	1950〜73	1973〜87	1987〜91
西ドイツ	3.0	1.3	5.9	1.8	3.7
フランス	1.7	1.1	5.1	3.0	3.0
イギリス	1.5	1.3	3.0	1.6	1.3
イタリア	2.8	1.4	5.5	2.4	2.7
日本	2.5	1.8	9.3	3.7	4.9
アメリカ	4.0	2.8	3.7	2.5	1.9

(単位：%)　（「世界の歴史29」）

▲主要国の平均経済成長率

2 ヨーロッパ統合の開始 経済統合へ向かう西ヨーロッパ

★ 1 | ヨーロッパ統合の動き

西ヨーロッパでは，2度の大戦の反省から，国家間の対立を防止し，ヨーロッパ経済の地位や競争力向上をはかるために，国家の枠組みを超えた経済統合をめざす動きが進んだ。

★ 2｜支援の受け皿

アメリカが提案したマーシャル=プランの受け皿として，1948年，⑤[　　　　　　　　　](OEEC)が16カ国によって設立された。また，同年，ベルギー・オランダ・ルクセンブルクの**ベネルクス3国**は⑥[　　　　　　　]を結成し，経済協力を試みた。

└1961年に経済協力開発機構（OECD）に発展・改組

> **Word**
> **ローマ条約**
> フランス・西ドイツ・イタリアとベネルクス3国がEECとEURATOMの結成に合意して調印した。

★★★ 3｜加速するヨーロッパ統合

(1) **統合の出発点**…フランス外相⑦[　　　　　　]の提言により，1952年，⑧[　　　　　　　　　](**ECSC**)が結成された。これは，1つの超(ちょう)国家機構に国家の主権を一部譲渡(じょうと)し，石炭業・鉄鋼業の共同管理をめざしたという点で画期的だった。

(2) **ローマ条約締結(ていけつ)**…1957年の**ローマ条約**締結により，1958年には，⑨[　　　　　　　　](EEC)と**ヨーロッパ原子力共同体**(EURATOM(ユーラトム))が発足(ほっそく)した。

(3) **統合組織の成立**…1967年，[⑧]と[⑨]，EURATOMの3機構が統合して，⑩[　　　　　　　](EC)が誕生した。

(4) **イギリスの動向**…当初，イギリスは[⑨]非加盟国と⑪[　　　　　　](EFTA(エフタ))を結成して[⑨]に対抗したが，1973年に，[⑪]から離脱し，ECに加盟した。

> **注意**
> **経済統合の長所と短所**
> 市場拡大などのメリットがある一方，主権の行使が制限されるというデメリットもある。

▲ヨーロッパ統合の歩み

- **ベネルクス3国関税同盟**(1948)（ベルギー・オランダ・ルクセンブルク）
- ↓
- **ヨーロッパ石炭鉄鋼共同体(ECSC)**
- **ヨーロッパ経済共同体(EEC)**
- **ヨーロッパ原子力共同体(EURATOM)** ← ドイツ・フランス・イタリア
- ↓
- **ヨーロッパ共同体(EC)**(1967)
- ↓
- **拡大EC**(1973〜) ← イギリス・アイルランド・デンマーク・ギリシア・スペイン・ポルトガル
- ↓
- **マーストリヒト条約**発効→**ヨーロッパ連合(EU)**(1993)
- ↓
- 共通通貨**ユーロ**導入(1999)
- ↓
- **東欧諸国**の加盟(2004〜) ← エストニア・ラトヴィア・リトアニア・ポーランド・チェコ・スロヴァキア・ハンガリー・スロヴェニア・マルタ・キプロス・ルーマニア・ブルガリア・クロアティア
- ↓
- **イギリスのEU離脱**(2020)

確認しよう

- □ (1) アトリーに率いられ，1945年の総選挙で保守党に勝利した政党を何というか。
- □ (2) アトリー内閣が社会福祉制度の充実をめざして唱えたスローガンを何というか。
- □ (3) 1954年から独立運動が激化した，フランスの北アフリカの植民地はどこか。
- □ (4) アデナウアー政権のもと，「経済の奇跡」とよばれる急速な経済復興を成し遂げた国はどこか。
- □ (5) ローマ条約の締結により設立されたのは，ヨーロッパ経済共同体(EEC)と何か。

論述力を鍛える アルジェリアの独立運動がフランス国内の政治状況(じょうきょう)にもたらした影響(えいきょう)について，「ド=ゴール」，「第五共和政」の語句を用いて簡潔に説明せよ。

第3編 | グローバル化と私たち

40. 第三世界の台頭

解答⇒別冊 p.21

1 第三世界の連携と紛争 新しい勢力の形成

★★★ 1 | 第三世界の連携

インド・インドネシア・セイロン(スリランカ)・パキスタン・ビルマ(ミャンマー)の5カ国

(1) **アジア・アフリカの連携**…1954年4月，南・東南アジア5カ国の首脳によるコロンボ会議で，アジア・アフリカ諸国会議の開催(かいさい)などが宣言され，同年6月には，中国の①[　　　]首相(しゅしょう)とインドの②[　　　]首相が会談し，**平和五原則**を発表した。1955年には，③[　　　]がインドネシアの**バンドン**で開かれ，**平和十原則**が採択(さいたく)された。
29カ国が参加

(2) **非同盟諸国の結束**…1961年，ユーゴスラヴィアのベオグラードで第1回④[　　　]が開かれ，平和共存・植民地主義の打破などが宣言された。このような，米ソ両陣営(じんえい)に属さない，アジア・アフリカ・ラテンアメリカなどの新興諸国を中心とする勢力を**第三世界(第三勢力)**という。
25カ国が参加

★ 2 | インドとパキスタン・中国との紛争

カシミール地方の帰属をめぐってインドとパキスタンの間で**インド=パキスタン戦争**(**印パ戦争**)が2度にわたっておこった。また，**チベット動乱**で関係が悪化したインドと中国の間では，1962年にカシミール地方の国境をめぐる⑤[　　　]がおこった。
1947～48年に第1次，1965年に第2次が発生した

平和五原則(1954)
- **周恩来**と**ネルー**の会談(中国とインドの原則)
- 平和五原則(領土保全，不侵略，内政不干渉，平等と互恵，平和共存)を発表

↓

平和十原則(1955)
- **アジア=アフリカ会議**(アジア・アフリカ諸国の原則)
- 平和五原則を発展させ，基本的人権と国連憲章の尊重，非同盟主義などを追加

▲平和五原則と平和十原則

Word
チベット動乱
1951年に中国の支配下に入ったチベットで，1959年に民衆がおこした反中国運動。中国人民解放軍に鎮圧(ちんあつ)され，最高指導者の**ダライ=ラマ14世**はインドに亡命してチベット独立を宣言した。

2 アフリカとラテンアメリカの動向 独立と革命

★ 1 | アフリカ諸国の動向

(1) **アフリカ諸国の独立**…アフリカでは，1950年代に，⑥[　　　]が指導した**ガーナ**など，多くの国が独立した。さらに1960年には17の独立国が誕生し，「⑦[　　　]」とよばれた。

(2) **アフリカ諸国の連携**…1963年，アフリカ諸国首脳会議が開催され，⑧[　　　](OAU)が結成された。
アフリカ30カ国が参加

(3) **紛争と内戦**…独立後のアフリカ諸国では，部族間の対立や資源をめぐる旧宗主国(そうしゅこく)の介入(かいにゅう)などで，**コンゴ動乱**(1960～65年)，**ナイジェリア内戦**(1967～70年)などの紛争や内戦が多々発生した。
銅などの資源をめぐってベルギーが介入した
部族間の対立から戦火が拡大し，イギリスやソ連が介入した

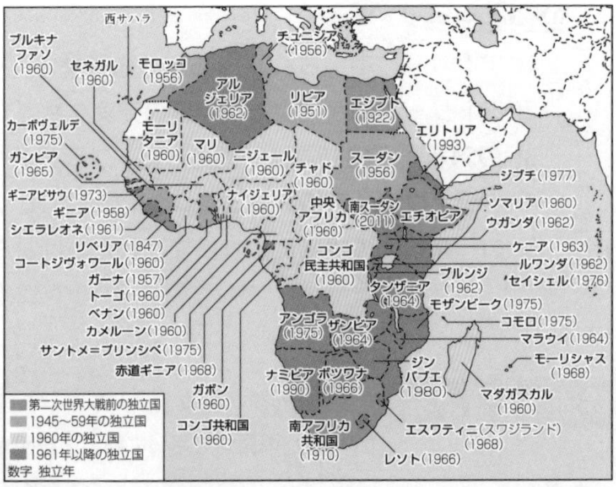

▲戦後のアフリカの動き

★ 2 | ラテンアメリカの動向

(1) **アメリカとの協調**…1947年，ラテンアメリカ諸国とアメリカの間で ⑨[　　　　　　　　　](**リオ協定**)が結ばれた。1948年には**パン=アメリカ会議**が開かれ，**米州機構(OAS)**が結成された。

(2) **キューバ**…1959年，⑩[　　　　　　　]と**ゲバラ**が**キューバ革命**をおこし，親米の ⑪[　　　　　　　]政権を倒(たお)した。

3 エジプトの台頭と中東(ちゅうとう)戦争　パレスチナ問題の長期化

★★ 1 | エジプトの台頭

(1) **アラブの連携**…1945年，アラブ７カ国により，アラブ諸国の相互(そうご)協力などを目的として ⑫[　　　　　　　]が結成された。

(2) **エジプトの台頭**…1952年，⑬[　　　　　　]らが率いる**自由将校団**が**エジプト革命**をおこし，翌年，**エジプト共和国**が成立した。
└ムハンマド=アリー朝が倒れた
[⑬]は**アスワン=ハイダム**の建設を始めたが，アメリカやイギリスなどが資金援助を撤回すると，建設資金を確保するため，1956年に ⑭[　　　　　　　　]**の国有化**を宣言した。
└ナイル川上流に治水と水力発電を目的として計画されたダム

★★ 2 | パレスチナ紛争の拡大

(1) **中東戦争**…1956年，[⑭]の権益を保持したいイギリス・フランスが**イスラエル**とともにエジプトを攻撃(こうげき)して**スエズ戦争**がおこったが，エジプトが侵攻(しんこう)軍を撤退(てったい)させた。しかし，1967年のイスラエルとの**第３次中東戦争**では大敗し，[⑬]の影響(えいきょう)力は低下した。
└第２次中東戦争ともいう
└イスラエルがエジプト・シリア・ヨルダンを先制攻撃して圧勝し，支配地域を大幅に拡大した

(2) **反イスラエル組織**… ⑮[　　　　　　　　]率いる**パレスチナ解放機構(PLO)**が，反イスラエルの抵抗(ていこう)運動組織として活動した。

(3) **イスラーム主義の広まり**…アラブ諸国では，**ムスリム同胞団**(どうほうだん)のような**イスラーム主義**を掲(かか)げる勢力が台頭した。
└イスラームの教えにもとづく国家や社会を理想とする政治思想や社会運動

参考

アメリカとの対立

アルゼンチン大統領**ペロン**は反米的な強権政治を行った。グアテマラでは，農地改革を進めた左翼(さよく)政権が，アメリカが支援(しえん)した軍のクーデタによって倒された。

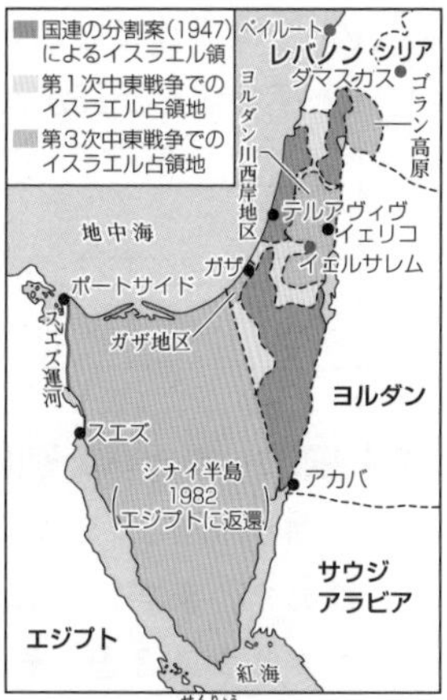

▲イスラエル占領(せんりょう)地の拡大

確認しよう

- [ ] (1) アジア=アフリカ会議で採択された原則は何か。
- [ ] (2) インド=パキスタン戦争や中印国境紛争の原因となったインド北西部の地方を何というか。
- [ ] (3) エンクルマの指導で，1957年に独立した国はどこか。
- [ ] (4) カストロらが中心となって，親米のバティスタ政権を倒した革命を何というか。

論述力を鍛える　独立後のアフリカ諸国で内戦や紛争が頻発(ひんぱつ)した理由について，「列強」，「国境」の語句を用いて簡潔に説明せよ。

演習問題 ⑩

解答⇒別冊 p.22

1 [冷戦下の緊張と緩和] 次の文章を読んで，あとの問いに答えなさい。 〔早稲田大－改〕

第二次世界大戦後は，a資本主義圏と社会主義圏の間で対立状態が続いた。しかし，この対立は両陣営の間の軍事衝突をともなうものではなかったので「冷戦」とよばれた。1953年にソ連の指導者スターリンが死去すると，1955年には米英仏ソの４カ国首脳によるbジュネーヴ４巨頭会談が開催され，冷戦の「雪どけ」が期待された。さらに1956年，cフルシチョフによるスターリン批判を受け，ポーランドやdハンガリーで暴動がおこったが，体制転換には至らなかった。また，「雪どけ」から平和共存への道のりは遠く，1961年にはベルリンを東西に分断するeベルリンの壁が築かれた。

(1) 下線部 a に関して，アメリカと東南アジア諸国を中心に結成された軍事同盟を何というか。

(2) 下線部 b に出席したアメリカ大統領を，次から１つ選び，記号で答えよ。

ア アイゼンハワー　**イ** ケネディ　**ウ** トルーマン　**エ** ニクソン

(3) 下線部 c に関する記述として誤っているものを，次から１つ選び，記号で答えよ。

ア コミンフォルムを解散した。　**イ** 平和共存政策は中国によって批判された。

ウ 農業政策の失敗などを理由に解任された。　**エ** ポーランドの反ソ暴動に軍事介入した。

(4) 下線部 d でおこった反ソ暴動で，ワルシャワ条約機構からの脱退などを宣言した首相はだれか。

(5) 下線部 e が築かれた理由を簡潔に答えよ。

(1)		(2)		(3)		(4)	
(5)							

2 頻出 [西ヨーロッパの動向] 次の文章を読んで，あとの問いに答えなさい。 〔関西大－改〕

西欧諸国は，冷戦下でアメリカへの過度の依存を避けるため，経済の相互協力や統一市場の形成を進めた。まず，1950年にフランスの（ ① ）外相の提案を受けて，1952年にフランス，西ドイツ，ベネルクス３国，それに（ ② ）の６カ国が，（ ③ ）を発足させた。1958年には新たに（ ④ ）とヨーロッパ原子力共同体の２つの共同体が発足し，1967年には３共同体を合併することで（ ⑤ ）が設立され，主権国家の枠を超えた，西欧地域統合の基礎が整った。この間，西ドイツは初代首相の（ ⑥ ）のもとで「奇跡」といわれる経済復興を実現した。フランスでは，1958年に政権を握ったaド=ゴールが，1964年に中国と国交を正常化させるなど，独自の立場を主張した。bイギリスは，西欧統合の動きから距離をとり，アメリカと旧植民地や旧自治領との交易関係を重視した。さらに1960年には北欧諸国などと（ ⑦ ）を結成したが，1973年に（⑤）に加盟した。

(1) （ ① ）～（ ⑦ ）にあてはまる適語を答えよ。

(2) 下線部 a が独立を認めた，北アフリカのフランスの植民地はどこか。

(3) 下線部 b に関して，1945年の総選挙で保守党を破り首相となった労働党の指導者はだれか。

(1)	①	②	③
	④	⑤	⑥
	⑦	(2)	(3)

3 ［第三世界の台頭］ 次の文章を読んで，あとの問いに答えなさい。

第二次世界大戦後，アジア・aアフリカの植民地から多くの新興独立国家が誕生したが，独立後も，宗主国(そうしゅこく)との戦争や，民族的・宗教的な対立による内戦などが頻発(ひんぱつ)した。また，冷戦による緊張が高まるなかで，東西両陣営の対立ももち込(こ)まれたことから，bラテンアメリカ諸国を含(ふく)め，どちらにも属さない第三世界を形成しようとする動きがみられた。1954年４月，東南アジア・南アジア諸国が結束し，インド・スリランカ・インドネシア・パキスタン・ビルマの５カ国の首脳による会議がスリランカの（　①　）で開催され，反植民地主義・インドシナ戦争の早期停止・民族自決，中華(ちゅうか)人民共和国の承認(しょうにん)・原水爆(げんすいばく)の禁止などを訴(うった)えた。また，同年６月，インドのネルー首相と中国の（　②　）首相が会談し，平和五原則を発表した。1955年には，インドネシアの（　③　）において，アジア・アフリカの29カ国が集まったアジア=アフリカ会議が開催され，平和十原則が採択(さいたく)された。さらに，1961年にはユーゴスラヴィアのベオグラードで，第１回（　④　）が開催された。これらの会議で主張された反植民地主義は，アジア・アフリカでの民族解放運動と深く関わっていた。

(1) （　①　）～（　④　）にあてはまる適語を答えよ。

(2) 下線部ａに関して，次の問いに答えよ。

① エンクルマの指導で，1957年に独立した国はどこか。

② 1963年，アフリカ諸国首脳会議において結成された組織を何というか。

(3) 下線部ｂに関して，キューバ革命を指導し，バティスタ政権を倒(たお)して政権を握った人物はだれか。

(1)	①	②	③	④
(2)	①	②	(3)	

4 ［パレスチナ問題］ 次の文章を読んで，あとの問いに答えなさい。 〔松山大－改〕

頻出

第１次中東(ちゅうとう)戦争後，エジプトでは（　①　）が政権を掌握(しょうあく)し，自国経済を立て直すために，1956年に（　②　）の国有化を宣言した。これに反発した（　③　）の両国が直ちにエジプトに派兵すると，イスラエルもこれに乗じてエジプトに侵攻(しんこう)した。これが第２次中東戦争である。しかし，このエジプト出兵は国際的にも大きな批判を浴び，（　④　）の両国がこれら３国に対し警告を発したので，この３国は撤退(てったい)するに至った。この後，1967年に第３次中東戦争が，また1973年に第４次中東戦争が勃発(ぼっぱつ)するなど，４度にわたる中東戦争を通じて，イスラエルと周辺のアラブ諸国との対立は厳しさを増していった。

(1) （　①　）にあてはまる人物を，次から１つ選び，記号で答えよ。

ア ナギブ　**イ** ナセル　**ウ** サダト　**エ** ティトー

(2) （　②　）にあてはまる適語を，次から１つ選び，記号で答えよ。

ア アスワン=ハイダム　**イ** 石油資源　**ウ** 金融(きんゆう)機関　**エ** スエズ運河

(3) （　③　）・（　④　）にあてはまる国名の組み合わせとして正しいものを，次から１つ選び，記号で答えよ。

ア ③－イギリスとフランス　④－アメリカとソ連

イ ③－アメリカとイギリス　④－ソ連と中国

ウ ③－イギリスとフランス　④－ソ連と中国

エ ③－アメリカとイギリス　④－フランスとソ連

(4) 第３次中東戦争後に台頭した，アラファトが率いるイスラエルに対する抵抗(ていこう)組織を何というか。

(1)		(2)		(3)		(4)	

第8章

冷戦と世界経済

第3編 | グローバル化と私たち

41. 55年体制と冷戦下の日本の外交

解答⇒別冊 p.22

1 55年体制と国際社会への復帰 国際連合加盟の実現

★★ 1 | 55年体制の成立

(1) **国内再編**…サンフランシスコ平和条約で日本の主権を回復させた吉田茂内閣は，「血のメーデー事件」をきっかけに，1952年，労働運動や社会運動をおさえるために①[　　　　　　]を制定した。さらに，アメリカからの強硬な再軍備要求に対して，1954年には，②[　　　　　　]（日米相互防衛援助協定など4協定の総称）を結び，**保安隊**（平和条約発効後，警察予備隊が改組された組織）を改組・拡充して③[　　　　　　]を発足させた。この動きに対し，革新勢力は，戦後の民主化改革を否定する「**逆コース**」だとして批判した。

└p.90参照

(2) **社会党の再統一**…平和条約の批准をめぐって左派と右派に分裂していた**日本社会党**は，「逆コース」に危機感を抱き，憲法擁護・再軍備反対などを唱え，1955年に再統一された。

(3) **保守合同**…保守陣営も，1955年に日本民主党と自由党が合流して**自由民主党**（**自民党**）を結成した（**保守合同**）。こうして形成された，衆議院議席の3分の2弱を占める自民党が政権を担当し，憲法改正を阻止できる3分の1ほどを占める社会党が対立する構図が1993年まで約40年間続いた。このような政治体制を④[　　　　　　]という。

保守勢力（**自民党**） VS **革新**勢力（**社会党**）

自民党	社会党
・常に3分の2弱の議席を確保	・自民党の2分の1程度の議席
・対米依存の安全保障体制，再軍備	・非武装中立，社会保障制度の拡充
・日本国憲法の改正（改憲）	・日本国憲法の擁護（護憲）

・1955年から1993年の非自民連立政権（細川護熙内閣）発足まで
・二大政党制に近い体制　・政権交代はおこらず，保守一党（自民党）優位の体制

▲55年体制

> **Word**
> **血のメーデー事件**
> 1952年5月1日，独立回復後初のメーデーで，デモ隊と警察官とが皇居前広場で衝突し，流血の大乱闘になった事件。皇居前広場事件ともいう。

> **Word**
> **MSA協定**
> アメリカから兵器や農産物などの援助を受けるかわりに，日本の防衛力の増強を義務づけた協定。

★★★ 2 | 国際社会への復帰

(1) **ソ連との国交回復**…⑤[　　　　　　]内閣は「自主外交」を掲げ，国交が途絶えていたソ連との国交回復交渉を開始し，1956年10月，⑥[　　　　　　]に調印してソ連との国交を正常化した。しかし，領土問題は解決しないままであった。

(2) **国連加盟**…平和条約の締結後，日本は世界保健機関（WHO）や国際通貨基金（IMF），関税及び貿易に関する一般協定（GATT）などの国連機関・組織には参加していたが，国際連合に関しては，ソ連が⑦[　　　　　　]を行使して日本の加盟を阻止していた。しかし，[⑥]によりソ連の支持を得たことで，1956年12月，**国際連合への加盟**が実現し，国際社会への復帰を果たした。

> **参考**
> **ソ連との領土問題**
> 日ソ共同宣言では，平和条約締結後の歯舞群島・色丹島の返還が決められたが，ソ連（現在はロシア）との間で平和条約は結ばれておらず，領土問題は未解決のままである。

2 1960～70年代の日本外交　安保改定とアジア外交

★★ 1 | 安保条約の改定

(1) **安保条約の改定**…⑧[　　　　　]内閣は，日米安全保障条約を改定してより対等な日米関係を築くことをめざし，1960年，**日米相互協力及び安全保障条約（新安保条約）**を結んだ。新安保条約では，アメリカの日本防衛義務，アメリカ軍の日本駐留の継続，在日アメリカ軍の行動に関する事前協議制などが規定された。

(2) **改正反対運動の激化**…衆議院で条約批准が強行採決されると，反対運動が激化し，革新勢力や学生・一般市民が参加したデモ隊が国会議事堂を取り巻いて警官隊と衝突した（⑨[　　　　　]）。[⑧]内閣は条約の発効後に総辞職した。

★★★ 2 | アジア外交と沖縄返還

(1) **東南アジア諸国**…日本は1954年にビルマ，1956年にフィリピン，1958年にインドネシアと賠償協定を結び，関係を回復した。

(2) **韓　国**…1964年に成立した⑩[　　　　　]内閣は，1965年，韓国の朴正熙（パクチョンヒ）政権と⑪[　　　　　]を結んで国交を正常化し，韓国を朝鮮半島唯一の合法的な政府と認めた。

(3) **沖縄返還**…アメリカの施政権下に置かれていた沖縄では，1960年以降，祖国復帰運動が活発に展開された。**非核三原則**を掲げた[⑩]内閣は1968年に小笠原諸島の返還を実現し，1971年には**沖縄返還協定**の調印に至り，1972年に**沖縄の日本復帰**が実現した。

└「(核兵器を)もたず，つくらず，もち込ませず」

沖縄には多くの基地が残され，全国のアメリカ軍専用施設の70%が集中している┐

(4) **中　国**…1972年，訪中した⑫[　　　　　]首相が，周恩来（チョウエンライ）首相との間で⑬[　　　　　]に調印し，国交を正常化した。一方，日本は台湾と断交したが，民間を中心とした交流は維持された。

! 注 意

旧安保条約と新安保条約

旧安保条約では，アメリカ軍は，日本の基地を使用し，軍隊を常駐させる一方，日本を防衛する義務は課されていなかった。新安保条約では，アメリカの日本防衛義務が明文化された。

参 考

東南アジア諸国への賠償

賠償は，生産物やサービスの提供といった形で行われたため，日本企業が東南アジアに進出するきっかけとなった。

日韓基本条約(1965)
- 韓国を朝鮮半島で唯一の合法的な政府と認める
- 日本が経済支援をするかわりに韓国は植民地支配の賠償請求権を放棄する

日中共同声明(1972)
- 中華人民共和国を中国の唯一の合法的な政府と認める
- 日本は戦争責任を認めるが，中国は戦争の賠償請求権を放棄する

▲日韓基本条約と日中共同声明

確認しよう

☐ (1) 警察予備隊が改組され，自衛隊の前身となった組織を何というか。

☐ (2) 左派と右派に分裂していたが，1955年に再統一された政党を何というか。

☐ (3) 日韓基本条約が締結された際の韓国大統領はだれか。

☐ (4) 核兵器に関する，「もたず，つくらず，もち込ませず」という原則を何というか。

論述力を鍛える

新安保条約と旧安保条約の相違点について，「義務」，「事前協議」の語句を用いて簡潔に説明せよ。

第8章
冷戦と世界経済

第3編｜グローバル化と私たち

42. 日本の高度経済成長

解答⇒別冊 p.23

1 経済復興と高度経済成長　技術革新による経済成長

★★ 1｜景気の回復

(1) **朝鮮戦争**…1950年におきた朝鮮戦争による①[　　　　　　　]で，1951年には実質国民総生産（GNP）が戦前の水準まで回復した。

(2) **好景気**…1955～57年には**神武景気**とよばれる好景気が続き，1956年度の『経済白書』には「**もはや戦後ではない**」と記された。

★★★ 2｜高度経済成長

(1) **経済優先政策**…1960年に成立した②[　　　　　　　]内閣は，**所得倍増計画**を掲げ，経済優先の政策を実施した。
└10年間で国民の所得を２倍にするという長期計画

(2) **高度経済成長**…1950年代半ばから1970年代初めまで高い経済成長率を維持する**高度経済成長**が続き，1968年には，国民総生産が資本主義国でアメリカに次ぐ世界第２位となった。1964年秋には③[　　　　　　　]が，1970年には大阪で**日本万国博覧会**（**大阪万博**）が開かれ，国内外に日本の復興を印象づけた。
年平均10%前後の経済成長が続いた┘

重化学工業の発達
- 大企業の膨大な設備投資
- 技術革新と設備の更新

労働力と安定雇用
- 若い労働力が都市に流入
- 終身雇用，年功序列賃金，労使協調という「日本的経営」

↓

- 鉄鋼・造船・機械・自動車工業が成長
- 臨海部で，石油化学工業も発達
- 輸出・内需とも拡大

▲高度経済成長の要因

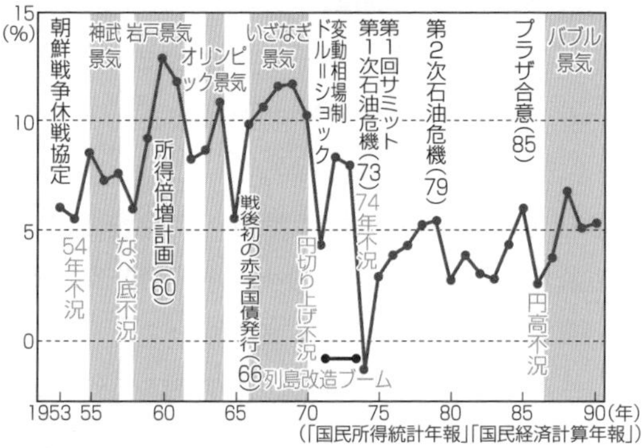

（「国民所得統計年報」「国民経済計算年報」）

▲戦後の経済成長率（実質）の推移

(3) **産業構造の変化**…**重化学工業**が急成長し，第１次産業の比重が低下し，第２次産業・第３次産業の比重が高まった。また，④[　　　　　　　]により，石油化学工業が発達した。農業では，1961年に⑤[　　　　　　　]が制定され，農業の近代化や米中心の農業からの構造改善が進められる一方，農産物の輸入が増えたことで食料自給率が低下し，**兼業農家**が増加した。
└エネルギーの中心が石炭から石油に移った

(4) **国際競争力の強化**…財閥解体で分割されていた企業の合併が進む一方，都市銀行を中心に結びついた⑥[　　　　　　　]も形成された。また，1964年には⑦[　　　　　　　]（OECD）に加盟し，**資本の自由化**が義務づけられることになった。
└海外企業の日本進出が自由になった

Word
兼業農家
農業以外の仕事から収入を得ている農家。兼業農家の増加により，農業労働の担い手が高齢者や農家の主婦となり，1970年代末には「三ちゃん農業」（じいちゃん・ばあちゃん・かあちゃんによる農業）とよばれるようになった。

2 高度経済成長期の社会の変化　大衆消費社会の形成

★ 1｜大衆消費社会の形成

(1) **均質化**…生活水準が向上したことによって，生活様式や意識の均質化が進み，国民の大半が社会の中間層に属していると考える⑧[　　　　　　　]をもつようになった。

(2) **消費の拡大**…所得の増加，大量生産による価格の引き下げや，⑨[　　　　]化の進行で世帯数が増加したことなどから消費が急拡大し，高度経済成長期の前半には，「⑩[　　　　]」，後半には，「新[⑩]」が普及した。
自動車(カー)・カラーテレビ・エアコン(クーラー)。3Cともいう
└電気冷蔵庫・電気洗濯機・白黒テレビ

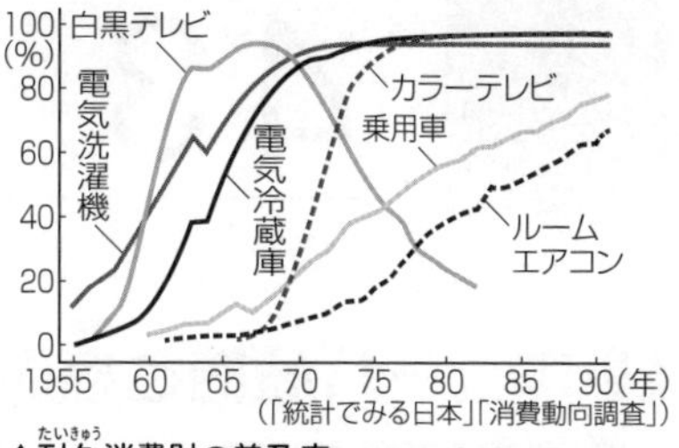

▲耐久消費財の普及率

★ 2 | 交通網の整備と食生活の変化

(1) **交通網の拡大**…[③]の開催に合わせて⑪[　　　　]が開通し，高速道路網も整備された。また，自動車を主な交通手段とする⑫[　　　　]がおこった。
└東京・新大阪間

(2) **食生活の変化**…食生活の洋風化が進み，肉類や乳製品の消費が増加した。一方，米の消費が減少したため，政府は1970年から米の作付けを調整する⑬[　　　　]を始めた。

Word
ニュータウン
過密化対策のため，大都市の郊外につくられた大規模な団地。大阪府の千里ニュータウン，東京都の多摩ニュータウンなどが建設され，通勤ラッシュや交通渋滞などが問題となった。

3 高度経済成長のひずみ　過疎・過密の進行と公害問題

★ 1 | 偏る人口分布

高度経済成長期に，農村部などでは人口が減少する⑭[　　　　]化が進行する一方，大都市圏では人口が集中する⑮[　　　　]化が進行し，郊外に**ニュータウン**などが造成された。

★★ 2 | 公害問題

(1) **公害の拡大**…重化学工業の急速な発達や都市の[⑮]化にともない，大気汚染や水質汚濁，騒音などの**公害**が増加し，特に**四大公害**は深刻な問題となった。

(2) **公害対策**…**四大公害訴訟**では，いずれも被害者側が勝訴した。国も1967年に**公害対策基本法**を制定し，1971年には⑯[　　　　]を発足させた。

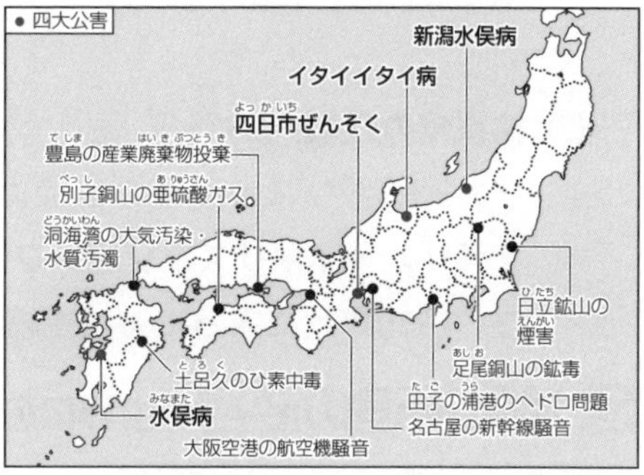

▲日本の主な公害

確認しよう

□ (1) 1955〜57年に迎えた大型の好景気は何とよばれるか。
□ (2) 池田勇人内閣が掲げた，経済発展のための長期計画を何というか。
□ (3) 新三種の神器は，それらの英語の頭文字をとって何とよばれるか。
□ (4) 四大公害の1つで，富山県の神通川流域で発生した公害を何というか。
□ (5) 1967年に制定された，公害の規制基準や公害防止の責務などを定めた法律を何というか。

論述力を鍛える　高度経済成長期に消費が急拡大した要因について，「所得」，「大量生産」，「核家族」の語句を用いて簡潔に説明せよ。

第3編 | グローバル化と私たち

43. 核軍縮と冷戦構造の変容

解答⇒別冊 p.23

1 キューバ危機と核軍縮　核戦争回避への努力

★★ 1 | キューバ危機

(1) **核戦争勃発の危機**…1962年，ソ連がキューバにミサイル基地の建設を始めたことに対してアメリカの①[　　　　　　]大統領は海上封鎖を行い，核戦争の緊張を一気に高めた。この米ソの対立を②[　　　　　　]という。

(2) **核戦争の回避**…米ソの妥協案が成立し，ソ連がミサイルを撤去して核戦争の脅威は取り除かれた。この[②]を契機に，米ソ首脳間の**ホットライン**(直通電話)が敷設された。
└ソ連のミサイル基地撤去とアメリカのキューバ侵攻断念

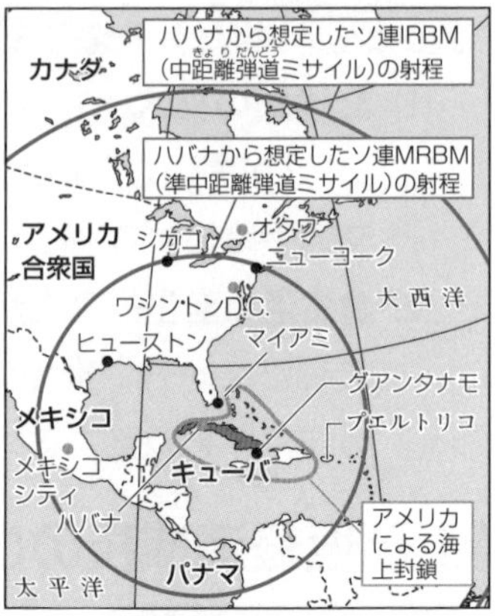

▲キューバ危機

★★★ 2 | 核軍縮の歩み

(1) **核実験の停止条約**…核兵器を国際的に管理しようとする気運が高まりはじめ，1963年には，アメリカ・イギリス・ソ連の３カ国が③[　　　　　　　　　](PTBT)に調印した。

(2) **核軍縮の進展**…1968年，④[　　　　　　　　　](NPT)に，アメリカ・イギリス・ソ連など62カ国が調印し，核兵器の保有国が**アメリカ・イギリス・ソ連・フランス・中国の５カ国に限定**された。1970年代に入っても核軍縮の動きは継続された。

2 冷戦構造の変容　世界に広がる緊張緩和の波

★ 1 | ヨーロッパの独自外交

フランスの**ド=ゴール**大統領が独自外交を展開すると，西ドイツでも独自にヨーロッパの緊張緩和を進めようとする動きがおこった。⑤[　　　　　]首相が「⑥[　　　　　　]」を推し進め，1972年には，東西ドイツが相互に国家として承認し，1973年，両国は同時の国際連合への加盟を果たした。
└p.98参照
└東欧諸国との関係改善をはかり，国交を樹立しようとした

★★ 2 | 中国の混乱とソ連の停滞

(1) **中国の混乱**…**毛沢東**(マオツォトン)は1958年に「⑦[　　　　　　]」とよばれる運動を始め，⑧[　　　　　　]による**農村の集団化**などを進めたが，失敗に終わった。その反省から，⑨[　　　　　　]や**鄧小平**(トンシャオピン)ら改革派が資本主義経済の一部導入を一時試みた。しかし，1966年，毛沢東は⑩[　　　　　　　　　　](文革)をおこし，**紅衛兵**を動員して権力を奪還した。しかし，多数の犠牲者を出すなど，中国国内は大混乱となり，経済も深刻な打撃を受けた。
└生産活動が混乱し，大規模な自然災害も重なって，多数の餓死者が出た

! 注意

部分的核実験禁止条約

大気圏内・宇宙空間・水中における核実験を禁止したもので，地下の核実験禁止は含まれていない。

参考

1970年代初頭の核軍縮

1969年に**第１次戦略兵器制限交渉**(SALT Ⅰ)が始まり，1972年に米ソは現状の弾道ミサイル保有量を上限とする協定を結んだ。

Word

紅衛兵

毛沢東やその革命思想に忠誠を誓う学生・青年によってつくられた組織。プロレタリア文化大革命の担い手として全国各地で激しい闘争を行い，党幹部や知識人を迫害した。

(2) **ソ連の停滞**…1964年のフルシチョフ解任後，新しい指導者となった⑪[　　　　　]は平和共存路線を後退させていった。1968年に**チェコスロヴァキア**の**ドプチェク**が「⑫[　　　　　]」とよばれる自由化政策を始めると，ソ連はワルシャワ条約機構軍を派遣し[⑫]を鎮圧した。その後ソ連は，[⑪]体制下で言論統制を強めたため改革の動きが後退し，経済は長期にわたって停滞した。

▲「プラハの春」 ワルシャワ条約機構軍の戦車に抵抗する男性。

3 ベトナム戦争とアメリカの動揺 米ソ緊張緩和の進展

★★★ 1 | ベトナム戦争

(1) **ベトナム戦争への介入**…1965年，アメリカの⑬[　　　　　]大統領は，⑭[　　　　　]（**南ベトナム**）支援のため**ベトナム民主共和国**（**北ベトナム**）を空爆（**北爆**）し，ベトナムの内戦に本格介入した。ソ連と中国は北ベトナムを支援し，北ベトナムと**南ベトナム解放民族戦線**がゲリラ戦を展開して戦争は泥沼化した。
└南ベトナムの反政府組織

(2) **アメリカ撤退とベトナム統一**…1973年，⑮[　　　　　]大統領は**ベトナム和平協定**を結んでベトナムから撤退し，1976年には，⑯[　　　　　]が成立し，南北統一が実現した。
└パリ和平協定ともいう

Word
ベトナム反戦運動
ベトナム戦争へのアメリカ介入に反対する運動。アメリカ国内のみならず，ヨーロッパ・日本などでも激しく展開された。

★ 2 | アメリカの動揺と米ソの緊張緩和

(1) **反戦・差別反対運動の高まり**…西側諸国では，若者を中心に**ベトナム反戦運動**や社会変革を求める運動が高まった。アメリカ国内では，**キング牧師**らが⑰[　　　　　]をおこした。
└黒人差別解消を求める運動

(2) **米ソの緊張緩和**…1972年，アメリカの[⑮]大統領が中国を訪問したことに刺激を受けたソ連が，対米関係改善を促した結果，**緊張緩和**（**デタント**）が本格化することになった。

▲ワシントンの議会議事堂前の反戦デモ

確認しよう

- □ (1) キューバ危機をきっかけに敷設された，米ソ首脳を結ぶ直通電話を何というか。
- □ (2) チェコスロヴァキアで，「プラハの春」とよばれる自由化政策を進めたのはだれか。
- □ (3) ベトナム戦争でゲリラ戦を展開した南ベトナムの反政府組織を何というか。
- □ (4) 黒人差別解消を求める公民権運動を指導したアメリカの牧師はだれか。
- □ (5) 米ソの関係改善による国際的な緊張緩和のことをカタカナで何というか。

論述力を鍛える ベトナム戦争が長期にわたって泥沼化した要因について，「北爆」，「ソ連」，「反政府組織」の語句を用いて簡潔に説明せよ。

第3編｜グローバル化と私たち

44. 世界経済の転換とアジア諸地域の発展

解答⇒別冊 p.24

1 ドル=ショックと経済危機　世界経済の転換点

★★★ 1｜ドル=ショック

(1) **アメリカ経済**…ベトナム戦争の莫大な戦費の支出や貿易赤字などでアメリカの財政は悪化し，その経済力は大きく低下した。

(2) **ドル=ショック**…1971年，①[　　　　　　]大統領が**金とドルの交換停止**を発表(**ドル=ショック**)した。1973年には主要通貨の交換レートが②[　　　　　　]に移行し，アメリカ中心のブレトン=ウッズ体制は崩れた。

★★★ 2｜石油危機

(1) **石油危機**…1973年，**第4次中東戦争**が勃発し，その影響で原油価格が高騰し，**第1次石油危機**がおこった。
└エジプトとシリアがイスラエルに先制攻撃をかけて始まった

(2) **石油危機の影響**…西側諸国では経済優先策を見直し，量より質を重視する転換点となった。**省エネルギー化**が進められる一方，情報産業が牽引役となり，**ハイテクノロジー(ハイテク)化**が加速した。こうしたなか，1975年に西側主要国による③[　　　　　　](**先進国首脳会議**)が開かれ，混乱する経済問題が議題となった。

★ 3｜西側諸国の政策転換

1980年代に入ると，西側諸国の多くが，それまでの福祉重視の政策から市場経済を重視し，**規制緩和**や**民営化**を推進して「**小さな政府**」を実現しようとする④[　　　　　　]への政策転換をはかった。
イギリスのサッチャー首相，アメリカのレーガン大統領，日本の中曽根康弘首相などが試みた┘

2 アジアの経済発展　急成長するアジア諸国

★ 1｜アジア諸地域の経済発展

1960年代後半のアジア諸地域では，独裁体制のもとで経済発展優先の政策を進める⑤[　　　　　　]を背景に，輸出指向型の工業化を進展させた国家が多くみられた。

★ 2｜東アジア

(1) **中　国**…1978年に実権を握った⑥[　　　　　　]は，「**四つの現代化**」などの**改革開放路線**を推し進めた。また，同じ年には，日本と⑦[　　　　　　]を締結した。
農業・工業・国防・科学技術┘
└1979年から，日本から中国への政府開発援助(ODA)が始まった

(2) **韓国・台湾**…韓国は⑧[　　　　　　]の独裁体制下で鉄鋼や造船などの重工業を成長させた。台湾も**蔣介石**(チアンチエシー)・**蔣経国**(チアンチンクオ)父子の強権体制下で工業化が進められた。

参考

米中の接近

ベトナム和平をめざすアメリカは中国へ接近をはかり，1971年にニクソン大統領は中国訪問計画を発表した。同年，中国は国際連合の代表権を獲得し，1972年にニクソン大統領の訪中が実現した。米中の接近は，日中の国交正常化にもつながった。

参考

第1次石油危機

第4次中東戦争が始まると，**アラブ石油輸出国機構**(**OAPEC**)が原油生産の削減と西側諸国に対する石油の禁輸・輸出制限(石油戦略)を行ったことからおこった。

Word

小さな政府

政府による経済活動への介入をできるだけ減らし，市場原理による自由競争を促すことで経済成長をはかる考え。

参考

新興工業経済地域(NIES)

ブラジル・メキシコ・韓国・台湾・香港・シンガポールなど，発展途上国のなかから急速な工業化に成功した国や地域のこと。**韓国・台湾・香港・シンガポールはアジアNIES**とよばれた。

★ **3 | 東南アジア**

(1) **マレーシア**…⑨[　　　　　　　　]首相(しゅしょう)が日本や韓国を手本とした政策によって工業化を進めた。（↳「ルックイースト」）

(2) **シンガポール**…リー=クアンユー首相のもとで経済が成長した。

(3) **インドネシア**…⑩[　　　　　　　　]大統領が工業化を進めた。

(4) **フィリピン**…マルコス大統領による[⑤]で工業化が進んだ。

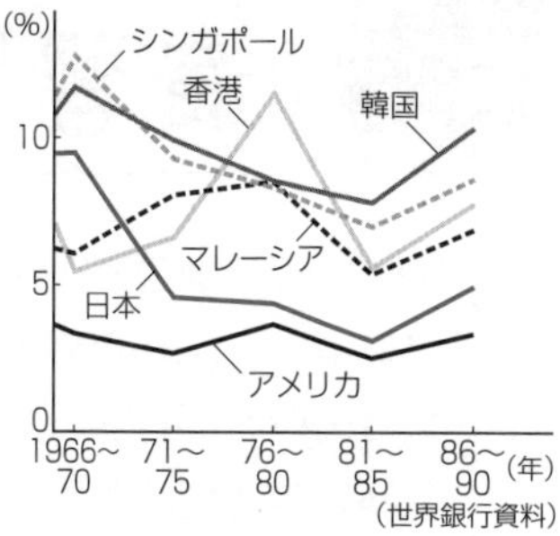

▲実質経済成長率の推移

3 1980年代の日本の動向　安定成長からバブル経済へ

★ **1 | 日本の安定成長**

(1) **安定成長と貿易問題**…石油危機後の日本は，省エネルギー化や産業の高度化を進めて経済危機を早期に脱却(だっきゃく)し，その後は安定成長が続いた。1980年代に入ると自動車などの輸出増加によって，欧米(おうべい)諸国との間で⑪[　　　　　　]が生じた。

(2) **政　治**…⑫[　　　　　　　　]内閣が**行財政改革**を推進し，電電公社(現 NTT)・専売公社(現 JT)・国鉄(現 JR)を民営化した。また，1989年には竹下登(たけしたのぼる)内閣が**3%**の⑬[　　　　　　]を導入した。

★★ **2 | プラザ合意とバブル経済**

(1) **プラザ合意**…アメリカの⑭[　　　　　　　　]政権の経済政策で生じた「**双子(ふたご)の赤字**」解消のため，1985年，大蔵(財務)大臣・中央銀行総裁会議(G5)が開催された。そこで，ドル高を是正(ぜせい)するための**プラザ合意**がなされたため，一気に円高・ドル安が進み，日本は輸出産業を中心に**円高不況**(ふきょう)に見舞(みま)われた。（↳財政赤字と国際収支赤字が併存している状態）

(2) **バブル経済**…円高是正のための内需(ないじゅ)拡大策で生まれた余剰(よじょう)資金が株式や不動産の投資に回され，株価や地価が実態の経済からかけ離(はな)れて高騰(こうとう)する⑮[　　　　　　　　]が出現した。

参考

輸入自由化

日本は輸出の増加によって貿易黒字が続いたことから，アメリカは日本に対して輸出規制の要求とともに，農産物に対する市場開放を迫(せま)った。そのため，日本は1988年に牛肉・オレンジの輸入自由化を決め，1993年には米の部分開放を決定した。

確認しよう

- [ ] (1) アメリカが金とドルの交換を停止し，日本にも大きな影響を与(あた)えたできごとを何というか。
- [ ] (2) 工業化が進んだ韓国・台湾・香港・シンガポールは合わせて何とよばれたか。
- [ ] (3) シンガポールの経済成長を牽引した首相はだれか。
- [ ] (4) 1985年，G5でのドル高を是正するための合意を何というか。

論述力を鍛える　石油危機後の西側陣営(じんえい)の政策面における変化について，「社会福祉」，「規制緩和」，「小さな政府」の語句を用いて簡潔に説明せよ。

演習問題 ⑪

解答⇒別冊 p.24

1 [日本の国連加盟と安保改定] **次の文章を読んで，あとの問いに答えなさい。** 〔関西大－改〕

1954年，a吉田茂内閣を退陣に追い込んで成立した（ ① ）内閣は，翌b1955年6月に日ソ交渉を始め，1956年10月，（ ② ）に調印して国交回復を実現し，同年12月に国際連合加盟を果たした。日米新時代を提唱した（ ③ ）首相は1960年に渡米し日米相互協力及び安全保障条約（新安保条約）に調印したが，この条約の批准が議会で強行採決されたため，c激しい大衆運動がおこった。

(1) （ ① ）～（ ③ ）にあてはまる適語を答えよ。

(2) 下線部 a に関して，1952年に吉田茂内閣が制定した社会運動を抑制するための法律を何というか。

(3) 下線部 b に成立した，自民党と社会党の二大政党が対立する政治体制を何というか。

(4) 下線部 c に関して，日米安全保障条約改定反対の大規模なデモ運動を何というか。

(1)	①	②	③	(2)	
(3)		(4)			

頻出 **2** [冷戦下の日本外交と貿易] **次の文章を読んで，あとの問いに答えなさい。** 〔中央大－改〕

日本は西側の一員としてaアメリカ主導の自由貿易体制に参加し，1968年には資本主義諸国のなかでアメリカに次ぐ世界第2位の国民総生産を実現した。西側主要国は，b1975年に先進国首脳会議（サミット）を設けて経済政策を調整することとしたが，日本は当初からこれに参加し，世界の経済大国としての位置を占めた。外交面では，日本は，対米協調を基本としながらもcアジア諸国との関係を深め，特に経済援助で大きな役割を果たすようになった。またアジア諸国は，d外国の資本や技術を導入し，輸出指向型の工業化を進めて急激な経済成長を遂げた。かくしてe「経済大国」日本とアジア諸国からなる経済圏は，世界経済の活力の中心となった。

(1) 下線部 a に関して，日本が参加した国際機関として誤っているものを，次から1つ選び，記号で答えよ。

ア OECD　イ IMF　ウ OAPEC　エ WHO

(2) 下線部 b が設立される背景となった，世界的な経済減速を引きおこした戦争を何というか。

(3) 下線部 c に関して，1965年に締結され，韓国との国交を正常化した条約を何というか。

(4) 下線部 c に関して，1972年に，日中共同声明に調印した日本の首相はだれか。

(5) 下線部 d に関して，独裁体制下で，経済発展を優先する政策を進める体制を何というか。

(6) 下線部 d に関して，独裁体制下で工業化を進めたフィリピンの大統領はだれか。

(7) 下線部 e に関して，次の X・Y の正誤の組み合わせとして正しいものを，あとから1つ選び，記号で答えよ。

X 1970年代～80年代にかけての日本は，欧米諸国と比べると相対的に高い経済成長率を維持した。

Y 韓国・シンガポールなどが急激な経済成長を続け，新興工業経済地域（NIES）とよばれた。

ア X－正 Y－正　イ X－正 Y－誤　ウ X－誤 Y－正　エ X－誤 Y－誤

(1)		(2)		(3)		(4)	
(5)		(6)		(7)			

頻出 **3** **[高度経済成長] 次の文章を読んで，あとの問いに答えなさい。** 〔西南学院大－改〕

1950年代半ばの，いわゆる（　①　）景気に端を発するa高度経済成長にともない，国民生活は大きく変化した。1960年代にはb耐久消費財が普及した。一方で，急速な経済成長は社会問題を引きおこした。農・山・漁村では人口の流出による（　②　）化が進行する一方，都市では人口の集中が見られた。汚染物質による公害問題が深刻化し，c四大公害訴訟が提起された。公害を規制するため，1967年に（　③　）が制定され，1971年には（　④　）が発足した。

⑴（　①　）～（　④　）にあてはまる適語を答えよ。

⑵ 下線部 a に関する記述として正しいものを，次から１つ選び，記号で答えよ。

ア バブル崩壊まで約30年間続いた。　**イ** 大学卒の人材は「金の卵」とよばれた。
ウ 1960年代に「エネルギー革命」が進んだ。　**エ** 1960年代に外国為替相場の円高が進んだ。

⑶ 下線部 b に関して，1960年代に普及率が50%を超えなかったものを，次から１つ選び，記号で答えよ。

ア 電気洗濯機　**イ** 乗用車　**ウ** 電気冷蔵庫　**エ** 白黒テレビ

⑷ 下線部 c に関して，熊本県で発生した公害病を何というか。

⑴	①	②	③	④
⑵		⑶		⑷

4 **[世界経済の転換] 次の文章を読んで，あとの問いに答えなさい。** 〔青山学院大－改〕

長期化するaベトナム戦争への介入はアメリカ経済を疲弊させ，1971年にはアメリカの貿易収支が赤字に転落した。もはや（　①　）体制の維持は困難となり，bドル=ショックが世界経済を襲った。この混乱に拍車をかけたのが，1973年の第１次石油危機である。その後，アメリカは「双子の赤字」を深刻化させ，1985年に先進国が為替市場に協調介入してドル高を是正するという（　②　）合意がなされた。日本では急激な円高が進んだが，内需拡大策によりcバブル経済が発生した。

⑴（　①　）・（　②　）にあてはまる適語を答えよ。

⑵ 下線部 a でゲリラ戦を展開した南ベトナムの反政府組織を何というか。

⑶ 下線部 b に関する記述として誤っているものを，次から１つ選び，記号で答えよ。

ア このときのアメリカ大統領はニクソンである。　**イ** 10%の輸入課徴金が導入された。
ウ ドル紙幣と金との兌換が停止された。　**エ** 1973年に固定相場制への移行がなされた。

⑷ 下線部 c の内容について，「投資」の語句を用いて簡潔に答えよ。

⑴	①	②	⑵		⑶	
⑷						

5 **[核軍縮の動き] 次の文章中の（　①　）～（　④　）にあてはまる適語を答えなさい。**

1962年，米ソ間の緊張が高まり，核戦争寸前にまで達した（　①　）がおこった。これをきっかけに，翌1963年，（　②　）条約にアメリカ・ソ連・（　③　）が調印するなど，米ソ間に緊張緩和のきざしが見え，さらに1968年に結ばれた（　④　）条約によって，核兵器保有国の拡大防止がはかられた。

①	②	③	④

第3編｜グローバル化と私たち

45．冷戦の終結とイスラーム主義の台頭

解答⇒別冊 p.25

1 デタントの終結とソ連の改革　行き詰まるソ連と国内改革

★ 1｜デタントの終結

(1) **ソ連の軍事侵攻**…1979年，ソ連は，内紛で不安定な状態となっていた①[　　　　　　　　]の社会主義政権を支援するために軍事介入を行った。しかし，**イスラーム主義ゲリラ**の抗戦により，介入は泥沼化していった。

(2) **新冷戦へ**…国際世論はソ連の軍事介入を強く非難し，アメリカや日本など西側諸国の一部と中国が1980年のモスクワオリンピックをボイコットする事態にまでおよんだ（└中ソ対立が続いていた）。こうして，**緊張緩和**（**デタント**）が終わり，米ソは**新冷戦**とよばれる緊張状態に入った。[①]侵攻や新冷戦にともなう軍事費の増大により，ソ連の経済はいっそう低迷した。

★★ 2｜ソ連の改革

(1) **原子力発電所の事故**…1986年，②[　　　　　　　　]（**チェルノブイリ**）原子力発電所（現在のウクライナ）で爆発事故がおこり，多くの被災者を出した。この事故によって，ソ連の秘密主義的な政治体制の問題点が明らかとなった。

(2) **ソ連の改革**…1985年，③[　　　　　　　　]がソ連共産党書記長に就任し，**ペレストロイカ**（**建て直し**）とよばれる改革を実施し，計画経済の修正や④[　　　　　　　　]（**情報公開**）による言論の自由化を進めた。

参考
イスラーム主義ゲリラ
イスラームの教えにもとづく国家や社会を理想とする勢力。アメリカやパキスタン，中国の支援も受けてソ連と戦った。

▲**チョルノービリ原子力発電所事故**　被災者は数百万人ともいわれ，放出された多量の放射性物質が周辺諸国にも降り注いだ。

2 冷戦終結と東欧の動向　民主化が進む東欧

★★★ 1｜冷戦の終結

(1) **ソ連の歩み寄り**…[③]は，冷戦の発想から転換する「**新思考外交**」を掲げて，アメリカとの関係改善をはかり，1987年，アメリカの**レーガン**大統領との間で⑤[　　　　　　　　]に調印した。1989年には，[①]からソ連軍を撤退させた。

(2) **冷戦の終結宣言**…1989年，[③]とアメリカの**ブッシュ**（41代）大統領が地中海のマルタ島沖で会談し，**冷戦の終結**を宣言した。

▲マルタ会談

注意
レーガンとブッシュ
中距離核戦力（INF）全廃条約に調印したのは**レーガン**，その後，冷戦終結を宣言したのが**ブッシュ**である。

★★ 2 | 東欧の動向

(1) **体制の転換**…ソ連の改革に影響を受け，東欧諸国では1989年に民主化を求める動きがおこり，共産党の独裁体制が次々に倒れた。これを⑥[　　　　　]という。
└1988年，ゴルバチョフが東欧諸国への内政干渉を否定┘
└多くの国で自由選挙と複数政党制が導入された

(2) **ポーランド**…ワレサが指導する自主管理労働組合「⑦[　　　　]」が選挙で躍進し，東欧で初めての非共産系の政権が成立した。

(3) **ルーマニア**…独裁体制を続けてきた⑧[　　　　　　　　]が反体制派に逮捕・処刑された。

(4) **ドイツ**…冷戦の象徴だった「**ベルリンの壁**」が民衆によって取り壊され，1990年に**東西ドイツの統一**が実現した。
└国名はドイツ連邦共和国となった

▲「ベルリンの壁」の開放

3 イスラーム主義の台頭　イスラームの復興

★★ 1 | イランの動向

(1) **革命の勃発**…1979年，宗教学者の⑨[　　　　　]が**イラン=イスラーム革命**をおこし，**パフレヴィー２世**の親米独裁政権を倒して**イラン=イスラーム共和国**を建て，アメリカとの対立を深めた。
└石油価格が再び高騰し，第２次石油危機がおこった┘

(2) **革命の影響**…1980年，イラクの**フセイン**が油田地帯の併合をねらい，⑩[　　　　　　　　]をおこした。アメリカがイラクを支援したが戦争は長期化し，1988年に停戦となった。
└イラクが軍事大国化するきっかけとなった

★ 2 | イラクの動向

1990年，イラクが石油資源を求めて隣国の**クウェート**に侵攻した。国連の安全保障理事会はイラクへの武力行使を容認する決議を採択し，翌年，アメリカを中心とする**多国籍軍**がイラクを攻撃した。イラクは敗北し，クウェートは解放された（⑪[　　　　]**戦争**）。

参考

冷戦の終結と紛争

湾岸戦争は，従来の冷戦時の東西の対立軸とは関係のない，個々の国家の領土拡張の野心や民族主義などが紛争の主な要因であった。冷戦終結後も，地域レベルでの紛争はなくならないということを示すものとなった。

確認しよう

- □ (1) ゴルバチョフが行った，「建て直し」を意味する改革を何というか。
- □ (2) マルタ会談でゴルバチョフとともに，冷戦終結を宣言したアメリカ大統領はだれか。
- □ (3) ポーランドで，自主管理労働組合「連帯」を指導した人物はだれか。
- □ (4) 1979年，イランでホメイニがパフレヴィー２世の独裁政権を倒した革命を何というか。
- □ (5) 1990年，イラクが侵攻した国はどこか。

論述力を鍛える　ゴルバチョフが掲げた「新思考外交」で実施した外交内容について，「レーガン」，「撤退」，「東欧」の語句を用いて簡潔に説明せよ。

第3編 | グローバル化と私たち

46. ソ連の解体と地域統合の進展

解答⇒別冊 p.25

1 ソ連の解体とユーゴスラヴィア紛争　大国ソ連の崩壊

★ 1 | 改革の失敗

(1) **組織改革**…ゴルバチョフは，ペレストロイカとグラスノスチを進める一方，1990年に共産党の一党独裁を放棄して複数政党制を導入し，新設された大統領に就任した。

(2) **経済政策の見直し**…計画経済を見直し，企業の独立採算制を認めるなど，資本主義を部分的に導入した。しかし，極端な物不足や労働者のストライキなどを招き，十分な成果はあがらなかった。

★★★ 2 | ソ連の解体

(1) **連邦制の動揺**…中央アジアやカフカスなどでは民族紛争が表面化し，1990年には①[　　　　　　]が一方的に独立を宣言するなど，連邦制も動揺しはじめた。また，**ロシア共和国**では急進的な改革を主張する②[　　　　　　]が大統領となった。
└連邦内で最大の共和国

(2) **クーデタの発生**…1991年8月，改革に危機感を覚えた共産党の保守派がゴルバチョフを軟禁するクーデタをおこしたが，[②]や市民の抵抗によって失敗に終わった。

(3) **ソ連の解体**…1991年12月，**ロシア・ウクライナ・ベラルーシ**を中心に11共和国が③[　　　　　　　　](CIS)を結成したことで，**ソ連は解体**した。ロシア共和国は国名を**ロシア連邦**と改称し，[②]が初代大統領となった。
国連の常任理事国の地位を認められた┘

★ 3 | ユーゴスラヴィア紛争

(1) **民族運動の激化**…**ユーゴスラヴィア連邦**では，**ティトー**の死後，各共和国でナショナリズムが高まり，民族運動が激化した。1991年に**スロヴェニア**と④[　　　　　　]が独立すると，セルビアを中心とする連邦軍が軍事介入したが，ヨーロッパ共同体(EC)の仲裁により停戦した。

(2) **ボスニア=ヘルツェゴヴィナ**…1992年に民族・宗教上の対立から激しい内戦がおこり，1995年まで続いた。

(3) **コソヴォ紛争**…1996年，セルビア領内の**コソヴォ**地区で，アルバニア系住民とセルビア政府が対立して武装闘争に発展した。このため，北大西洋条約機構(NATO)軍が介入してコソヴォ空爆を行い，セルビア勢力を撤退させた。

参考

ソ連共産党の解散

共産党保守派によるクーデタが失敗したことをきっかけにソ連共産党は解散し，共産党による支配は崩壊した。

Word

独立国家共同体(CIS)

ロシアを中心に形成された，経済的・軍事的なゆるやかな国家連合体。独自の憲法や議会をもたない。2023年8月現在，バルト3国・ジョージア・ウクライナを除く9カ国が加盟(トルクメニスタンは準加盟国)している。

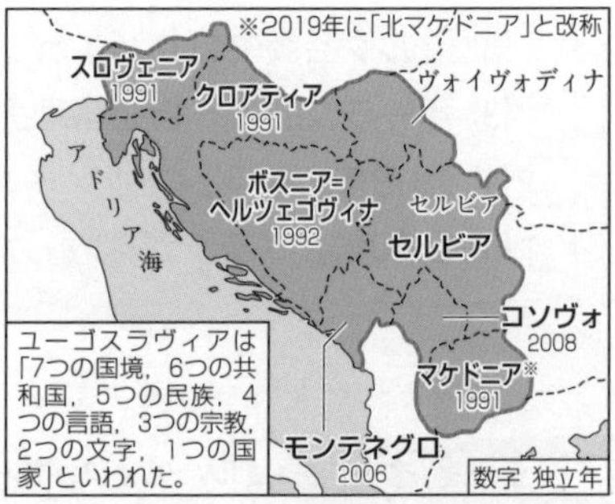

▲ユーゴスラヴィアの解体

2 地域統合の進展　グローバル化と経済統合の進展

1 | 世界の一体化

(1) **グローバル化**…冷戦終結後，人・モノ・カネの国境を越えた移動も活発になり，経済・文化などあらゆる分野で世界の一体化が進んだ。また，⑤[　　　　　　　　]の普及により，情報の量が飛躍的に増え，**グローバル化**がさらに進展した。

(2) **自由貿易体制の進展**…1995年，関税及び貿易に関する一般協定(GATT)にかわり ⑥[　　　　　　　　](WTO)が発足した。
└知的財産の処理や通商紛争の調停なども担うことになった

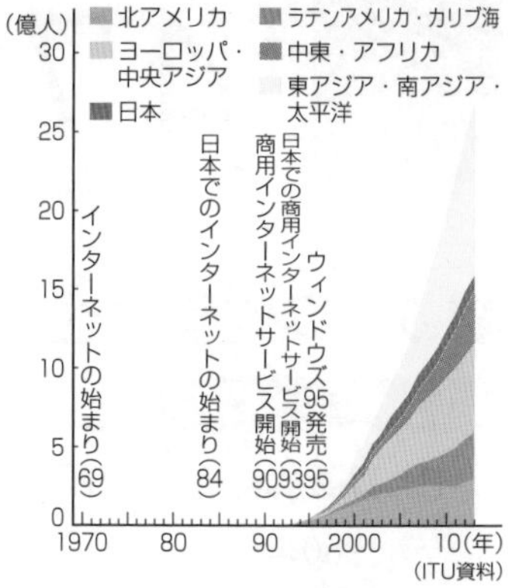

▲インターネット利用者数の推移

2 | 諸地域の経済統合

(1) **ヨーロッパ**…経済統合をさらに進めるために，ヨーロッパ共同体(EC)加盟諸国は1992年に ⑦[　　　　　　　　]を結び，1993年に ⑧[　　　　　　　　](EU)を発足させた。1999年には単一通貨の ⑨[　　　　　　]が導入された。

(2) **北アメリカ**…1994年に３カ国が**北米自由貿易協定**(NAFTA)を結び，2020年に，**アメリカ=メキシコ=カナダ協定**(USMCA)に移行した。

(3) **アジア・太平洋地域**…東南アジア諸国10カ国が1967年に ⑩[　　　　　　　　](ASEAN)を結成し，1989年には，日本を含む ⑪[　　　　　　　　](APEC)が発足した。2018年には，さらなる自由貿易圏の実現をめざし，環太平洋パートナーシップに関する包括的及び先進的な協定(TPP11協定)が調印された。
└輸入品の関税撤廃を原則とした協定

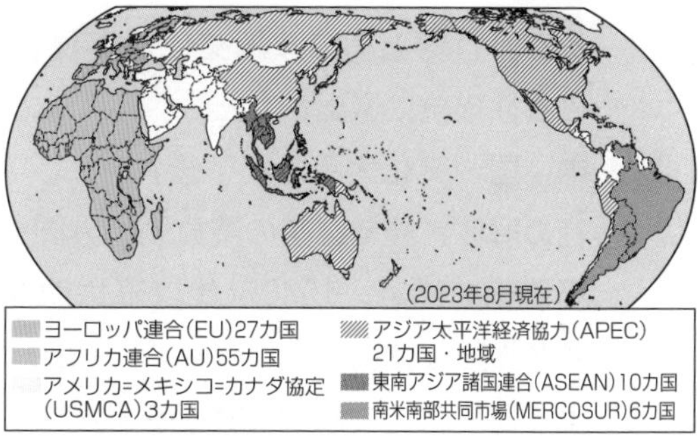

▲主な国際機構と地域統合

確認しよう

- □ (1) ソ連邦内の最大の共和国で，エリツィンが大統領となった国はどこか。
- □ (2) 1991年，スロヴェニアとクロアティアが独立を宣言した国はどこか。
- □ (3) 1992年に民族・宗教上の対立から内戦がおこったのは(2)のどこか。
- □ (4) 人・モノ・カネの移動が活発になり，世界が一体化することを何というか。
- □ (5) 1994年に北米３カ国が結んだ協定を何というか。

論述力を鍛える

ヨーロッパ連合(EU)が抱える課題の１つに移民問題があるが，どのような点が問題となっているのか，簡潔に説明せよ。

第3編 | グローバル化と私たち

47. 開発途上国の民主化

解答⇒別冊 p.26

1 アジアの開発途上国の民主化　開発独裁から民主化へ

★★ 1 | 東アジア

(1) **韓国と北朝鮮**…韓国では，朴正熙(パクチョンヒ)の暗殺後に民主化運動が激化し，1980年の ①[　　　　　　] などを経て，1992年に軍政から民政に移行した。一方，北朝鮮は ②[　　　　　] の独裁政権が**金正日**(キムジョンイル)，金正恩(キムジョンウン)へと世襲され，現在に至っている。

└民主化を求める市民と軍隊との武力衝突がおこった事件

(2) **台　湾**…蔣経国(チアンチンクオ)総統が1987年に1947年以来の戒厳令を解除し，次の台湾出身の ③[　　　　　　] が民主化を推進した。2000年の直接選挙では民主進歩党の ④[　　　　　　] が国民党以外の初の総統となり，史上初の政権交代が実現した。2016年には**蔡英文**(ツァイインウェン)が初の女性総統に選出された。

(3) **中　国**…文化大革命終了後，⑤[　　　　　　] らを中心に，**人民公社の解体**と農業生産の請負制，外国資本・技術の導入などの**市場経済化**を進め，1980年代以降急激な経済成長を遂げた。一方，共産党独裁体制に変化はなく，1989年におこった，学生や市民による民主化を要求する運動を武力で弾圧した ⑥[　　　　　　] は国際社会から激しい批判を浴びた。

「世界の工場」とよばれ，2010年には国内総生産が世界第２位の経済大国になった┘

★ 2 | 東南アジア

(1) **フィリピン**…独裁体制を続けた ⑦[　　　　　　] 政権が，1986年の民主化運動によって倒れ，**アキノ**が初の女性大統領になった。

(2) **インドネシア**…独裁体制を維持してきた ⑧[　　　　　　] 政権が**アジア通貨危機**のおこった翌1998年に倒れ，民政に移管した。

(3) **ベトナム**…南北統一後，南部の社会主義化にともない，南部から船で国外へ脱出した人々が**難民**となり国際問題化した。1986年から開始した「⑨[　　　　　　](刷新)」政策で市場経済を導入して経済成長を遂げた。

ボート=ピープルとよばれる┘

(4) **カンボジア**…1975年から ⑩[　　　　　　] が共産主義社会の建設を強行し，反対派を大量虐殺した。1978年にベトナムがカンボジアへ侵攻して[⑩]政権を倒すと，中国がベトナムに侵入し ⑪[　　　　　　] がおこった。その後，国際的な批判を受けたベトナムは1989年にカンボジアから撤退した。国連軍の暫定統治を経て，1993年に**シハヌーク**を国王とするカンボジア王国が成立した。

└1979年
日本の自衛隊も PKO 部隊として参加した┘

参考

韓国の民政

1992年以降，文民出身の大統領が続き，1998年には**金大中**(キムデジュン)大統領が北朝鮮との交流を進め，2000年には初の南北首脳会談が行われた。

参考

中国の民族問題

ソ連の解体にともない，同国を構成していた諸国が独立を宣言し，モンゴルは社会主義を放棄した。中国政府は，少数民族自治区のウイグル人やモンゴル人などの国外同民族との連携を抑制するために，少数民族に対する抑圧的な政策を強めた。しかし，少数民族の反発や国外からの批判を招いた。国内の少数民族とどう向き合っていくのか，中国政府は大きな課題を抱えている。

Word

アジア通貨危機

1997年，タイの通貨バーツの暴落をきっかけに，アジア各国に広がった通貨危機。韓国・インドネシアなどは深刻な影響を受けた。国際通貨基金(IMF)がこれらの国々に緊急融資を行って厳しい構造改革を促した。

(5) **ミャンマー**…アウン=サン=スー=チーらによる民主化運動の結果，2016年に彼女を事実上の指導者とする文民政権に移行したが，2021年に軍がクーデタをおこし，再度政権を奪い返した。
（└1989年にビルマから改称された）

★ 3 | インド

1970年代以降，⑫[　　　　　　　　　　]が社会主義的な計画経済を進めたが，1991年に国民会議派政権が外資を導入するなど経済の自由化に転じ，1998年にはインド人民党を中心とする政権が経済改革をさらに進めた。近年，**情報通信技術(ICT)産業**を中心に著しい経済成長を遂げている。
（└ネルーの娘）（└ヒンドゥー教至上主義の政党）

> 👤 人物
> **アウン=サン=スー=チー**
> ビルマ建国の父アウン=サンの娘。ミャンマー民主化運動の指導者。軍政を批判し続け，1989年から2010年まで断続的に自宅軟禁された。1991年にノーベル平和賞を受賞。2021年の軍のクーデタの際に拘束され，再び軟禁状態が続いている。

2 ラテンアメリカと南アフリカ　民政移管と人種差別撤廃

★ 1 | ラテンアメリカ

(1) **アルゼンチン**…1982年におこった⑬[　　　　　　　　　　]でイギリスに敗れた翌1983年，軍政から民政に移管した。
（フォークランド(マルビナス)諸島の領有権をめぐっておこった┘）

(2) **ブラジル**…1985年に軍政から民政へ移管し，経済成長を遂げた。

(3) **チ　リ**…1970年に成立した社会主義の⑭[　　　　　　　　　　]政権が1973年のクーデタで倒されて軍事政権となった。しかし，政権に対する批判が高まり，1990年に民政に移管した。

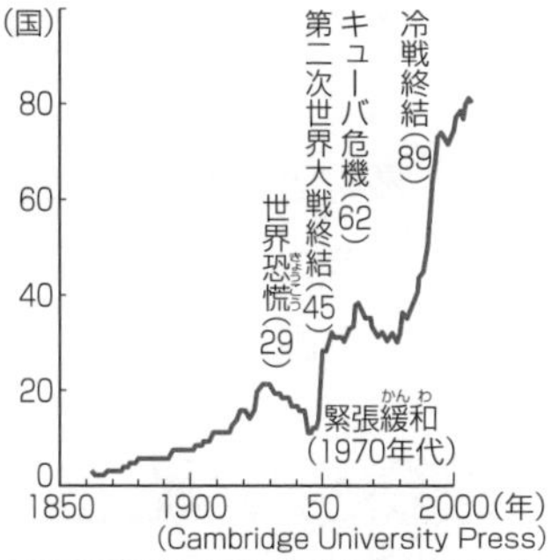

緊張緩和(デタント)，冷戦終結
➡開発途上国に民主化の波が拡大
➡独裁打倒，差別撤廃運動が激化
➡民政移管

▲民主主義国数の推移

★ 2 | 南アフリカ

第二次世界大戦後，南アフリカでは，少数の白人が多くの黒人を支配する⑮[　　　　　　　　　　]（**人種隔離政策**）が続いていた。しかし，国内では⑯[　　　　　　　　　　]（ANC）が抵抗し，国際的な批判も高まり，1991年に**デクラーク**政権下で差別法は撤廃された。1994年には⑰[　　　　　　　　　　]が黒人初の大統領に選出された。
（└1912年，非暴力主義によるアフリカ人の権利擁護を目的として結成された）

確認しよう

- □ (1) 2000年に，初の南北首脳会談を行った韓国の大統領はだれか。
- □ (2) 中国で，市場経済化の過程で解体された，農業の集団化を推進するための組織を何というか。
- □ (3)「ドイモイ(刷新)」政策を推進し，経済成長を遂げた国はどこか。
- □ (4) アジェンデ政権を倒し，軍事政権が成立したあと，民政に移管した国はどこか。
- □ (5) 1991年，差別法を撤廃した南アフリカの大統領はだれか。

論述力を鍛える

南アフリカで行われていたアパルトヘイトについて，「白人」，「アフリカ民族会議」，「撤廃」の語句を用いて簡潔に説明せよ。

第3編 | グローバル化と私たち

48. 激化する地域紛争・テロ

解答⇒別冊 p.26

1 中東の紛争 不透明な中東情勢

★★ 1 | 混迷するパレスチナ問題

(1) **民衆蜂起**…パレスチナでは，1987年末からイスラエルに対する民衆蜂起(**インティファーダ**)が始まった。翌年，パレスチナ解放機構(PLO)はパレスチナ国家の独立宣言を行った。
（ガザ・ヨルダン川西岸地区で続けられた投石などによる抗議運動）

(2) **オスロ合意**…1993年，アメリカの①[　　　　　　　]大統領の仲介により**パレスチナ暫定自治協定**(**オスロ合意**)が結ばれたが，その後，イェルサレムの帰属などをめぐって再び対立した。2002年には，イスラエルがパレスチナ自治区に軍事侵攻し，自治区と自国領とを隔てる**分離壁**の建設を始めた。

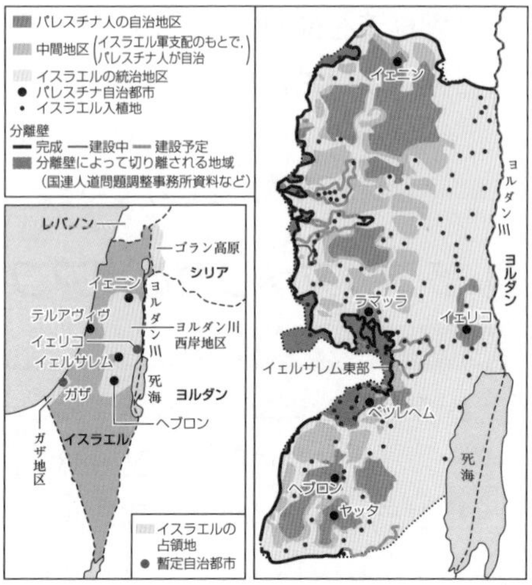

▲パレスチナ自治区

★★ 2 | 対テロ戦争

(1) **過激派勢力の台頭**…湾岸戦争終結後もアメリカ軍のペルシア湾岸駐留が続いたことから，アラブ諸国はアメリカへの反発を強めた。そうしたなか，反米のイスラーム過激派組織が台頭してきた。

(2) **テロ事件**…2001年９月11日，アメリカで②[　　　　　　　]事件がおこり，アメリカのブッシュ(43代)大統領は，イスラーム過激派組織③[　　　　　　　　]の犯行と断定し，「**対テロ戦争**」を宣言した。
（9.11事件ともいう）

(3) **アフガニスタンへの攻撃**…アメリカは，**アフガニスタン**のイスラーム主義をとる④[　　　　　　　]政権が[③]の指導者をかくまっているとして，アフガニスタンへの攻撃を開始した。
（ウサーマ=ビン=ラーディン）

(4) **イラク戦争**…さらに，アメリカは，イラクが大量破壊兵器を保有しているとして，2003年にイギリスとともにイラクを攻撃し，フセイン政権を倒した。しかし，大量破壊兵器は確認されず，欧米の軍事行動に対する批判が高まった。

▲同時多発テロ事件　破壊される世界貿易センタービル。

参考

欧米のムスリム

シリアなどの内戦が続く地域から難民として多くのムスリムが欧米に移住しているが，同時多発テロ事件以降，欧米では「テロ」とイスラームが結びつけられて，ムスリムを差別する風潮が高まった。

★ 3 | アラブの民主化運動と内戦

(1) **「アラブの春」**…2010～11年にかけて，アラブ諸国では民主化を求める民衆の抗議運動がおこり，チュニジアやエジプト，リビアなどで長期独裁政権が倒された。

(2) **シリア内戦**…シリアでは2011年から内戦がおこり，アメリカ・ロシアや中東諸国の介入，過激派組織「IS(イスラム国)」の参戦で泥沼化した。この間，多くの**難民**が国外に流出し，⑤[　　　　　　]人の民族運動も活発化した。
↳3000～4000万人にもおよぶ。トルコ・イラン・イラクの支配下で少数民族として抑圧されている

2 アフリカの紛争　紛争・内戦が続くアフリカ

★ 1 | 過激派勢力の台頭

(1) **多発する内戦**…冷戦後のアフリカ諸国では，急速な経済成長を遂げた国もみられる一方，**ルワンダ内戦**のように，激しい内戦が続発している国・地域も多くみられる。

(2) **内戦の背景と要因**…植民地時代の人為的な国境線による民族の分断，民族・宗教対立などから国民国家としての統合が希薄な国の多いことが背景にあり，それに権力や資源の配分をめぐる対立が絡んで内戦に発展することが多い。内戦によって発生した多数の難民が流入した地域が不安定化し，さらに紛争を生み出す場合もある。

★ 2 | 紛争解決への努力

国際連合は⑥[　　　　　　　　　](PKO)によって，停戦監視や人道支援などの面で関与し，国際 NGO も人道支援で大きな役割を果たしている。また，⑦[　　　　　　　](AU)も国連と連携しながら，紛争解決と平和構築に関与するようになった。

(NGO：営利を目的としない非政府組織)
(AU：2002年にアフリカ統一機構(OAU)にかわって成立)

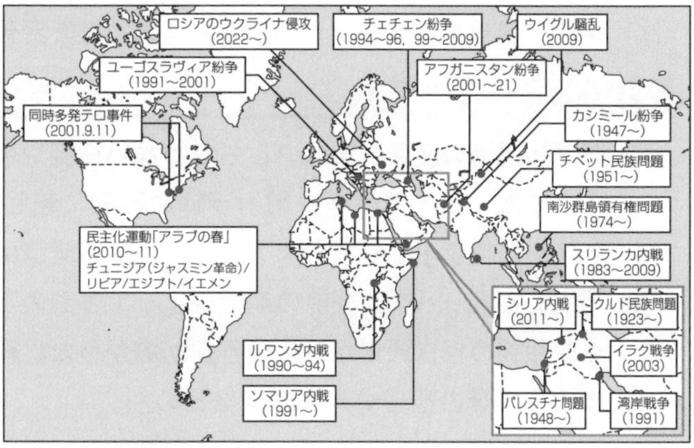

▲現代の主な国際紛争・テロ

> **Word**
> **ルワンダ内戦**
> 1990年に，少数派のツチ族と多数派のフツ族の部族対立から始まった内戦。フツ族がツチ族を大量虐殺するなど悲惨な状況に陥った。
>
> **参考**
> **ウクライナ情勢**
> 2014年，ロシアはウクライナのクリミア半島を併合し，2022年には軍事侵攻してウクライナと戦争状態になっている。

確認しよう

- □ (1) パレスチナで続けられてきた，投石などによるイスラエルに対する抗議運動を何というか。
- □ (2) 1993年に，イスラエルと PLO の間で結ばれた合意を何というか。
- □ (3) アメリカが，大量破壊兵器を保有しているとして，2003年に攻撃した国はどこか。
- □ (4) アラブ諸国で民主化運動により長期独裁政権が倒されたできごとを何というか。
- □ (5) 1990年に，ツチ族とフツ族の部族対立から内戦が始まった国はどこか。

論述力を鍛える

アメリカによる「対テロ戦争」が与えた影響について，「イスラーム」，「分断」の語句を用いて簡潔に説明せよ。

第3編｜グローバル化と私たち

49. 国際社会と日本

解答⇒別冊 p.27

1 55年体制とバブル経済の崩壊　戦後政治の転換点

★★ 1｜55年体制の崩壊

(1) **政界再編の動き**…冷戦が終結した1989年ころから，日本国内では選挙制度改革や政界再編をめざす動きが高まった。1993年に自由民主党は分裂し，離党者が新生党や新党さきがけを結成した。
（1989年…元号が昭和から平成に改められた）

(2) **55年体制の崩壊**…1993年，日本新党の①[　　　　　　]を首相とする，日本共産党を除く非自民８党派による連立内閣が誕生し，38年間続いた**55年体制が崩壊**した。

(3) **社会党の方針転換**…1994年，社会党の②[　　　　　　]を首相とする３党の連立政権が成立した。社会党は自衛隊や日米安全保障条約を容認するなど，それまでの基本方針を変更した。
（３党…自民党・社会党・新党さきがけの３党）

★ 2｜バブル経済の崩壊

(1) **バブル経済の崩壊**…実態のともなわない株価や地価の高騰に対して，政府・日本銀行が金融引き締め政策に転じた結果，1990年代初めに株価・地価ともに下落して**バブル経済は崩壊**した。

(2) **長引く不況**…バブル経済の崩壊によって多額の不良債権を抱えた金融機関の経営悪化から金融不安が広がった。経営が悪化した企業は，事業の整理や人員削減などの③[　　　　　　]で経営の効率化をはかろうとしたが，失業者が増加して雇用不安が増大した。そのため，消費が冷え込み，④[　　　　　　]とよばれる不況が長期化した。

(3) **規制緩和・市場開放の推進**…不況が続くなか，1997年に独占禁止法が改正され，**持株会社**の設立が解禁された。1999年には⑤[　　　　]**の輸入自由化**も実施された。
（輸入自由化…関税以外の輸入制限がなくなった）

★ 3｜「戦後50年」の節目（1995年）

(1) **大地震の発生**…１月17日，⑥[　　　　　　]が発生し，6400人以上の犠牲者を出す大規模な災害となった。

(2) **無差別テロ事件**…３月，新興宗教団体のオウム真理教が地下鉄サリン事件をおこし，日本のみならず世界にも衝撃を与えた。

(3) **沖　縄**…９月，沖縄でアメリカ軍兵士による少女暴行事件がおこり，日本側に不利な⑦[　　　　　　]の見直し，基地の縮小や撤去を求める声が県民の間に高まった。

参考

村山談話
　1995年８月に村山富市首相が第二次世界大戦中のアジア諸国への侵略・植民地支配について謝罪した村山談話は以後の内閣にも引き継がれ，日本政府の公式見解とされている。

Word

持株会社
　株式所有によって複数の関連企業の経営を支配する会社。自ら事業は行わない純粋持株会社と，事業を行う事業持株会社とがある。

参考

沖縄の基地問題
　少女暴行事件を契機に，人口密集地にある**普天間飛行場**の移転が進められることになった。しかし，移転先が県内の名護市**辺野古**沿岸部に決まったことから，負担軽減にならないとして県民は反発しているが，現在工事が進められている。

2 国際社会のなかの日本　国際貢献と21世紀の政治

★★ 1 | 冷戦終結後の日本の国際貢献

(1) **日本の国際貢献**…湾岸戦争後の1992年，⑧[　　　　　　　　]が制定され，自衛隊の海外派遣が可能となった。

(2) **自衛隊の派遣**…1992年，初の**国連平和維持活動**として自衛隊が⑨[　　　　　　　　]へ派遣された。アフガニスタン戦争やイラク戦争では，特別措置法にもとづき，自衛隊が現地で補給支援や人道復興支援を行った。

(3) **政府開発援助(ODA)**…バブル経済の崩壊後，援助額は減少しており，現在は，日本の国益確保に貢献することが援助の理念として掲げられている。

★ 2 | 21世紀の政治

(1) **郵政民営化**…2001年に成立した⑩[　　　　　　　　]内閣は民営化と規制緩和を推進し，**郵政事業の民営化**などを断行した。一方で福祉政策が後退し，所得格差や地域の経済格差が拡大した。

(2) **政権交代**…2009年の衆議院議員総選挙で，⑪[　　　　　　　　]が自民党を破り，**政権交代**を実現させた。

(3) **大震災の発生**…2011年３月11日，⑫[　　　　　　　　]が発生し，甚大な被害をもたらした。菅直人内閣は震災への対応に手間どったことなどで，総辞職に追い込まれた。

(4) **第２次安倍内閣**…2012年，⑬[　　　　　　　　]を首相とする自民党・公明党の連立内閣が成立した。[⑬]内閣は「戦後レジーム(戦後体制)からの脱却」を掲げ，2015年には**集団的自衛権**の限定的な行使を可能にする**安全保障関連法**を成立させた。

参考
日米防衛協力指針(ガイドライン)の改定

日米両国が取り交わす政策文書である日米防衛協力指針が1997年に改定され，「日本周辺有事」の際には，自衛隊がアメリカ軍の後方支援にあたることが決められた。

参考
戦後レジーム

安倍首相は，現在の憲法を頂点とした行政システムや教育，経済，外交・安全保障などの基本的枠組みを「戦後レジーム(戦後体制)」ととらえ，そこから脱却するため日本国憲法の改正が必要だと訴えた。

Word
集団的自衛権

ある国が武力攻撃を受けた場合，これと密接な関係にある他国が共同して防衛にあたる権利。

確認しよう

- □ (1) 発展途上国に対して，政府が実施する資金協力や技術協力のことを何というか。
- □ (2) 沖縄で辺野古周辺に移転が予定されているアメリカ軍基地はどこか。
- □ (3) 小泉純一郎内閣のときに，民営化された事業は何か。
- □ (4) 2015年に成立した安全保障関連法によって限定的な行使が可能になった権利は何か。

論述力を鍛える

小泉純一郎内閣が景気浮揚策としてとった政策とその影響について，「規制緩和」，「格差」の語句を用いて簡潔に説明せよ。

第3編｜グローバル化と私たち

50. 世界と日本の課題

解答⇒別冊 p.27

1 現代世界の諸問題　グローバル化と国際社会の変容

★ 1｜グローバル化の進展と経済問題

(1) **グローバル化の進展**…冷戦終結後，グローバル化が進展し，人やモノの交流が活発になり，新しい価値観が生まれる一方，**経済格差**，**地域紛争**や**テロ**，**難民問題**など，地球規模の課題も生じた。

(2) **世界同時不況**…アメリカの**サブプライムローン**（低所得者向けの住宅融資）の不良債権化をきっかけに，2008年，大手融資銀行リーマン=ブラザーズが経営破綻した（①[　　　　　　　]）。これをきっかけに**世界金融危機**が発生し，グローバル化した世界に同時不況をもたらした。

(3) **ユーロ危機**…②[　　　　　　　]の財政危機をきっかけにおこった**ユーロ危機**（外国為替市場でユーロが大幅に下落した）が，スペインやポルトガルなどほかのEU加盟国にも広がり，ユーロの脆弱性が露見した。

★ 2｜排外感情の高まりと人権問題

(1) **移民・難民問題**…欧米諸国に流入する移民や難民の急増や，イスラーム過激派によるテロ事件などによって，欧米諸国では反移民・難民，反イスラームの風潮が高まるなど，自国中心のナショナリズムに根ざした③[　　　　　]**主義**が拡大し，**ポピュリズム**も台頭しつつある。

(2) **人権問題**…国連人権理事会（UNHRC）は，男女差別や民族差別，④[　　　　　]（同性愛者・両性愛者・トランスジェンダーを指す略称）の社会的な差別解消に向けた活動をしている。（2011年，「人権・性的指向・性自認に関する決議」を採択した）

★ 3｜自然環境問題

(1) **地球規模の環境破壊**…資源・エネルギーの消費拡大にともない，**地球温暖化**，**砂漠化**，**オゾン層破壊**，**生物多様性の減少**，大気汚染や海洋汚染など，地球規模での環境破壊が深刻になっている。

(2) **国際的な取り組み**…1997年に先進諸国の**温室効果ガス**の削減目標を示した⑤[　　　　　　　]が採択され，2015年には全締約国に削減の努力義務を課した⑥[　　　　　　　]が採択された。

★ 4｜情報化社会の課題と保健・衛生問題

(1) **情報化の進展**…⑦[　　　　　　　　　　]（ICT）は著しく進化しており，⑧[　　　　　　　　]（AI）や**仮想現実**（VR）などが実用化され，**暗号資産**（**仮想通貨**）の流通も拡大する一方，ネット犯罪や個人情報に対するセキュリティ対策が課題となっている。

参考

地球規模の課題

2015年の国連サミットで採択された「持続可能な開発のための2030アジェンダ」では，**持続可能な開発目標**（**SDGs**）が国際目標として示された。

参考

地域間の経済格差

先進国と発展途上国の間の経済格差から生じる**南北問題**や，発展途上国のなかでも資源保有国とそれ以外の国との間の経済格差から生じる**南南問題**が課題となっている。

参考

排外主義の拡大

フランスやドイツでは，移民や難民の排斥を訴える政党が国民の支持を集め，アメリカでは「アメリカ=ファースト」を掲げ，メキシコからの不法移民排斥を公約したトランプが2017年に大統領に就任した。

Word

ポピュリズム

理性的な思考ではなく，情緒的・感情的な訴えによって，大衆から支持を集める手法や運動。社会的な不満を移民や難民に向ける場合が多く，社会の分断を招く危険性をはらむ。

(2) **感染症の拡大**…人の移動が活発になった結果，感染症も拡大しやすくなり，2019年末に報告された**新型コロナウイルス感染症**は**パンデミック**とよばれる世界的な大流行となった。

2 現代日本の諸問題　現代日本の特色と課題

★ 1 | 人口問題

日本では⑨[　　　　　　　]が急速に進行しており，2005年には死亡者数が出生者数を上回る**人口減少社会**に入った。[⑨]の進行による将来の**社会保障制度**や**労働人口**への影響が懸念されている。

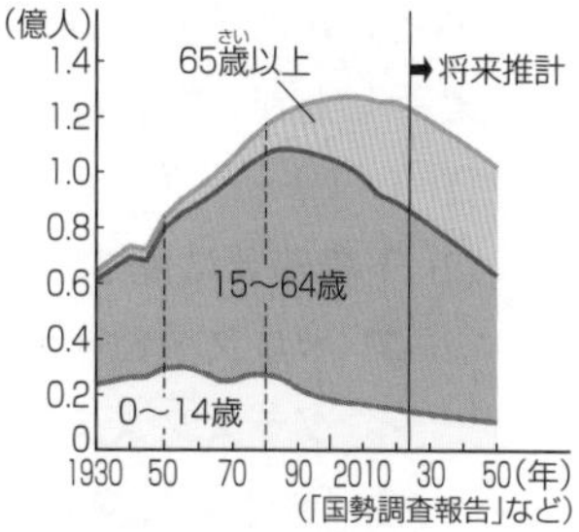

▲日本の人口の移り変わり

★ 2 | エネルギー問題と自然災害

(1) **エネルギー問題**…日本では1970年代以降，**原子力発電**が推進されてきたが，2011年の**福島第一原子力発電所事故**でその安全性が問われたことから，⑩[　　　　　　　　　]の開発に力を入れている。
└太陽光・風力・地熱・バイオマスなどの再生が可能なエネルギー

(2) **自然災害**…日本は地震や火山噴火，洪水などの自然災害が多く，防災教育や災害の情報伝達など多角的な対策が求められている。

▲福島第一原子力発電所事故　この事故のあと，国内のほとんどの原子力発電所の操業が停止された。

★ 3 | 現代の日本とこれからの日本

(1) **近隣諸国との関係**…覇権拡大をもくろむ**中国**，植民地支配に対する歴史認識の違いや領土問題で対立する**韓国**，核開発を進める**北朝鮮**，北方領土問題を抱える**ロシア**など，近隣諸国との関係改善に向けて取り組むことが重要な課題となっている。
└韓国は竹島を不法占拠している

(2) **国際平和への貢献**…世界で唯一の被爆国である日本には，国際平和と安全への貢献が求められており，日本国憲法の**平和主義**にもとづき，国際社会への貢献を果たしていくことが責務である。

確認しよう

- [ ] (1) 地球規模の課題に対する目標として，2015年の国連サミットで採択されたのは何か。
- [ ] (2) リーマン=ショックのきっかけとなった，アメリカの低所得者向け住宅融資を何というか。
- [ ] (3) 先進国と発展途上国の間の経済格差から生じる諸問題を何というか。
- [ ] (4) 情緒的・感情的な訴えによって，大衆から支持を集める手法や運動を何というか。
- [ ] (5) 近年，流通が拡大している，特定の国家や金融機関がかかわらない通貨を何というか。

論述力を鍛える

経済面から見たグローバル化の進展による負の側面について，「格差」，「金融危機」の語句を用いて簡潔に説明せよ。

演習問題 ⑫

解答⇒別冊 p.27

1 ［冷戦の終結とソ連の解体］ 次の文章を読んで，あとの問いに答えなさい。 〔青山学院大－改〕

1979年にソ連が（　①　）に侵攻し，アメリカで「強いアメリカ」を標榜する（　②　）が大統領になると，新冷戦とよばれる新たな緊張関係が生まれた。1980年代半ばに，$_{a}$ゴルバチョフが国内改革に着手したが，最終的にソ連は解体し，$_{b}$東ヨーロッパの社会主義圏も崩壊した。

⑴（　①　）・（　②　）にあてはまる適語を答えよ。

⑵ 下線部 a に関する記述として正しいものを，次から１つ選び，記号で答えよ。

ア ペレストロイカとよばれた情報公開政策により，言論の自由化を始めた。
イ グラスノスチとよばれた，政治・社会の全面的な建て直し運動を進めていった。
ウ 「新思考外交」を掲げて冷戦の終結をめざし，アメリカと核拡散防止条約を締結した。
エ 経済面では社会主義の計画経済から，資本主義の市場経済への一部導入をはかった。

⑶ 下線部 b に関して，次の X・Y の正誤の組み合わせとして正しいものを，あとから１つ選び，記号で答えよ。

X ルーマニアでは，大統領であったチャウシェスクが処刑された。
Y ポーランドでは，エリツィン率いる「連帯」を中心とする連立政権が発足した。

ア X－正　Y－正　**イ** X－正　Y－誤　**ウ** X－誤　Y－正　**エ** X－誤　Y－誤

⑴	①	②	⑵		⑶	

頻出 2 ［地域統合の進展］ 次の文章を読んで，あとの問いに答えなさい。 〔早稲田大－改〕

1967年に東南アジア５カ国で結成された（　①　）は，冷戦の終結，$_{a}$民主化の進展とともに加盟国数が増加し，2023年８月現在10カ国が加盟している。ヨーロッパでは，$_{b}$1970年代の世界的な経済危機による EC 停滞の時代を経て，統合の遅れに対する危機感から，1992年２月，EU の創設を合意した（　②　）条約の調印に至った。EU の成立は世界経済に構造的変化をもたらした。アメリカは1994年にカナダ・メキシコと（　③　）を成立させた。アジア太平洋地域では1989年に（　④　）が発足した。アフリカでは2002年に EU をモデルとして，経済統合をめざす（　⑤　）が結成された。

⑴（　①　）～（　⑤　）にあてはまる適語を答えよ。

⑵ 下線部 a に関する記述として誤っているものを，次から１つ選び，記号で答えよ。

ア フィリピンでは，アキノが大統領選に出馬し，民衆と国軍の支持により大統領に就任した。
イ インドネシアでは，1997年のアジア通貨危機で経済が崩壊したことを契機に民主化が進んだ。
ウ ミャンマーでは，2016年にポル=ポトを実質上の指導者とする文民政権が誕生した。
エ カンボジアでは，シハヌークを国王とする立憲君主政の王国が成立した。

⑶ 下線部 b に関して，その概略について簡潔に答えよ。

⑴	①	②	③			
	④	⑤	⑵		⑶	

3 **［平成時代の日本］ 次の文章を読んで，あとの問いに答えなさい。** 〔早稲田大－改〕

昭和64(1989)年１月に昭和天皇が死去し，皇太子明仁が即位し平成の時代が始まった。平成元年度より a消費税が導入され，b平成３年になると，株価が低迷，続いて地価も下落した。「バブル経済」の崩壊であり，平成不況の始まりであった。経済の後退は政治に影響を与え，戦後政治を支配してきた自民党が政権を去り，平成５年に非自民非共産の連立政権が発足した。翌年に，c自民党は政権に復帰し，平成８年になると，自民党総裁が首班となる連立政権が誕生した。しかし，d平成13年に誕生した内閣を除いて短い期間での首班交代を繰り返した。平成21年になると，総選挙で民主党が大勝，自民党が惨敗となり，民主・社民・国民新党からなる政権が誕生した。その後，民主党を軸とする政権が続いたが，実質経済成長率は平成21年にマイナス，翌年にはプラスに転じたものの，23年には再びマイナスと低迷した。平成22年には，中国が名目 GDP で日本を超えて世界２位となった。翌年には，東日本大震災と福島第一原子力発電所の事故が発生，さらに長野県北部地震が続いた。それらは，日本社会に暗い影を落とすことになった。経済が停滞するなかで，民主党政権は交代を余儀なくされた。平成24年の年末選挙で民主党は大敗，自民党首班政権が復活した。平成における政治・経済の変転のなかで e社会を支えるさまざまな技術が発展し生活様式が変わった。日本社会そのものも少子高齢化で人口構成が大きく変わった。政治や経済に加えて教育，雇用，社会保障など，さまざまな社会制度の見直しが求められている。人口構成や産業構造の変化，さらにまた人々の意識や生活様式の変化に対応して，政治・経済・社会のあり方をどのように再形成するのか，平成の時代は，日本社会の力が問われるなかで終わりを告げた。

⑴ **下線部 a に関して，消費税を導入した内閣と消費税率の組み合わせとして正しいものを，次から１つ選び，記号で答えよ。**

ア 海部内閣－５％　**イ** 海部内閣－３％　**ウ** 竹下内閣－５％　**エ** 竹下内閣－３％

頻出 ⑵ **下線部 b に関して，この年におこった湾岸戦争をきっかけに翌年 PKO 協力法が成立し，自衛隊が海外へ派遣された。このときに派遣された地域を，次から１つ選び，記号で答えよ。**

ア ルワンダ　**イ** ユーゴスラヴィア　**ウ** カンボジア　**エ** 東ティモール

⑶ **下線部 c に関して，このときに成立した政権の首相はだれか。**

⑷ **下線部 d に関して，次の問いに答えよ。**

① このときに成立した内閣で制定された法律を，次から１つ選び，記号で答えよ。

ア 中央省庁等改革基本法　**イ** 国旗・国歌法　**ウ** 介護保険法　**エ** 郵政民営化法

② 平成13年以降におこったできごとを，次から１つ選び，記号で答えよ。

ア 茨城県東海村の核燃料加工施設で臨界事故が発生した。
イ 阪神・淡路大震災が発生し，甚大な被害をもたらした。
ウ 沖縄のアメリカ軍兵士による少女暴行事件を機に，米軍基地の縮小を求める運動が高まった。
エ 締約国すべてに温室効果ガス削減の努力義務を課したパリ協定が採択された。

⑸ **下線部 e に関して，耐久消費財の普及も変わった。「消費動向調査」で，平成元年ごろに普及率が10%前後であったものが，平成28年に80%近くに達した耐久消費財を，次から１つ選び，記号で答えよ。**

ア エアコン　**イ** 食洗機　**ウ** パソコン　**エ** 携帯電話（スマートフォンも含む）

⑴		⑵		⑶		⑷	①	②	
⑸									

装丁・本文デザイン　ブックデザイン研究所
図　版　デザインスタジオエキス.

写真提供
アメリカ議会図書館　共同通信社　県立長野図書館　国立公文書館　国立国会図書館　東京電力ホールディングス　公益財団法人 東洋文庫　凸版印刷株式会社 印刷博物館　ハイデルベルク大学図書館(CC BY-SA)　ピクスタ　ブリガムヤング大学　毎日新聞社　明治神宮聖徳記念絵画館　AFP＝時事　akg-images/アフロ　AP/アフロ　GRANGER.COM/アフロ　Jung/ullstein bild/時事通信フォト　LASKI DIFFUSION/Gamma/アフロ　Reuters/AFLO　Robert J. Fisch(CC BY-SA 2.0)　Science Source/アフロ　WAA/AFP
〈敬称略〉

高校 基礎からわかりやすく 歴史総合ノート

編著者　高校教育研究会
発行者　岡　本　明　剛
印刷所　岩　岡　印　刷

発行所　受験研究社

〒550-0013 大阪市西区新町2丁目19番15号
注文・不良品などについて：(06)6532-1581(代表)／本の内容について：(06)6532-1586(編集)

Printed in Japan　高廣製本
落丁・乱丁本はお取り替えします。

ひっぱると，はずして使えます。

高校

基礎からわかりやすく

歴史総合ノート

解答・解説

受験研究社

第1編｜近代化と私たち

第1章　強まる世界の結びつき

1. アジア諸地域の繁栄　p.4～5

①ビザンツ帝国　②スレイマン1世
③ウィーン　④ミッレト　⑤シーア
⑥イスファハーン　⑦アクバル　⑧ジズヤ
⑨アウラングゼーブ　⑩琉球王国　⑪鄭和
⑫倭寇　⑬ポルトガル　⑭南蛮　⑮北京
⑯康熙帝　⑰白蓮教徒の乱

アドバイス ②1529年にはウィーンを包囲し，神聖ローマ帝国を圧迫した。⑤アリーとその子孫のみをムハンマドの正統な後継者と認める宗派で，イスラーム教徒の10%ほどの少数派である。
⑯康熙帝の時代に海禁を解除し，民間の海外貿易を公認した。

確認しよう　(1)カピチュレーション
(2)サファヴィー朝　(3)朱元璋(洪武帝)
(4)銀　(5)広州(コワンチョウ)

解説　(1)セリム2世のときにフランス商人に与えられ，のちにイギリスやオランダにも与えられた。
(4)当時の明には，日本やアメリカ大陸から銀が大量に流入し，16世紀後半から税や徭役を銀で納入する一条鞭法が実施された。
(5)乾隆帝の時代にヨーロッパ船の来航を**広州**1港に限定し，公行(コホン)という商人組合に貿易を管理させた。

論述力を鍛える　(例)中央集権的な官僚制度や官僚を儒学の試験で登用する科挙など，従来の漢人王朝の制度を継承する一方，辮髪の強制や反清の思想を弾圧するなどの政策をとった。

解説　清は，漢人に対して絶対的服従を強要し，**辮髪**などを強制した。また，反清的な言論は徹底的に弾圧した。反面，漢人や中国の伝統的制度・文化を尊重する姿勢も示した。科挙制が採用され，漢人が高級官吏として登用される道も開かれた。漢人を懐柔し，あわせて思想的統一をはかるために，『康熙字典』などの編纂事業も行われた。

2. 近世の日本　p.6～7

①徳川家康　②幕藩体制　③軍役
④参勤交代　⑤宗門改め　⑥三都
⑦藩札　⑧一揆(百姓一揆)　⑨ポルトガル
⑩生糸　⑪銀　⑫俵物　⑬宗
⑭島津　⑮砂糖　⑯アイヌ

アドバイス ②幕府と諸藩が百姓を基盤として封建的支配を行い，身分制度の上に全国の土地と人民を厳しく統制した支配体制。⑤すべての人が仏教寺院の檀家となることを義務づけた。⑪生野銀山や石見銀山などで産出された。⑫蝦夷地から長崎に送られ，中国へ輸出された。

確認しよう　(1)武家諸法度　(2)徳川家光
(3)蔵屋敷　(4)出島　(5)薩摩藩

解説　(2)**参勤交代**の費用や江戸の藩邸の維持費などは大名の財政窮乏の一因となったが，一方，江戸や宿場町の繁栄をもたらした。
(3)江戸時代，諸藩は大坂や江戸などに蔵屋敷を置き，領国から送られてきた年貢米や特産物を売却して貨幣を獲得した。
(4)出島にはオランダ商館が置かれた。
(5)砂糖は，薩摩藩や薩摩藩領の商人によって大坂などで売られた。

論述力を鍛える　(例)17世紀後半以降，金や銀の産出量が減少する一方，貿易額が増加したため，主要輸入品の国産化をはかり，金や銀の流出をおさえようとしたから。

解説　17世紀後半以降，佐渡金山や石見銀山に代表される国内の金・銀産出量が減少する一方，中国やオランダとの貿易額が増加していたため，幕府は貿易額を抑制して金・銀の流出をおさえることを目的に，輸入に頼っていた生糸や砂糖，人参などの国産化を推奨した。

3. ヨーロッパ主権国家体制の形成　p.8～9

①清　②サファヴィー朝　③ムガル帝国
④中央集権　⑤領邦国家　⑥ルイ14世

⑦スペイン　⑧共和政　⑨権利の章典
⑩立憲君主政　⑪議院内閣制
⑫プロテスタント　⑬イエズス会

間違えやすい ⑥ルイ14世とルイ16世を混同しないこと。ルイ16世はのちのフランス革命の際に処刑された国王である。⑦ポルトガルと混同しないこと。⑨権利の宣言と混同しないこと。権利の章典は権利の宣言を成文化したものである。

確認しよう (1)主権国家　(2)絶対王政
(3)ピューリタン革命　(4)名誉革命
(5)宗教改革

解説 (1)国境を明確に定め，君主のみが主権者として他国と外交関係を結ぶ体制をもった国のことである。
(2)ルイ14世はフランス絶対王政の最盛期の王。たびたび侵略戦争をおこし，財政を悪化させた。
(4)法律の制定や廃止，課税などは議会の承認が必要であることなど，議会の優位性を示した**権利の章典**が発布され，イギリスの立憲政治の原点となった。

論述力を鍛える (例)国内で中央集権化を進めた主権国家が，他国と対等な立場で外交関係を結び，国際政治が展開される体制のこと。

解説 神聖ローマ帝国の支配力が衰えるなか，スペインやイギリス，フランスなどが**主権国家**として台頭してきた。こうした主権国家が，他国と対等な立場で外交関係を結び，互いの利益を調整するような国際秩序を**主権国家体制**という。

4. ヨーロッパ人の海外進出　p.10～11

①香辛料　②オスマン帝国
③マルコ=ポーロ　④ポルトガル
⑤コロンブス　⑥マゼラン　⑦陶磁器
⑧スペイン　⑨コーヒー　⑩伝染病
⑪奴隷

アドバイス ①アジア産の香辛料はヨーロッパ人の肉食に欠かせないものであった。③イタリアの旅行家で，シルクロードを通って中国に赴き，元のフビライに17年間仕えた。⑧スペイン人はアステカ王国やインカ帝国を滅ぼした。⑪大西洋を渡った**奴隷**の数は1000万人以上におよぶと推定されている。

確認しよう (1)世界の記述(東方見聞録)
(2)ヴァスコ=ダ=ガマ　(3)銀
(4)プランテーション

解説 (2)喜望峰を経由してアフリカ東岸に出たあと，インドの**カリカット**に到達した。
(3)このころの日本も世界有数の銀の産出国であった。

論述力を鍛える (例)大航海時代の始まりにより，ヨーロッパにおける遠隔地貿易の中心が，それまでの地中海から大西洋にのぞむ国々へと移動した。

解説 大航海時代の到来とともに，「世界の一体化」が始まった。インド航路の開拓やアメリカ大陸への到達により，それまでの地中海世界を中心とした貿易圏が，大西洋を中心とする貿易圏へと変化していった。

演習問題①　p.12～13

1 (1)①スレイマン1世　②アクバル
③アウラングゼーブ
(2)ミッレト　(3)カピチュレーション
(4)(例)ヒンドゥー教寺院を破壊したり，ジズヤ(人頭税)を復活させたりするなど，ヒンドゥー教徒を弾圧した。

2 (1)イ
(2)(例)キリスト教の布教を禁じ，貿易の利益を独占するため。
(3)エ

3 (1)①エ　②ヴァスコ=ダ=ガマ
③(例)香辛料などアジアの特産物を直接手に入れることと，キリスト教を布教すること。
(2)①鄭和　②足利義満　(3)エ　(4)ア

4 ①名誉革命　②立憲君主政
③ルイ14世　④領邦国家

解説 1(3)18世紀以降，ヨーロッパ諸国はカピチュレーションを利用して中東諸国への侵略をはかった。
(4)第3代皇帝のアクバルが，ヒンドゥー教徒との融和をはかるために，非イスラーム教徒への**ジズヤ**(**人頭税**)を廃止していた。
2(3)**エ**．鉱産資源が減少したのちに，**俵物**が主な輸出品となった。
3(2)②**足利義満**は，明への朝貢に際し，明の皇帝から「日本国王源道義」宛の返書を受け取った。

(3)エ．遠隔地貿易の中心は，地中海沿岸から大西洋へと移った。
(4)ア．治安上の理由からヨーロッパ船の来航を広州(コワンチョウ)1港に限定した。
4④ドイツでは諸侯勢力が強く，皇帝によるドイツ全域にわたる国民国家の形成は見られず，弱小の諸侯や帝国騎士の没落を土台にして，有力諸侯による地域的国家＝領邦国家の形成が進んだ。

第2章 近代世界の成立とアジアの変容

5．産業革命とその影響　p.14～15

①オランダ　②重商主義　③フランス
④工場制手工業　⑤石炭　⑥綿
⑦毛　⑧綿花　⑨ワット　⑩奴隷
⑪プランテーション　⑫三角貿易
⑬資本家　⑭低賃金　⑮蒸気船
⑯世界の工場

アドバイス ④資本家が工場を建て，労働者を集めて分業による協業を通して生産が行われる形態。16世紀後半のイギリスの**毛織物工業**で展開されはじめた。⑫16世紀からスペインやポルトガルの植民地で行われていた黒人奴隷貿易が西欧列強に広がり，三角貿易の一環として行われた。

確認しよう (1)東インド会社
(2)飛び杼　(3)蒸気機関　(4)資本主義

解説 (1)**イギリス**では1600年，**オランダ**では1602年，**フランス**では1604年に設立され，アジア進出，アジア・アフリカの植民地化の中心的役割を果たした。
(3)18世紀に**ニューコメン**が実用化し，さらに**ワット**が画期的な改良を行い，あらゆる分野の機械動力として用いられた。

論述力を鍛える (例)機械化工業の進展で，大量生産による安価な製品を供給することが可能になったが，機械の導入には多額の資金が必要だったため，女性や子どもに低賃金・長時間労働を強いる労働問題が深刻化した。

解説 機械化による分業の発展によって，女性や子どももも工場や鉱山で働けるようになった。しかし，資本家は利潤の追求のみを考えて労働者の生活をかえりみず，不衛生な環境のもとで，低賃金と長時間労働を強制した。

6．アメリカ独立革命とフランス革命　p.16～17

①プランテーション　②印紙　③代表
④ボストン茶会事件　⑤大陸会議
⑥ワシントン　⑦独立宣言　⑧大統領
⑨三権分立　⑩連邦制　⑪ルイ16世
⑫三部会　⑬バスティーユ　⑭人権宣言
⑮恐怖政治　⑯民法典　⑰解放戦争
⑱ワーテルロー

アドバイス ⑤13植民地の代表者で構成された連絡会議。第1回がフィラデルフィアで開かれた。⑦1783年の**パリ条約**でイギリスがアメリカの独立を承認した。⑯私有財産の不可侵，契約の自由などを規定。諸外国の民法典の模範ともなった。

確認しよう (1)七年戦争　(2)茶法
(3)統領政府　(4)大陸封鎖令

解説 (1)アメリカ大陸でフランスに勝利したイギリスは，戦費負担の名目で重商主義政策を強化し，植民地側に対する課税政策を強化した。

論述力を鍛える (例)人権宣言で規定された「自由」などに加え，人類一般を対象とした「平等」を唱えた点が画期的であった。

解説 アメリカ独立宣言はフランス革命やのちの民主主義に多大な影響をおよぼしたが，実際には，女性の政治参加は認められず，奴隷制は維持されるなど，あくまでも白人のための市民社会をめざすものであった。

7．19世紀前半のヨーロッパ　p.18～19

①ウィーン会議　②ウィーン体制
③自由主義　④ナショナリズム
⑤ギリシア　⑥ベルギー
⑦男性普通選挙　⑧第二共和政
⑨ナポレオン３世
⑩自由貿易　⑪諸国民の春

アドバイス ④ナショナリズムは身分にもとづく特権を否定する点で自由主義と共通点をもつ一方で，国民を個人に優先させる傾向があったため，自由主義とは相反する面もあった。⑩イギリスは，自国の工業製品を輸出するために，インドで支配地を増やし，中国などにも自由貿易を要求した。

確認しよう (1)正統主義
(2)二月革命 (3)第二帝政
(4)フランクフルト国民議会(全ドイツ議会)

解説 (1)フランス外相のタレーランがウィーン会議の指導権を握り，フランス革命前の状態をすべて正しいとする正統主義を提唱し，会議の原則とすることに成功した。
(2)二月革命の影響は全ヨーロッパに波及し，ウィーン体制崩壊のきっかけとなった。
(3)ナポレオン３世は積極的に植民地を拡大したほか，国内の社会政策を充実させ，国民の支持を得た。
(4)オーストリアは多数の北ドイツ民族を抱えていたことから，統一ドイツ国家の成立により，自国が分断されることを恐れた。

論述力を鍛える (例)フランス革命前の主権と領土に戻し，自由主義とナショナリズムをおさえこんで大国の勢力均衡をはかろうとする国際秩序。

解説 ロシア・イギリス・プロイセン・オーストリア間で結ばれた**四国同盟**は，諸国の自由・ナショナリズム運動をおさえ，反動体制を武力で維持しようとする政治目的をもった大国間の同盟であった。1818年にはフランスも参加して五国同盟となった。

8. 19世紀後半のヨーロッパ　p.20～21

①クリミア戦争　②パリ条約
③ロシア=トルコ(露土)戦争
④サン=ステファノ条約
⑤ベルリン条約　⑥農奴解放令
⑦万国博覧会
⑧プロイセン=フランス(普仏)戦争
⑨パリ=コミューン　⑩カヴール
⑪ガリバルディ　⑫鉄血
⑬プロイセン=オーストリア(普墺)戦争
⑭文化闘争　⑮社会主義者鎮圧法
⑯三国同盟

間違えやすい ④**サン=ステファノ条約**によるロシアの勢力拡大を抑制するために結ばれたのが**ベルリン条約**である。⑩**カヴール**はサルデーニャ王国の首相，**ガリバルディ**はシチリアと南イタリアをサルデーニャ国王に献上した人物である。

確認しよう (1)東方問題
(2)アレクサンドル２世 (3)保守党
(4)サルデーニャ王国 (5)ビスマルク

解説 (2)1881年に暗殺され，改革は挫折した。
(3)二大政党制が成立した時期に，都市労働者の相当数が，ついで農業労働者も選挙権を得た。
(5)ドイツ統一は「鉄(武器)と血(兵士)」によって決定されると主張し(**鉄血政策**)，「鉄血宰相」とよばれた。

論述力を鍛える (例)クリミア戦争後，完全に崩壊したウィーン体制が新たな形で再編され，列強間の勢力均衡が保たれるようになった。

解説 ビスマルク外交の大きな目的は，ドイツがヨーロッパ諸国と同盟を結んで良好な関係を築き，ヨーロッパの勢力均衡をはかると同時に，ドイツへの報復を掲げるフランスを外交的に孤立させることにあった。こうした，ビスマルクによって構築された新たな国際体制を**ビスマルク体制**という。

9. 19世紀の南北アメリカと科学の発達　p.22～23

①ボリバル　②モンロー宣言
③ルイジアナ　④カリフォルニア
⑤強制移住　⑥自由　⑦保護
⑧リンカン　⑨アメリカ連合国
⑩奴隷解放宣言　⑪大陸横断鉄道
⑫アメリカ=スペイン(米西)戦争
⑬功利主義　⑭ヘーゲル　⑮ランケ
⑯ダーウィン　⑰ノーベル

アドバイス ②ラテンアメリカ諸国の独立に対するヨーロッパ諸国の干渉を排除するために，大統領モンローが発した宣言。⑧ゲティスバーグでの演説で**「人民の，人民による，人民のための政治」**を訴えたことで知られる。⑩多くの黒人奴隷は解放されたが，人種差別はその後も続いた。

確認しよう (1)クリオーリョ
(2)フロンティア (3)ゴールドラッシュ
(4)共和党 (5)種の起源

解説 (1)ラテンアメリカにおける植民地生まれの白人の裕福な地主階級で，本国から派遣された官僚と対立し，独立運動の中心となった。
(2)1869年に最初の大陸横断鉄道が開通すると，西部開拓はさらに進み，1890年にはフロンティアの消滅が宣言された。

論述力を鍛える (例)南部は黒人奴隷を使って綿花などを栽培する大農場経営が中心であったため，農産物を自由に輸出するために自由貿易を，北部は商工業が発達し，イギリスの大工業と対抗するため，輸入製品を制限する保護貿易を主張した。

解説 19世紀前から，西部に新しい州が生まれる際，特にそれが南北の境界領域に位置する場合，奴隷制を採用する奴隷州となるか，奴隷制を採用しない自由州となるかをめぐって，南北は激しく対立した。

演習問題② p.24～25

1 (1)①資本主義経済
②(例)ヨーロッパから武器などをアフリカへ運んで奴隷と交換して南北アメリカ大陸のプランテーションに送り，砂糖やタバコなどの産品を得てヨーロッパに再輸出する貿易。
(2)パリ条約 (3)ア (4)エ

2 (1)①正統主義 ②二月革命
(2)メッテルニヒ (3)エ (4)ア (5)ウ

3 (1)ウ (2)イ (3)エ

解説 1(1)①資本主義経済の発展で，労働問題などの社会問題が生じ，資本主義を批判する**社会主義思想**が生まれた。
(4)**エ**の七年戦争は，1756年に始まった。**ア・イ・ウ**は19世紀のできごとである。
2(3)**エ**．ロシアではクリミア戦争の敗北をきっかけに大規模な改革が始まり，1861年に**アレクサンドル2世**が**農奴解放令**を出した。
(4)**ア**．フランスでは**二月革命**によって**第二共和政**が樹立され，男性普通選挙が実現した。
3(1) X．ケベック州はカナダの州である。
(2)**イ**．リンカンは南北戦争中に**奴隷解放宣言**を出した大統領である。南北アメリカ大陸とヨーロッパの相互不干渉を宣言したのは**モンロー**大統領である。
(3)フロリダは1819年にスペインから購入した。テキサスの併合は1845年，アラスカの購入は1867年である。

10. 西アジアとインド・東南アジアの変容 p.26～27

①ギリシア ②タンジマート
③ミドハト=パシャ
④アブデュルハミト2世
⑤ムハンマド=アリー ⑥スエズ運河
⑦ウラービー ⑧ガージャール
⑨プラッシーの戦い ⑩シパーヒー
⑪インド大反乱 ⑫インド帝国
⑬強制栽培 ⑭フィリピン ⑮ベトナム

アドバイス ②オスマン帝国の西欧化をめざした「上からの近代化」であったが，保守派の抵抗が強く，成果があがらず挫折した。⑤徴兵制や綿花などの専売制を導入した。⑥地中海と紅海を結ぶ運河で，1869年にフランス人レセップスが開通させた。⑦「エジプト人のためのエジプト」をスローガンに戦い，エジプト民族運動の出発点となった。

確認しよう (1)アフガーニー
(2)ベンガル地方 (3)ヴィクトリア女王
(4)インドネシア
(5)チュラロンコン(ラーマ5世)

解説 (1)ムスリムの連帯を唱え，イスラーム諸国の民族運動などに影響を与えた。
(2)**イギリス東インド会社**が徴税権・司法権を獲得した。
(4)インドネシアのジャワ島では，コーヒーやサトウキビなどを強制的に栽培させ，安く買い上げる**強制栽培制度**が実施された。

論述力を鍛える (例)それまでのインドは，綿織物を生産しアジアや西欧諸国などに輸出していたが，イギリスの産業革命の成功，それに続くインドの植民地化が進むと，イギリス製の綿製品が流入し，国内の綿織物などの手工業は衰退した。

解説 イギリスが産業革命を成功させると，インドにはイギリス製綿糸や綿織物が流入し，1810年代末には輸出入額が逆転した。19世紀前半のインドはイギリスに綿花や藍など一次産品を輸出し，イギリスから綿織物などの工業製品を輸入するようになった。

11. 中国の動揺 p.28～29

①広州 ②銀 ③三角貿易 ④林則徐
⑤南京条約 ⑥香港島 ⑦租界
⑧アロー戦争 ⑨北京条約
⑩洪秀全 ⑪郷勇 ⑫洋務運動
⑬中体西用 ⑭大院君

間違えやすい ⑤・⑨**南京条約**と**北京条約**を混同しないこと。南京条約はアヘン戦争の講和条約で上海など5港を開港，イギリスに香港島を割譲した条約。北京条約は第2次アヘン戦争(アロー戦争)後の講和条約で，天津など11港を開港し，外国公使の北京駐在やキリスト教布教の自由・アヘン貿易の合法化などを認めさせた条約。

確認しよう (1)綿織物 (2)上海
(3)滅満興漢 (4)曽国藩・李鴻章
(5)総理各国事務衙門(総理衙門)

解説 (4)第2次アヘン戦争で，イギリス・フランスはより有利な条件で北京条約を結ぶと清朝支持に転じた。郷勇や諸外国の協力により，太平天国は鎮圧された。
(5)朝貢体制のもとでは，外交を扱う役所は設けられていなかったが，1861年に清朝最初の外交事務官庁として北京に置かれた。

論述力を鍛える (例)当時の租税(地丁銀制)は銀で納めていたので，銀が流出することで銀の価格が高騰すると，日常使っている銅銭を銀にかえて納税する農民にとっては実質的な増税となるため。

解説 アヘン戦争後の増税や，銀流出による実質的な増税で民衆の生活は窮乏し，清朝に対する不満から，結社をつくって助け合い，生活を守ろうとする動きが高まった。そのなかで最大のものが，**洪秀全**を指導者とする**太平天国**であった。

12. 日本の開国とその影響 p.30〜31

①オランダ風説書 ②ラクスマン
③異国船打払令 ④尊王攘夷
⑤薪水給与令 ⑥ペリー ⑦阿部正弘
⑧下田 ⑨ハリス ⑩日米修好通商条約
⑪反射炉 ⑫井伊直弼 ⑬桜田門外の変
⑭公武合体 ⑮薩英戦争 ⑯薩長同盟
⑰生糸

アドバイス ③1839年，幕府は対外政策を批判した者を厳しく処罰した(蛮社の獄)。⑥東インド艦隊司令長官で，初来航の際に大統領の国書を幕府に提出して開国を求めた。⑰生糸の輸出が拡大する一方，綿織物の大量輸入が国内の綿織物業者に大きな打撃を与えた。

確認しよう (1)レザノフ (2)アヘン戦争
(3)領事裁判権 (4)安政の大獄 (5)イギリス

解説 (1)長崎に来航したが，幕府は冷淡に対応して追い返したため，ロシア軍艦は樺太や択捉島を攻撃した。
(4)徳川慶喜らは隠居・謹慎を命じられ，長州藩士の吉田松陰らが処刑された。
(5)アメリカが**南北戦争**中であったこともあり，イギリスとの貿易額が最も多かった。

論述力を鍛える (例)それまでの幕府独裁の方針を転換して朝廷に事態を報告し，諸大名に意見を求めた。これにより，朝廷や雄藩の幕政への影響力を強める結果となった。

解説 老中首座阿部正弘は，日本の国を挙げての対応を考え，諸大名や幕臣にも意見を述べさせた。こうした措置は，それまで幕府政治に発言力をもたなかった人々の政治参加を促すこととなった。

演習問題③ p.32〜33

1 (1)①クリミア ②ギリシア
③アブデュルハミト2世
(2)ムハンマド=アリー (3)タンジマート
(4)ミドハト=パシャ (5)イ

2 (1)プラッシーの戦い
(2)(例)東インド会社のシパーヒーとよばれるインド人傭兵がおこした反乱。イギリスがこれを鎮圧する過程でムガル帝国は滅亡し，その後，インド帝国を成立させて直接統治を始めた。
(3)ヴィクトリア女王

3 (1)イ (2)イ (3)北京条約

4 (1)①ハリス ②堀田正睦 ③孝明天皇
(2)エ (3)桜田門外の変 (4)エ

解説 1(5)**イ**．**アフガーニー**は，宗派の別なくムスリムが一致団結すべきだと主張した。
2(2)イギリスはインド大反乱を鎮圧するとともに，**東インド会社**を解散した。
3(2)**イ**．**香港島**をイギリスに割譲した。
4(2)**ア・イ**．日米和親条約では，**下田・箱館**を開港し，下田に領事が駐在することを認めた。**ウ**．燃料や食料は無償ではなかった。**エ**．これを最恵国待遇という。
(4)**ア**．横浜が圧倒的に多かった。**イ**．当時アメリカでは**南北戦争**がおこっていたため，イギリスとの貿易が最も多かった。**ウ**．輸出超過になっている。

第3章 日本の近代化と立憲体制

13. 明治維新と諸改革 p.34～35

①徳川慶喜　②大政奉還　③岩倉具視
④鳥羽・伏見の戦い　⑤五箇条の誓文
⑥版籍奉還　⑦廃藩置県　⑧華族
⑨地券　⑩地租改正　⑪学制　⑫徴兵令
⑬福沢諭吉

アドバイス ②土佐藩の後藤象二郎と坂本龍馬が，前藩主を通じて徳川慶喜に政権の返上を勧めた。⑤明治天皇が神々に誓う形式で発布された。⑥薩長土肥の４藩主が奉還し，他藩主もならった。⑬『学問のすゝめ』で，国家の隆盛は学問で成り立つと説いた。

確認しよう (1)王政復古の大号令
(2)戊辰戦争　(3)秩禄処分　(4)徴兵告諭
(5)文明開化

解説 (2)箱館の五稜郭に立てこもっていた旧幕府軍の榎本武揚らが降伏し，国内は新政府によってほぼ統一された。
(5)富国強兵をめざす政府は，西洋文明の摂取によって近代化の推進をはかった。そのため，率先して西洋の産業技術や社会制度，学問・思想や生活様式を取り入れた。

論述力を鍛える (例)それまでの不安定な年貢による財源を安定させる目的で行われ，課税基準を従来の収穫高から地価に変更し，地価の３％を地租として現金で納めさせるようにした。

解説 **地租改正**によって，政府財政の基礎が固まり，地主・自作農の土地所有権が確立した。また，地租の現金納付が始まると農村への商品経済の浸透が進んだ。一方で，政府は従来の年貢による収入を減らさない方針で地租改正を進めたので，農民の負担は江戸時代と変わらず，負担の軽減を求める一揆が各地でおきた。

14. 明治政府の外交政策 p.36～37

①工部省　②富岡製糸場　③岩倉具視
④日清修好条規　⑤征韓論
⑥明治六年の政変(征韓論政変)
⑦日朝修好条規　⑧台湾出兵
⑨樺太・千島交換条約　⑩開拓使
⑪屯田兵　⑫沖縄県　⑬尖閣諸島
⑭竹島

間違えやすい ⑥**明治六年の政変**は，征韓論争に敗れた西郷隆盛らが政府を去ったできごと。**明治十四年の政変**は，民権派に同調したとして，政府が大隈重信を罷免したできごとである。

確認しよう (1)お雇い外国人
(2)岩倉使節団　(3)江華島事件
(4)北海道旧土人保護法　(5)琉球処分

解説 (3)この事件をきっかけに，1876年に**日朝修好条規**を結んで，朝鮮を開国させた。
(5)沖縄県では，旧来の慣習を残す政策をとったため，地租改正などの諸制度の改革は遅れた。

論述力を鍛える (例)幕府から引き継いだ不平等条約を改正し，欧米と対等な主権国家になることを目標としたから。

解説 幕末に諸外国と結んでいた不平等条約は独立国家としては屈辱的なものであり，かつ貿易上も不利なものであった。そのため，条約改正は明治政府の重大な外交問題であり，国内的には国民の信頼を得るための内政問題でもあった。

15. 自由民権運動と立憲体制の成立 p.38～39

①民撰議院設立　②立志社　③愛国社
④佐賀の乱　⑤西南戦争　⑥国会期成同盟
⑦集会条例　⑧大隈重信　⑨自由党
⑩松方正義　⑪秩父事件　⑫伊藤博文
⑬内閣制度　⑭枢密院　⑮15
⑯教育勅語(教育に関する勅語)

アドバイス ③結成後，板垣退助の政府への復帰により事実上解散したが，1878年に再興され，1880年に国会期成同盟と改称された。⑧政府では，国会の即時開設を主張する大隈重信と，時期尚早とする伊藤博文らが対立していた。⑭憲法草案審議のために設置された。憲法制定後も天皇の最高諮問機関として重要な国事を審議した。

確認しよう (1)江藤新平　(2)西郷隆盛
(3)明治十四年の政変　(4)立憲改進党
(5)欽定憲法

解説 (2)**薩摩藩**の下級武士として尊王攘夷運動に活躍し，1866年に**薩長同盟**を結んだ。新政府では廃藩置県に尽力したが，征韓論争に敗れて下野し，1877年に**西南戦争**をおこした。
(4)大隈重信が，二院制やイギリス流の穏健な立憲主義を主張して結成した。

論述力を鍛える (例)厳しい緊縮財政による全国的不況のなかで米や生糸の価格が下落して，地租を現金で負担する農村を圧迫したから。

解説 **松方デフレ**による不景気で，地租は実質的な増税となった。納税できない場合には土地の所有権を失うことになり，不満をもつ農民の政府への反発から**秩父事件**など，民権運動が激化する要因の１つとなった。

演習問題④ p.40～41

1 (1)①廃藩置県 ②徴兵令
(2)(例)徴税権と軍事権は，そのまま各藩に属していたから。
(3)エ (4)秩禄処分 (5)学制
2 (1)①岩倉具視 ②日清修好条規
③征韓論 ④江華島
(2)津田梅子 (3)イ (4)琉球処分
(5)イ→ア→ウ (6)エ
3 (1)①大久保利通 ②板垣退助 (2)イ
(3)①ウ ②(例)君主権が強い憲法で，天皇中心の中央集権国家をめざす日本に都合がよかったから。
(4)ア (5)秩父事件

解説 1(2)中央集権化をはかるため，**版籍奉還**では不十分だったため，**廃藩置県**により藩をなくして府と県を置いた。
(3)**エ**．地租は３％から2.5％に引き下げられた。
2(2)岩倉使節団には，津田梅子ら女子留学生も含まれていた。
(5)**ア**は1877年，**イ**は1874年，**ウ**は1881年のできごとである。
(6)**エ**．日朝修好条規は，日本の領事裁判権や関税免除を認めさせる不平等条約であった。
3(3)①**ア**．**国会開設の勅諭**で国会開設を公約した。**イ**．大審院ではなく**枢密院**である。**エ**．元老院ではなく**大審院**である。元老院は立法機関として設置された。
(4)**集会条例**は1880年に，**保安条例**は1887年に自由民権運動を弾圧するために出された。出版条例は1869年に公布された出版取締法である。

第4章 帝国主義の展開とアジア

16．条約改正と日清戦争 p.42～43

①壬午軍乱(壬午事変)
②甲申事変(甲申政変)
③天津条約 ④福沢諭吉
⑤井上馨 ⑥鹿鳴館
⑦シベリア鉄道 ⑧陸奥宗光
⑨日英通商航海条約 ⑩小村寿太郎
⑪関税自主権 ⑫甲午農民戦争
⑬下関条約 ⑭遼東半島 ⑮台湾総督府
⑯三国干渉 ⑰大韓帝国

間違えやすい ①壬午軍乱(壬午事変)は，高宗の妃で親日派の閔妃と，高宗の父・大院君の権力争い。②**甲申事変**(甲申政変)は，清からの独立をめざす金玉均らがおこしたクーデタで，清の干渉で失敗した。⑫**甲午農民戦争**(東学の乱)は，東学を信仰する農民らがおこした反乱である。

確認しよう (1)脱亜論 (2)欧化政策
(3)東学 (4)大津事件 (5)ドイツ

解説 (1)福沢諭吉が『時事新報』に掲載した論説。
(4)シベリア鉄道の起工式に出席する途中，来日したロシア皇太子が滋賀県大津で警備の巡査に切りつけられて負傷した事件。
(5)遼東半島の割譲はアジア進出をねらうロシアを刺激し，ロシアはフランス・ドイツを誘って，日本に対して遼東半島の清への返還を要求した。

論述力を鍛える (例)日清戦争前に琉球やベトナムの朝貢がなくなったことに加え，戦争後，朝鮮の独立を認めたことで，東アジアの伝統的な朝貢体制による秩序が完全に崩壊した。

解説 琉球処分によって，清が属国と見なしていた琉球は朝貢が廃止され，さらに，1884～85年の清仏戦争に敗れた結果ベトナムを失い，日清戦争後には朝鮮の独立を認めたことで，清の朝貢体制が崩壊した。また，日本が台湾を植民地としたことで，日本の対外進出が始まった。

17．日本の産業革命 p.44～45

①日本銀行 ②金本位制 ③日本鉄道会社
④鉄道国有法 ⑤日本郵船会社

⑥生糸　⑦政商　⑧財閥　⑨八幡製鉄所
⑩労働組合期成会　⑪治安警察法
⑫工場法　⑬足尾銅山　⑭田中正造
⑮寄生地主

アドバイス ③1891年に上野～青森間を全通させた。⑤三菱汽船会社と半官半民の共同運輸会社が合併して創立された。⑧一族の独占的出資による資本を中心に結合した経営形態。運輸・鉱山・貿易・金融など事業を多角化した。⑪労働者の団結権・争議権の制限などが規定された。⑫15人未満の工場には適用されず，施行も1916年まで延期された。

確認しよう (1)松方正義　(2)紡績業　(3)大阪紡績会社　(4)アメリカ　(5)大隈重信

解説 (2)紡績業は綿糸，製糸業は生糸を生産する工業。
(3)機械の能力を最大限に生かすため，昼夜２交替で操業していた。
(4)生糸の輸出先は，1913年には70％近くがアメリカ向けであった。

論述力を鍛える (例)大阪紡績会社が輸入機械を用いた大規模経営に成功し，1897年には綿糸の輸出量が輸入量を上回った。また，器械製糸による生糸の生産量が増加し，アメリカ向けの輸出がのびた。

解説 日本の紡績業は，機械と綿花を輸入して綿糸を生産し，製品は国内消費も多かったので，紡績業が発展するにつれて国際収支の赤字をもたらした。そのため，日本の産業革命の進展には外貨を獲得する製糸業の発展が必須であった。

18. 帝国主義と列強の動向　p.46～47

①石油　②スエズ　③パナマ
④第２インターナショナル
⑤エジプト　⑥労働党
⑦アイルランド自治法
⑧ドレフュス事件　⑨社会党
⑩ヴィルヘルム２世　⑪ビスマルク
⑫ベルンシュタイン　⑬ニコライ２世
⑭セオドア=ローズヴェルト
⑮棍棒外交　⑯門戸開放　⑰機会均等

アドバイス ④ドイツ社会民主党が活動の中心となり，反帝国主義の立場から戦争に反対した。しかし，第一次世界大戦が勃発すると，多くの国の参加政党が自国の防衛戦争として大戦を支持したため，反戦運動は崩れた。⑦イギリス人が多かった北アイルランドで反発を招き，第一次世界大戦の勃発を理由に施行は延期された。⑯アメリカ国務長官ジョン=ヘイが中国市場への進出をねらって門戸開放宣言を発表した。

確認しよう (1)電力　(2)自治領　(3)世界政策　(4)血の日曜日事件　(5)領土保全

解説 (1)石炭にかわって石油が，蒸気力にかわって電力が動力源として利用されるようになった。
(3)帝国主義諸国が，植民地の獲得を主な目的として，政治的・経済的・軍事的に進出を強行する対外政策をいう。特に19世紀末からのドイツの帝国主義政策を指す。

論述力を鍛える (例)第２次産業革命による工業の発達で，工業製品の輸出先としての新たな市場と原料の供給先としての植民地の重要性が増したから。

解説 第２次産業革命により，巨大規模化した産業に原料などを調達し，手狭になったヨーロッパ市場以外の商品の販路を確保するため，産業界は植民地拡大の要請を強めた。このため，各国は新しい植民地の獲得に力を入れるとともに，従来からの植民地においても現地社会への介入をより深めた。

19. 列強による世界分割と対立　p.48～49

①ベルギー　②南アフリカ戦争
③カルカッタ　④３Ｃ政策
⑤ジブチ　⑥ファショダ事件
⑦エチオピア　⑧イタリア=トルコ戦争
⑨アボリジニ　⑩マオリ
⑪ハワイ王国　⑫メキシコ革命
⑬露仏同盟　⑭日英同盟　⑮英仏協商
⑯英露協商　⑰三国協商　⑱三国同盟

間違えやすい ⑨・⑩オーストラリアの先住民は**アボリジニ**，ニュージーランドの先住民は**マオリ**。どちらも土地を奪われるなど迫害を受けた。⑰**三国協商**は英仏協商・英露協商・露仏同盟からなり，ロシアとフランスは協商ではなく同盟である。

確認しよう (1)ベルリン会議(ベルリン=コンゴ会議) (2)リベリア (3)再保障条約 (4)3B政策 (5)光栄ある孤立

解説 (2)アメリカで解放された黒人が1820年代から入植し，1847年に独立した国。国名は「自由」を意味する。
(3)ドイツのヴィルヘルム2世が，勢力均衡にもとづくビスマルク外交を否定し，条約を破棄した。

論述力を鍛える (例)長い間，「光栄ある孤立」の立場をとっていたが，ロシアの東アジア進出を警戒して日本と日英同盟を結んだ。その後，ドイツに対抗して三国協商を成立させることで，日本・フランス・ロシアとの提携関係を深めた。

解説 アジア各地に植民地をもっていたイギリスは，20世紀に入り，アジア進出をめざすロシアと対立し，日本と日英同盟を結んだ。これにより，それまでどこの国とも同盟を結ばない「光栄ある孤立」の立場を転換した。その後も，フランスと英仏協商，ロシアと英露協商を成立させることで，三国同盟に対抗して，自国の植民地や勢力圏を守ろうとした。

20. 日露戦争とアジア諸地域の変容 p.50〜51

①膠州湾(チャオチョウ) ②康有為(カンヨウウェイ)
③西太后 ④戊戌の政変
⑤北京議定書 ⑥内村鑑三
⑦ポーツマス条約 ⑧日比谷焼打ち事件
⑨統監府 ⑩義兵運動
⑪韓国併合条約 ⑫朝鮮総督府
⑬南満洲鉄道 ⑭光緒新政 ⑮孫文(スンウェン)
⑯辛亥革命 ⑰中華民国
⑱ベンガル分割令 ⑲ドンズー

アドバイス ③宮廷保守派の中心。戊戌の政変をおこして改革派を弾圧した。⑨伊藤博文を初代統監として漢城に置かれた。⑬南満洲の権益を独占しようとする日本の姿勢はアメリカの批判を招き，日米関係を悪化させた。⑱民族運動が激しくなり，1911年に撤回された。

確認しよう (1)光緒帝 (2)扶清滅洋 (3)幸徳秋水 (4)中国同盟会 (5)インド国民会議

解説 (1)戊戌の政変で西太后によって幽閉された。
(2)義和団は，鉄道やキリスト教会を破壊するとともに，北京の外国公使館を包囲した。
(5)ベンガル分割反対運動の過程で，政治組織の**国民会議派**となった。

論述力を鍛える (例)講和条約では賠償金が得られなかったことなどから，増税や多大な戦費，人的な犠牲に見合った成果ではないと受け止めた人々が多くいたため。

解説 国民は人的な損害と大幅な増税にも耐えて日露戦争を支えたにもかかわらず，賠償金がまったくとれないポーツマス条約を屈辱的として不満を爆発させた。講和条約調印の日に東京日比谷公園で開かれた講和反対国民大会に集まった民衆が暴徒化し，**日比谷焼打ち事件**がおこった。

演習問題⑤ p.52〜53

1 (1)ア (2)ア
(3)(例)ロシア国内で革命がおこったから。
(4)イ

2 (1)①チュニジア ②ジブチ ③ファショダ ④英仏協商 ⑤リベリア
(2)ベルギー
(3)カイロ・ケープタウン・カルカッタ

3 (1)①大阪紡績会社 ②八幡製鉄所
(2)エ (3)ア

解説 1(1)ア．威海衛(ウェイハイウェイ)はイギリスが租借した。
(2)ア．閔妃(ミンビ)一族は当初日本に接近したが，**壬午軍乱**後は清に接近した。
(3)ロシアでは，日露戦争開戦による窮乏を訴えようとして宮殿前に集まった群衆に，軍隊が発砲する**血の日曜日事件**をきっかけに革命(1905年革命)がおこった。
(4)**イ**．日本は旅順(ルーシュン)・大連(ターリエン)を中心とした地域(関東州)の租借権を得た。
2(2)ビスマルクの提唱で開催された**ベルリン会議(ベルリン=コンゴ会議)**で認められた。また，この会議ではアフリカの植民地化における**実効支配の原則**が定められた。
3(1)②八幡製鉄所が建設された北九州は，鉄鉱石の輸入先の中国に近く，石炭も北九州の近くで豊富に産出された。
(3)**ア**．日本鉄道会社は1881年に設立された日本初の民営鉄道会社で，官業事業の払い下げを受けたものではない。

第2編｜国際秩序の変化や大衆化と私たち

第5章 第一次世界大戦と大衆社会

21. 第一次世界大戦 p.54～55

①三国協商　②ヨーロッパの火薬庫
③ボスニア・ヘルツェゴヴィナ
④バルカン同盟　⑤サライェヴォ事件
⑥ベルギー　⑦総力戦　⑧袁世凱(ユアンシーカイ)
⑨無制限潜水艦　⑩ウィルソン
⑪キール軍港　⑫ドイツ共和国

アドバイス　④バルカン同盟側の勝利で，オスマン帝国はバルカンの領土の大半を失った。⑥ベルギーは中立国であった。⑦軍需工場への女性の動員，食料配給制など国民の生活全体が統制された。⑫共和国政府が連合国と休戦協定を結んだことで，第一次世界大戦は終結した。

確認しよう　(1)オーストリア
(2)ブルガリア　(3)青島　(4)二十一カ条の要求
(5)フセイン・マクマホン協定

解説　(3)日本は山東省青島のドイツ軍を破り，東アジアにおけるドイツの拠点を奪った。
(4)要求の中には，中国政府への日本人顧問の採用など，中国の主権を著しく侵害する内容も含まれていた。
(5)1916年の**サイクス・ピコ協定**や1917年の**バルフォア宣言**は，アラブ地域の独立を約束した**フセイン・マクマホン協定**と矛盾する内容であった。

論述力を鍛える　(例)バルカン半島は，協商国(連合国)と同盟国に分かれた列強の陣営間対立と，新興の小国の領土要求，民族や宗教が複雑に絡み合い，一触即発の状況であったから。

解説　オスマン帝国が衰退していくなか，19世紀以降にバルカン半島では次々と小国が誕生した。ロシアが影響力を強めるためそれらの国々に介入したことから，オーストリアとの対立が深まった。オーストリアのボスニア・ヘルツェゴヴィナ併合，バルカン戦争を経て，バルカン半島での列強間の対立が深まった。

22. ロシア革命とシベリア出兵 p.56～57

①二月革命　②ソヴィエト
③ケレンスキー　④十月革命
⑤平和に関する布告　⑥エスエル党
⑦ブレスト=リトフスク条約　⑧モスクワ
⑨赤軍　⑩共産党　⑪コミンテルン
⑫ネップ　⑬ソヴィエト社会主義共和国連邦
⑭日ソ基本条約

アドバイス　⑥社会革命党の通称。専制政治の打倒と土地の分配を目標とした。⑦ソヴィエト政権はポーランド・エストニアなどの広大な領土を失ったが，ドイツと連合国の休戦協定が結ばれると，条約は破棄された。⑫新経済政策(ネップ)により，1927年ごろまでに各部門の生産は戦前の水準に回復した。⑬当初4共和国であったが，のちに15共和国となった。

確認しよう　(1)ニコライ2世
(2)レーニン　(3)戦時共産主義　(4)シベリア出兵
(5)ワシントン会議

解説　(1)十月革命後に監禁され，1918年に革命派によって処刑された。
(4)1920年，ニコライエフスク(尼港)を占領した日本軍が革命派のゲリラに包囲され，兵士・居留民ら700人余りが殺害される事件(尼港事件)がおこった。
(5)1921～22年にアジア・太平洋地域の新秩序と海軍軍縮を協議するために開かれた国際会議。

論述力を鍛える　(例)レーニンは，エスエル党が第1党となった議会を武力で解散させ，事実上の共産党一党独裁体制を敷いた。さらに，赤軍をつくり，戦時共産主義の実施などで中央集権的機構を確立して内乱を制圧し干渉戦争も乗り切ったことで，共産党の一党独裁体制を確立した。

解説　ソヴィエト政権発足後の普通選挙で，エスエル党が圧倒的多数を占め，最初の議会でソヴィエトが提出した議案が否決されたことから，レーニンが武力で議会を閉鎖，解散させ，ボリシェヴィキ独裁が事実上実現した。その後も，赤軍の設置や反革命運動の取り締まりを行い，共産党以外の政党を禁止するなど，一党独裁体制を固めていった。

23. 国際協調体制の形成 p.58～59

①ヴェルサイユ条約　②アルザス・ロレーヌ
③民族自決　④全会一致
⑤ワシントン会議　⑥ロカルノ条約

⑦不戦条約　⑧ロンドン海軍軍備制限条約
⑨ウェストミンスター憲章　⑩ルール占領
⑪ファシスト党　⑫ローマ進軍
⑬シュトレーゼマン　⑭ドーズ案

アドバイス ③民族自決の原則はアジア・アフリカなどの植民地には適用されなかったが，自治や独立をめざす運動に大きな影響を与えた。⑦フランスのブリアン外務大臣とアメリカのケロッグ国務長官の提唱で調印された。⑧米・英・日の補助艦の保有比率は10：10：6.975となった。⑫ムッソリーニが政権獲得のために行った威圧的行動。

確認しよう (1)セーヴル条約
(2)国際連盟　(3)四カ国条約　(4)ベルギー
(5)ムッソリーニ

解説 (1)オスマン帝国のヨーロッパ側の領土はイスタンブル周辺だけが残された。
(3)四カ国条約は太平洋の平和に関する条約，九カ国条約は中国に関する規定を定めた条約である。
(4)ルール占領に対し，ドイツ側は工業地帯の生産を停止したため，激しいインフレが発生した。

論述力を鍛える (例)ドイツやソヴィエト=ロシアを排除したうえにアメリカが不参加となったことや，紛争に関して経済制裁は可能であったが，軍事制裁の手段をもたなかったこと，さらに議決方法が総会での全会一致であったことなどから，紛争解決には限界があったため。

解説 国際連盟は，その指揮下で動く軍をもっていなかったため，軍隊で制裁を加えることができなかった。また，国際連盟設立の提唱国であるアメリカが，モンロー宣言以来のヨーロッパには干渉しないという原則を主張する議会の反対で加盟せず，ドイツやソヴィエト=ロシアは当初，加盟が認められなかった。さらに，議決方法が総会での全会一致だったため，すべての国々の賛成を得ることが難しかったことなどから，国際連盟の機能は不十分なものであった。

演習問題⑥　p.60〜61

1 (1)①サライェヴォ　②ベルギー　③キール
(2)エ　(3)総力戦　(4)無制限潜水艦作戦
(5)ドイツ−ヴェルサイユ条約
オスマン帝国−セーヴル条約
(6)(例)孤立主義が外交の基本方針だと主張する議会が反対したため。

2 (1)①ペトログラード　②ニコライ2世
③ボリシェヴィキ　④ケレンスキー
⑤ブレスト=リトフスク条約　⑥赤軍
⑦戦時共産主義　⑧新経済政策(ネップ)
(2)(例)ロシア革命の影響が波及するのを恐れたため。
(3)ウ

3 (1)①ウィルソン　②ヴェルサイユ
③アルザス・ロレーヌ
④ラインラント　⑤ワシントン
⑥ロカルノ条約　⑦不戦条約
(2)バルフォア宣言　(3)エ　(4)イ

解説 1(1)③キール軍港の水兵の反乱をきっかけに成立した**ドイツ共和国**では，1919年に民主的な**ヴァイマル憲法**が制定された。
(2)**エ**．第2次バルカン戦争はブルガリアとほかのバルカン同盟国との戦いで，ブルガリアが敗れた。
(6)モンロー宣言以降の孤立主義の立場から，国際的負担に反対する議会が国際連盟への加入を否決した。
2(1)①第一次世界大戦中に，サンクト=ペテルブルクから改称された。⑧穀物徴発制の廃止，小規模の私企業や小農の経営を認めたため生産意欲が刺激された。
(3)**ウ**．1925年に日本と**日ソ基本条約**を締結した。
3(1)④ライン川の東の幅 50 km の地帯を非武装地帯として，ドイツの軍事施設と駐兵を禁止した。⑤ワシントン会議で結ばれた**海軍軍備制限条約**では，米・英・日・仏・伊の主力艦の保有トン数の比率が，5：5：3：1.67：1.67と定められた。⑥ロカルノ条約締結の翌年，ドイツは国際連盟に加盟した。⑦パリ不戦条約，ブリアン・ケロッグ条約ともいう。
(3)**エ**．世界保健機関(WHO)は第二次世界大戦後の1948年に国際連合の専門機関として設立された。
(4)**イ**．イギリスでは，1918年時点では女性の参政権は30歳以上に限られ，21歳以上の男女ともに選挙権が与えられたのは1928年である。

24. アジア・アフリカ地域の民族運動　p.62〜63

①三・一独立運動　②文化政治
③五・四運動　④白話　⑤陳独秀
⑥魯迅　⑦孫文　⑧国共合作
⑨蔣介石　⑩上海　⑪スカルノ
⑫ホー=チ=ミン　⑬ガンディー

⑭ネルー　⑮ムスタファ=ケマル
⑯ワフド党　⑰レザー=ハーン
⑱パフレヴィー朝

間違えやすい　⑦・⑨**孫文**は中国国民党を結成した。**蔣介石**は，孫文の死後国民党の実権を握った人物である。⑩蔣介石がクーデタをおこしたのは上海，国民政府を立てたのは南京である。⑮・⑰ムスタファ=ケマルはトルコ共和国を建て，レザー=ハーンはパフレヴィー朝を開いた人物である。

確認しよう　(1)中国国民党　(2)北伐
(3)インドネシア国民党
(4)プールナ=スワラージ　(5)スルタン制

解説　(1)孫文が，軍閥政府に対抗し大衆的政治運動を進めるために結成した。
(3)インドネシア国民党を創設した**スカルノ**は，のちにインドネシアの大統領となった。
(5)**スルタン制**が廃止されたことで，オスマン帝国は名実ともに滅亡した。

論述力を鍛える　(例)第一次世界大戦中，イギリスがバルフォア宣言でパレスチナにユダヤ人の国家建設を認めていた。それにより，戦後パレスチナにユダヤ人の入植が増加した。一方で，フセイン・マクマホン協定でアラブ人の国家建設を認めることをイギリスから約束されていたアラブ人との間で，民族・宗教的対立が深まったことがパレスチナ問題の始まりとなった。

解説　パレスチナ地域にある**イェルサレム**には，ユダヤ教，キリスト教，イスラーム教，それぞれの聖地があり宗教上重要な地域になっている。かつてユダヤ人はパレスチナで迫害された歴史があり，19世紀後半からユダヤ人の間でパレスチナの地に戻って国家を建設しようという「**シオニズム運動**」が高まっていた。イギリスが**バルフォア宣言**でユダヤ人の国家建設を認めたことを受け，大戦後，ユダヤ人がパレスチナの地に移り住む動きを強めた結果，アラブ人との対立が生じた。

25．大衆消費社会の到来　p.64～65

①大衆　②フォーディズム　③ドーズ
④中間層　⑤ラジオ　⑥大衆消費社会
⑦クー=クラックス=クラン　⑧移民法
⑨職業婦人　⑩円本

アドバイス　①主に都市部で形成され，中程度の生活水準にあることが多い社会集団。④資本家と比較的貧しい労働者の中間に位置する階層で，都市部のサラリーマン層が多い。⑧1902年以降中国系移民は禁止されており，日本人移民が主な対象となったため，排日移民法ともよばれた。⑩改造社が1926年に配本を開始した『現代日本文学全集』は大ベストセラーになった。

確認しよう　(1)大衆社会　(2)フォード社
(3)禁酒法　(4)1925年

解説　(2)フォードが設立した会社で，流れ作業方式を導入して，大衆車「T型フォード」の量産化・低価格化に成功した。
(3)制定の背景には，酒造業にかかわる移民系の企業への反発もあった。しかし，密造・密売が横行したため，禁酒法は1933年に廃止された。

論述力を鍛える　(例)第一次世界大戦においてアメリカ本土は戦場にならなかったことに加え，連合国に多くの物資と資金を供給したことから，債務国から債権国へ転換し，国際金融の中心となった。また，ドイツへの資金援助など国際協調の推進に指導的な役割を果たし，政治・経済面での発言力が強くなったから。

解説　アメリカは，第一次世界大戦後にはそれまでの債務国から債権国に転じ，国際金融市場の中心がロンドンからニューヨークに移った。また，国際連盟の設立やワシントン会議の提唱，ドーズ案によるドイツへの資金貸与で経済復興の道筋をつけるなど，国際協調や軍縮を推進するうえで指導的役割を果たすようになった。このため，戦後の国際社会におけるアメリカの影響力が強くなった。

26．日本の民主主義の拡大と社会運動の展開　p.66～67

①大正デモクラシー　②美濃部達吉
③民本主義　④尾崎行雄
⑤第１次護憲運動　⑥大正政変
⑦山本権兵衛　⑧シーメンス事件
⑨寺内正毅　⑩原敬　⑪第２次護憲運動
⑫加藤高明　⑬普通選挙法　⑭治安維持法
⑮労働争議　⑯小作争議　⑰日本農民組合
⑱新婦人協会　⑲全国水平社　⑳日本共産党

アドバイス ①大正デモクラシー以前の1901年から10年以上にわたり，藩閥・軍出身の桂太郎と立憲政友会の西園寺公望が交互に政権を担った**桂園時代**が続いていた。⑩原内閣の時期にイギリスで男性普通選挙が実現したことから，普通選挙運動(普選運動)がさかんになった。⑮官営の八幡製鉄所などの大規模工場を中心に発生した。⑳**コミンテルン**の日本支部となった。

確認しよう (1)天皇機関説　(2)桂太郎　(3)米騒動　(4)憲政会　(5)平塚らいてう

解説 (2)大正政変の際につくろうとした新党は，桂の死後，立憲同志会として結成された。
(4)寺内内閣成立時に，立憲同志会を中心に大隈重信内閣の与党だった諸派が合同して結成された。

論述力を鍛える (例)清浦奎吾による非政党内閣が成立すると，立憲政友会・憲政会・革新倶楽部の護憲三派が，「憲政擁護・普選実現」を掲げて第２次護憲運動をおこした。総選挙の結果，衆議院で多数を占めた護憲三派内閣が成立し，加藤高明内閣によって，普通選挙法が制定され，男子普通選挙が実現した。

解説 初の本格的な政党内閣として誕生した**原敬**内閣に対し，国民は政治参加のための普通選挙の実施を望んだが，原内閣は時期尚早として，納税額の制限を10円から３円に緩和しただけであった。その後，非政党内閣の清浦奎吾内閣に対する**第２次護憲運動**の結果，**護憲三派**による内閣が成立し，この内閣のもと，満25歳以上の男性に選挙権が与えられる**男子普通選挙**が実現した。一方で，事実上の共産主義運動を禁止する**治安維持法**も同時に制定された。

演習問題⑦　p.68～69

1 (1)①インドシナ共産党　②スカルノ
③ムスタファ=ケマル
④パフレヴィー朝　⑤五・四運動
⑥陳独秀(チェンドゥーシウ)　⑦中国国民党
(2)(例)中国国民党の蔣介石(チアンチエシー)が上海でクーデタをおこし，中国共産党を弾圧したから。
(3)毛沢東(マオツォトン)

2 (1)①非暴力・不服従
②完全独立(プールナ=スワラージ)
③インド統治法
(2)(例)令状なしの逮捕や，裁判なしの投獄を認めた法律。
(3)ジンナー

3 (1)フォード　(2)都市中間層　(3)ウ
(4) KKK　(5)エ

4 (1)①閥族打破　②大正政変　③労働争議
④小作争議　⑤職業婦人
⑥平塚らいてう　⑦新婦人協会
⑧全国水平社
(2)立憲同志会　(3)ウ
(4)立憲政友会・憲政会・革新倶楽部
(5)満25歳以上の男性

解説 1(2)**蔣介石**は，上海でクーデタをおこすとともに，南京に**国民政府**を成立させた。
2(1)②ガンディーが1930年に行った「**塩の行進**」は，反英運動をさらに高めた。
(3)**全インド=ムスリム連盟**は，1906年に，ヒンドゥー系の国民会議派に対抗するため，イギリスの指導で結成されたイスラーム教徒の団体。1940年にイスラーム教徒の独立国家建設を決議した。
3(4) KKK は，**クー=クラックス=クラン**の略称である。
(5)アジア系の移民は低賃金で働いたため，ほかの移民や現地の人々との間で摩擦が生じていた。
4(1)①第１次護憲運動では「閥族打破・憲政擁護」，第２次護憲運動では「憲政擁護・普選実現」がスローガンに掲げられた。④1922年には小作人の全国組織である**日本農民組合**が結成された。
(4)護憲三派内閣では，第１党となった憲政会の党首加藤高明が首相となった。
(5)普通選挙法の成立で，全人口の約20%が選挙権をもつことになった。

第6章 経済危機と第二次世界大戦

27. 世界恐慌とファシズムの台頭　p.70～71

①ニューディール　②農業調整法
③善隣外交　④ブロック経済
⑤スターリン　⑥五カ年計画　⑦集団農場
⑧エチオピア　⑨国会議事堂放火事件
⑩全権委任法　⑪再軍備　⑫オーストリア
⑬ズデーテン　⑭ミュンヘン会談
⑮チェンバレン　⑯宥和政策
⑰人民戦線　⑱フランコ

アドバイス ①ニューディールによる効果は限定的であったが，社会不安の拡大は抑制された。
⑭ミュンヘン会談以降，ドイツはスロヴァキアを独立させて支配下に置き，チェコを保護領とした。
⑰労働時間の短縮など，労働者重視の政策をとったが，不況を克服できなかった。

確認しよう (1)フランクリン=ローズヴェルト (2)全国産業復興法(NIRA)
(3)計画経済 (4)国民社会主義ドイツ労働者党
(5)ラインラント進駐

解説 (2)**全国産業復興法**によって産業の復興を促すとともに，労働者の団結権と団体交渉権を認める**ワグナー法**が制定された。
(4)ナチス政権は，ユダヤ人排斥など過激な人種差別主義をとる一方，大規模な公共事業により失業者を大幅に減らしたことで国民の支持を得た。

論述力を鍛える (例)アメリカは，国家が積極的に経済に介入して景気の調整をはかるニューディールとよばれる政策や，ラテンアメリカ諸国に対する善隣外交政策で市場の拡大をめざした。イギリスは，金本位制の停止を実施するとともに，イギリス連邦内での関税引き下げと連邦外の国に高関税を課すブロック経済をとって恐慌の克服をはかった。

解説 当時の主要国は**金本位制**をとっていたが，恐慌発生後，イギリスが金の流出を防ぐために金本位制を停止すると，アメリカや日本もこれに続いて金本位制から離脱した。アメリカの**善隣外交**は，ラテンアメリカ諸国への内政干渉を行わず，ドル経済圏に組み込むことを目的としていた。イギリスやフランスが行った**ブロック経済**によって，植民地をもたず，経済的に不利な立場に置かれたドイツや日本は反発を強めた。

28. 日本の恐慌と満洲事変 p.72〜73

①関東大震災 ②モラトリアム
③財閥 ④金輸出解禁(金解禁)
⑤高橋是清 ⑥山東出兵(シャントン) ⑦張作霖(チャンツオリン)
⑧ロンドン海軍軍備制限条約
⑨統帥権干犯問題 ⑩柳条湖事件
⑪満洲事変 ⑫溥儀(プーイー) ⑬日満議定書
⑭五・一五事件 ⑮リットン調査団

アドバイス ⑤金輸出を再禁止し，次いで円の金兌換を停止し，日本銀行が流通する通貨の発行量を調整する**管理通貨制度**に移行させた。⑥国民党の北伐軍に対し，日本人居留民の生命・財産の保護を名目に，３度にわたって行われた。⑬満洲国承認と同時に締結された日本と満洲国との協定。
⑭この事件後，斎藤実が首相となり，軍部・政党・官僚が一体となった挙国一致内閣が成立した。

確認しよう (1)田中義一 (2)昭和恐慌
(3)幣原喜重郎 (4)満洲国 (5)犬養毅

解説 (1)田中内閣は，モラトリアムと日本銀行の救済融資によって恐慌をしずめたが，恐慌を契機に中小銀行の整理・合併が進み，財閥系の銀行の支配が強まった。
(4)日本・漢・満洲・朝鮮・モンゴルの「五族協和」を掲げたが，事実上は日本の支配下に置かれた。1934年に溥儀を皇帝とする帝政に移行し，1945年に日本の敗北で消滅した。

論述力を鍛える (例)日本は1931年に満洲事変をおこし，翌年，満洲国の建国を宣言した。この事態に対し，中国の提訴を受けた国際連盟はリットン調査団を満洲と日本に派遣して調査した。その結果，1933年，国際連盟は日本の満洲国承認の撤回を求める勧告案を臨時総会で可決した。これを不服とした日本は国際連盟からの脱退を通告した。

解説 第一次世界大戦の戦勝国として，日本は国際連盟の常任理事国となって大戦後の国際秩序の一翼を担うようになった。しかし，国際連盟が，1933年２月，臨時総会で満洲国が日本の傀儡政権であると認定し，満洲国承認撤回要求の勧告案を採択すると，**松岡洋右**ら全権団は議場から退場し，日本政府は３月に正式に国際連盟からの脱退を通告した(1935年に発効)。

29. 日中戦争と国内の動向 p.74〜75

①国体明徴声明 ②二・二六事件
③日独防共協定 ④日独伊三国防共協定
⑤華北分離工作 ⑥毛沢東(マオツォトン) ⑦蔣介石(チアンチエシー)
⑧西安事件(シーアン) ⑨抗日民族統一戦線
⑩盧溝橋事件 ⑪南京事件 ⑫汪兆銘(ワンチャオミン)
⑬戦時統制経済 ⑭国家総動員法
⑮国民徴用令

アドバイス ⑧共産党が調停に乗り出し，蒋介石は釈放され，同時に内戦は停止された。⑩現地では停戦協定が成立したが，軍部の圧力に屈した近衛内閣は，不拡大方針を転換して戦線を拡大した。⑬1938年からは，物資動員計画がつくられ，軍需品が優先的に生産された。

確認しよう (1)皇道派 (2)広田弘毅
(3)張学良 (4)国民精神総動員運動
(5)大政翼賛会

解説 (1)陸軍内で対立した統制派に対して劣勢になったことから，**二・二六事件**で実力行使に出た。
(5)下部組織として**産業報国会**や**隣組**などがつくられた。

論述力を鍛える (例)日本が華北分離工作を進めたことに対して中国国内で抗日運動が高まった。張学良が抗日と内戦停止を求めておこした西安事件後，盧溝橋事件により日中戦争が始まると，第２次国共合作が成立し，抗日民族統一戦線を結成して日本に対抗した。国民政府は首都南京を占領されたのちも，首都を武漢(ウーハン)，重慶(チョンチン)へと移して徹底抗戦し，戦争は長期化した。

解説 中国が徹底抗戦するなか，日本は，和平交渉を進めたり，**汪兆銘**を首班とする親日政権を樹立したりするなど，戦争の終結をはかったが失敗に終わり，戦争は長期化した。日本国内では，戦時統制経済が始まり，**国家総動員法**が制定され，それにもとづく**国民徴用令**の制定，**大政翼賛会**の結成など，国民を戦争に協力させる総力戦体制がとられるようになった。

30. 第二次世界大戦 p.76〜77

①独ソ不可侵条約 ②ポーランド
③ペタン ④レジスタンス ⑤チャーチル
⑥日ソ中立条約 ⑦武器貸与法
⑧フランクリン=ローズヴェルト
⑨大西洋憲章 ⑩スターリングラード
⑪シチリア

間違えやすい ③**ペタン**は親独の**ヴィシー政府**の首班，**ド=ゴール**はロンドンで亡命政府を樹立した人物。⑤**チェンバレン**がドイツに対し**宥和政策**をとったのに対し，**チャーチル**は対独強硬路線をとった。⑧**セオドア=ローズヴェルト**は「棍棒外交」とよばれる積極外交を行った大統領である。

確認しよう (1)ヴィシー政府
(2)ド=ゴール (3)コミンテルン
(4)ノルマンディー上陸作戦 (5)ヤルタ会談

解説 (4)この作戦の成功によって連合国軍の西からの反攻が始まり，ソ連軍も東から進攻し，ドイツ敗戦の流れが加速した。
(5)ヤルタ会談では，ソ連の対日参戦，南樺太・千島列島のソ連領有などが秘密協定で決定された。

論述力を鍛える (例)ドイツのポーランド侵攻を機に第二次世界大戦が始まり，独ソ不可侵条約を結んだソ連もポーランドに侵攻した。ドイツがソ連に侵攻して始まった独ソ戦では，スターリングラードの戦いでドイツが敗れて以降，ソ連が優勢となった。ノルマンディー上陸作戦成功後，パリが解放されて連合国の対ドイツ攻勢が強まり，1945年にベルリンがソ連軍に占領されてドイツは無条件降伏した。

解説 ドイツがポーランドに対して，国際連盟が管理する自由市となっていたダンツィヒの返還などを求めたことなどから，イギリス・フランスは宥和政策が失敗したと考え，ドイツがポーランドに侵攻するとすぐに宣戦布告した。ソ連はポーランドに侵攻したあと，フィンランドに侵攻して領土を奪ったため，国際連盟を除名された。また，ソ連はドイツの侵攻を見越して東の備えとして**日ソ中立条約**を結び，イギリス・アメリカの支援もあって独ソ戦を優位に進め，**スターリングラードの戦い**で，ドイツ軍を壊滅状態にした。

31. 太平洋戦争と日本の敗北 p.78〜79

①日独伊三国同盟 ②日ソ中立条約
③東条英機 ④真珠湾 ⑤大東亜共栄圏
⑥ミッドウェー海戦 ⑦学徒出陣
⑧勤労動員 ⑨学童疎開 ⑩本土空襲
⑪東京大空襲 ⑫ポツダム宣言
⑬原子爆弾(原爆)

アドバイス ④真珠湾攻撃でアメリカも参戦したため，太平洋戦争は第二次世界大戦の一環としての戦いとなった。⑤当初は日本を歓迎する動きもあったが，日本の抑圧的な軍事支配に対して抗日運動が各地で展開された。⑬原爆によって，1945年末時点で広島市で約14万人，長崎市で7万人以上が犠牲となった。

確認しよう (1)近衛文麿 (2)マレー半島 (3)皇民化政策 (4)配給制 (5)玉音放送

解説 (2)陸軍がマレー半島上陸，海軍が真珠湾攻撃を決行し，半年余りで東南アジアから南太平洋にかけての地域を制圧した。
(5)1945年８月15日正午，昭和天皇自らがレコードに吹き込んだ「玉音放送」で国民に終戦を知らせた。

論述力を鍛える (例)日本の南部仏印進駐に対し，アメリカは対日石油全面禁輸措置をとった。アメリカとの交渉も決裂し，マレー半島上陸や真珠湾攻撃を行い太平洋戦争が始まった。しかし，ミッドウェー海戦の大敗以降，戦局は不利となり，アメリカ軍による東京大空襲や，沖縄戦を経て，広島・長崎への原子爆弾投下に至り，日本はポツダム宣言を受諾して降伏した。

解説 アメリカが対日石油全面禁輸措置をとったあと，第３次近衛文麿内閣は，アメリカとの交渉を開始したが，中国からの撤退を拒否する陸軍を説得することができず退陣した。次の東条英機内閣がアメリカ側のハル=ノートを拒否し，開戦を決定した。開戦当初，日本は短期間で広大な地域を制圧したが，ミッドウェー海戦で敗北して以降劣勢となった。1945年２月のアメリカ・イギリス・ソ連によるヤルタ会談でソ連の対日参戦が密約され，７月のポツダム会談で日本に無条件降伏を勧告するポツダム宣言が出された。アメリカは，大戦後の主導権をねらい，ソ連参戦前に日本を降伏させるため広島・長崎に原子爆弾を投下した。この間，ソ連は日ソ中立条約を破棄して満洲に侵攻した。ここに至って，８月14日に昭和天皇の判断という形でポツダム宣言受諾が決定された。このことが８月15日に昭和天皇のラジオ放送(玉音放送)で国民に伝えられ，９月２日の降伏文書調印によって戦争は終結した。

演習問題⑧ p.80～81

1 (1)①ニューディール ②全国産業復興法
(2)①全権委任法 ②エチオピア
(3)(例)イギリス連邦内の関税を下げ，連邦外の国に対しては高い関税をかけた。
2 ①独ソ不可侵条約 ②ペタン
③ヴィシー ④大西洋憲章
⑤スターリングラード ⑥テヘラン
⑦ノルマンディー
3 (1)①モラトリアム(支払猶予令)
②昭和恐慌 ③高橋是清 ④管理通貨
(2)エ (3)統帥権干犯問題
4 (1)①日独伊三国同盟 ②ミッドウェー海戦
(2)ウ
(3)(例)在米日本資産の凍結と対日石油全面禁輸の措置をとった。
(4)真珠湾 (5)学徒出陣 (6)イ

解説 1(1)**フランクリン=ローズヴェルト**大統領は恐慌克服のため，農業調整法・全国産業復興法などを制定し，計画的な生産制限と完全雇用の推進による国民購買力の回復につとめて需要と供給の調整をはかった。
(2)②**エチオピア併合**により，イタリアは国際連盟と対立し，1937年に脱退した。
2①反共産主義のドイツと対立するソ連両国の条約の締結は，世界に大きな衝撃を与えた。
⑥1943年の米・英・ソの首脳による**テヘラン会談**で，北フランス上陸作戦が確認された。
3(1)③高橋是清は，1936年の二・二六事件で殺害された。
(2)**エ**．高橋是清が不況からの脱却をはかるために実施した政策の１つである。
(3)**ロンドン海軍軍備制限条約**において，政府が兵力量を決定したのは天皇の統帥権を犯すものだとして，海軍や右派勢力が政府を批判した政治問題を**統帥権干犯問題**という。
4(2)**ア**．近衛内閣は当初，不拡大方針を表明していた。
イ．日中戦争では宣戦布告はなかった。
(5)太平洋戦争開戦後の兵力や労働力不足に対して，**学徒出陣**，**勤労動員**，朝鮮人や中国人の徴用などが行われた。
(6)**イ**．朝鮮の独立などの方針が決定されたのは，1943年に開かれた米・英・中による**カイロ会談**である。

第7章 戦後の国際秩序

32. 新しい国際秩序の形成と冷戦の始まり p.82～83

①国際連合憲章(国連憲章) ②常任理事国
③拒否権 ④国際通貨基金
⑤国際復興開発銀行 ⑥固定相場制
⑦GATT ⑧ブレトン=ウッズ
⑨北大西洋条約機構 ⑩コミンフォルム
⑪経済相互援助会議 ⑫ワルシャワ条約機構
⑬冷戦 ⑭ドイツ連邦共和国
⑮ドイツ民主共和国

間違えやすい ①**国際連合憲章**は国際連合の創設を表明した国際条約であり，**大西洋憲章**は平和機構の再建構想を確認し，国際連合憲章の基礎理念となった共同宣言である。⑭・⑮**ドイツ連邦共和国**は西側陣営，**ドイツ民主共和国**は東側陣営として独立した。

確認しよう (1)安全保障理事会
(2)トルーマン=ドクトリン
(3)マーシャル=プラン (4)ベルリン封鎖
(5)ティトー

解説 (3)マーシャル=プランとブレトン=ウッズ体制に対抗して，ソ連・東欧諸国は1949年に**経済相互援助会議**(**COMECON**)を結成し，社会主義国による経済協力体制を構築した。
(4)封鎖は１年後に解除されたが，ドイツの東西分断は決定的となった。
(5)コミンフォルムを除名されたユーゴスラヴィアは，その後，独自の社会主義路線を進むことになった。

論述力を鍛える (例)総会の採決では，国際連盟の全会一致に対し，多数決制がとられた。また，国際連盟は軍事的制裁をとることができなかったが，経済・軍事の両面で制裁の権限をもつ安全保障理事会が置かれた。

解説 国際連盟は，議決方法に総会での全会一致を採用し，軍事的制裁ができなかったことなどから，紛争解決のための機関としては制限が多く，実効性を欠いていた。第二次世界大戦を阻止できなかった反省から，より強固な集団安全保障体制の確立をめざして，国際連合では総会での採決に多数決制を採用し，経済的・軍事的制裁を可能にする権限をもたせた安全保障理事会が設置された。

33．アジア諸地域の独立 p.84～85

①国共内戦 ②毛沢東
③蔣介石 ④中ソ友好同盟相互援助条約
⑤李承晩 ⑥朝鮮民主主義人民共和国
⑦朝鮮戦争 ⑧ガンディー
⑨ジンナー ⑩インド独立法
⑪スカルノ ⑫マラヤ連邦
⑬ホー=チ=ミン ⑭ジュネーヴ休戦協定
⑮パフレヴィー２世 ⑯第１次中東戦争

アドバイス ④中国とソ連が，日本とアメリカを仮想敵国として互いの安全保障のために結んだ軍事同盟。⑧1948年に反イスラームの急進的なヒンドゥー教徒に暗殺された。⑯アラブ側が大敗し，イスラエルは国連のパレスチナ分割案以上の領土を獲得した。多くのパレスチナ人が郷土を追われて難民となった。

確認しよう (1)中華人民共和国 (2)台湾
(3)38度線 (4)ベトナム民主共和国
(5)イスラエル

解説 (1)アジアに社会主義の大国が成立したことは，アメリカにとって大きな脅威となり，戦後日本の占領政策にも大きく影響した。
(5)イスラエルとアラブ諸国の対立は，第１次から第４次に至る中東戦争を引きおこした。

論述力を鍛える (例)北朝鮮の侵攻に対し，国連はアメリカ軍を主体とする国連軍を派遣した。これに対し，中国が人民義勇軍を派遣し，ソ連が北朝鮮を支援したことで，事実上，アメリカとソ連が対立する構図になったから。

解説 朝鮮戦争の勃発により，緊急に開かれた国連安全保障理事会は，ソ連が欠席していたことを利用して，これを北朝鮮の侵略とし，アメリカ軍を主体とした国連軍の派遣を決定した。国連軍が優勢になると，中国は人民義勇軍を派遣して北朝鮮を支援した。朝鮮戦争は，冷戦が局地的な戦争に発展したもので，東西両陣営の軍備拡大が進行し，冷戦体制はさらに強まった。

34．占領下の民主化政策 p.86～87

①マッカーサー ②極東国際軍事裁判
③幣原喜重郎 ④労働組合法
⑤教育基本法 ⑥財閥解体
⑦独占禁止法 ⑧農地改革 ⑨国民主権
⑩象徴 ⑪地方自治法
⑫金融緊急措置令

アドバイス ④労働者の団結権・団体交渉権・争議権を保障した。⑥占領政策の転換により経済の復興が優先されたため，解体は28社にとどまった。⑩天皇は，政治的権力をもたない**日本国と日本国民統合の象徴**となった。

確認しよう　(1)間接統治
(2)過度経済力集中排除法
(3)自作農創設特別措置法　(4)傾斜生産方式

解説 (2)325社が指定されたが，実際に分割されたのは日本製鉄など11社だけであった。
(3)第１次農地改革が不徹底に終わったため，この法律によって第２次農地改革が実施された。
(4)鉱工業生産は回復に転じたが，インフレも進行した。

論述力を鍛える　(例)財閥は戦争によって巨利を得て，軍国主義を支えていたと見なされたため，財閥解体は日本の非軍事化に不可欠と考えられた。また，寄生地主制のもとで小作農が貧困だったことが国内市場を狭め，それが海外市場の獲得のための対外侵略の温床になったと見なされた。そのため，農地改革によって寄生地主制を解体し，農村の民主化がはかられた。

解説 GHQは，財閥と寄生地主制が軍国主義の温床になったと考え，これらの解体を経済機構の改革の中心とした。財閥解体では，財閥の資産を凍結し，持株を公売して株式の民主化をはかった。また，農地改革によって，全農地の半分近くを占めていた小作地が１割ほどに減少し，大半の農家が零細な自作農となり，農村の平等化がはかられた。

35．占領政策の転換と朝鮮戦争　p.88〜89

①吉田茂　②片山哲　③中華人民共和国
④傾斜生産方式　⑤ドッジ
⑥ドッジ=ライン　⑦警察予備隊
⑧レッド=パージ　⑨特需景気(朝鮮特需)

アドバイス　⑥ドッジ=ラインによってインフレの抑制に成功し，輸出も回復に向かったが，一方で不況が深刻化し，中小企業の倒産や人員整理で失業者が増大した。⑦警察予備隊はのちに**保安隊**，**自衛隊**へと改組した。

確認しよう　(1)日本自由党　(2)芦田均
(3)経済安定九原則　(4)360円　(5)朝鮮戦争

解説 (1)現在の自由民主党の母体となる政党。
(3)経済安定九原則を実行させるために，アメリカ政府は銀行家のドッジを派遣した。
(4)単一為替レートの設定により日本は国際経済に復帰し，国際競争のなかで輸出の促進をはかった。

論述力を鍛える　(例)社会主義国家の中華人民共和国の成立，朝鮮戦争の勃発などアジアでも冷戦構造が深刻化したことや，日本国内では急激なインフレが進行して不健全な経済状況であったことが，アメリカが日本の占領政策を転換する背景にあった。

解説 ヨーロッパではドイツが分断され，東欧諸国の社会主義化が進んでいた。また，アジアでは中華人民共和国が成立し，分断された朝鮮半島で朝鮮戦争がおこるなど冷戦構造が深刻化しつつあった。このため，アメリカ政府は，日本経済を早期に再建させて西側陣営に組み込み，日本をアジアにおける共産主義からの防波堤にすることが重要だと考えた。日本の非軍事化・民主化政策もほぼ完了したとして，占領政策を早期の日本経済再建に転換した。

36．日本の独立と占領期の文化　p.90〜91

①トルーマン　②単独講和
③サンフランシスコ平和条約　④台湾
⑤小笠原諸島　⑥ソ連　⑦インド
⑧日米安全保障条約　⑨日米行政協定
⑩湯川秀樹

アドバイス　①1947年に**トルーマン=ドクトリン**を宣言して共産主義との対決を鮮明にした。⑧アメリカの日本防衛義務は明示されておらず，日米が対等の条約ではなかった。

確認しよう　(1)ダレス　(2)全面講和論
(3)千島列島　(4)吉田茂　(5)日米地位協定

解説 (1)ダレスは憲法の改正による再軍備を要求したが，吉田茂首相は，国内外の理解が得られないとして拒否した。
(2)日本共産党や社会党左派，学者らが全面講和論を主張した。

論述力を鍛える　(例)冷戦の緊張が高まるなか，ソ連とアメリカ双方が納得できる内容の講和条約を結ぶことは事実上困難であり，単独講和で早期の独立を果たし，経済復興に全力を注ごうとしたから。

解説 講和条約の締結にあたり，国内は単独講和論と全面講和論に二分されていたが，冷戦構造が深刻化するなか，全面講和では西側諸国と東側諸国双方と講和を取りつけなくてはならず，両者が冷戦状態にある限り，早期の条約締結は不可能であった。また，日本と早期に講和を結んで西側陣営に組み込み，アジアにおける対社会主義の拠点としたいアメリカと，早期に独立して主権を回復したい日本の思惑も一致したことから，吉田首相は単独講和での条約締結を決断した。

演習問題⑨ p.92〜93

1 (1)①国際通貨基金　②コミンフォルム
③ティトー　④ドイツ連邦共和国
(2)ブレトン=ウッズ体制　(3)トルーマン
(4)エ　(5)北大西洋条約機構(NATO)

2 (1)①李承晩(イスンマン)　②金日成(キムイルソン)　③毛沢東(マオツォトン)
④ホー=チ=ミン　⑤ベトナム国
⑥ディエンビエンフー　⑦ジンナー
⑧1947　⑨イスラーム　⑩イスラエル
(2)イ
(3)第１次中東戦争(パレスチナ戦争)

3 (1)①幣原喜重郎　②吉田茂　③片山哲
④芦田均
(2)農地改革
(3)(例)女性参政権を認め，選挙権が満20歳に引き下げられた。

4 (1)①ドッジ　②警察予備隊
③特需景気(朝鮮特需)
④日米安全保障条約
(2)ア・イ・ウ・エ　(3)レッド=パージ
(4)日米行政協定

解説 1(1)③ソ連の支配に反発して自主路線をとったため，ユーゴスラヴィアはコミンフォルムから除名された。④東側地区には**ドイツ民主共和国**が成立した。
(5)ソ連を中心とする東側諸国は1955年に**ワルシャワ条約機構**を結成した。
2(1)①・②1950年，北朝鮮が韓国に侵攻し，**朝鮮戦争**が始まった。⑤1955年，アメリカの支援を受けたゴ=ディン=ジエムがバオダイを追放して**ベトナム共和国**を樹立した。
(2)**ア**のインドネシアはオランダ，**ウ**のフィリピンはアメリカ，**エ**のカンボジアはフランスが宗主国であった。
3(3)満20歳以上の男女に選挙権が与えられ，有権者数はこれまでの約３倍に増加した。
4(2)**経済安定九原則**は，予算の均衡・徴税強化・資金貸出制限(信用拡張の制限)・賃金安定・物価統制・貿易改善・輸出増加のための物資割当改善・増産・食糧集荷改善の９つである。

第3編｜グローバル化と私たち

第8章 冷戦と世界経済

37. 集団防衛体制と核開発 p.94〜95

①北大西洋条約機構　②太平洋安全保障条約
③東南アジア条約機構
④中ソ友好同盟相互援助条約
⑤ワルシャワ条約機構　⑥イギリス
⑦ビキニ環礁　⑧第五福竜丸
⑨ラッセル=アインシュタイン宣言
⑩アイゼンハワー

間違えやすい ①**北大西洋条約機構**はアメリカを中心とする西側陣営，**ワルシャワ条約機構**はソ連を中心とする東側陣営の軍事同盟。⑥**アメリカ，ソ連**に次いで原子爆弾の開発に成功したのは**イギリス**で，以降**フランス，中国，インド**などが成功した。

確認しよう (1)米州機構
(2)バグダード条約機構(中東条約機構)
(3)水素爆弾(水爆)　(4)広島市

解説 (1)1947年に，アメリカの主導により南北アメリカ大陸の集団防衛条約である**米州相互援助条約(リオ協定)**が採択され，1948年には**米州機構(OAS)**が発足した。
(4)1957年にはカナダで，**ラッセル**や**アインシュタイン**らのよびかけで核軍備や科学者の責任を討議する**パグウォッシュ会議**が開かれ，日本の物理学者湯川秀樹ら22人が参加した。

論述力を鍛える (例)1954年に，アメリカ・イギリス・フランスが西ドイツの再軍備とNATO加盟を承認し，翌年西ドイツがNATOに正式に加盟したことに対抗して，ソ連はワルシャワ条約機構を結成した。

解説 第二次世界大戦後，ドイツは武装解除やポーランドへの領土割譲が決められ，残った領土は，アメリカ・イギリス・フランス・ソ連で分割して占領することになった。しかし，1954年，西欧諸国がアメリカに促され，ドイツ占領の終結を決め，西ドイツの主権回復や再軍備，NATOへの加盟を認めた。これに反発したソ連は，対抗手段としてワルシャワ条約機構を発足させ，東ドイツはワルシャワ条約機構に加盟した。

38. 米ソ両大国の動向　p.96～97

①都市中間層　②赤狩り　③軍産複合体
④雪どけ　⑤ジュネーヴ４巨頭会談
⑥フルシチョフ　⑦コミンフォルム
⑧ガガーリン　⑨ポズナニ　⑩ナジ
⑪ベルリンの壁

アドバイス ③空軍・海軍の航空機を製造したロッキード航空会社などがある。④1955年のジュネーヴ４巨頭会談以降の国際間の緊張緩和を表す言葉としても使われる。⑪西ドイツの経済発展が明らかになると，豊かな生活を求めて東ドイツからの亡命者が急増したため，西ベルリンの周囲に築かれた。

確認しよう (1)ジュネーヴ
(2)スターリン　(3)平和共存政策
(4)アイゼンハワー

解説 (1)会談では具体的な結論は出なかったが，国際紛争を話し合いで解決するという気運を高めた。
(3)中国はこの考え方を「修正主義」と批判し，中ソ関係が悪化する一因となった。

論述力を鍛える (例)ポーランドのポズナニで反ソ暴動がおき，ソ連軍の介入を恐れたポーランド政府により鎮圧された。ハンガリーでも反ソ暴動がおき，首相のナジがワルシャワ条約機構からの脱退などを表明したが，ソ連軍の介入で鎮圧され，ナジは処刑された。

解説 ソ連の影響下にあった東ヨーロッパ諸国では，**スターリン批判**はソ連支配の権威を揺るがすことになった。1956年６月，ポーランド西部の都市ポズナニでおこった大衆デモは自由化・脱社会主義化を求める反ソ暴動へと発展した。ハンガリーでは知識人や民衆の間で反ソ連感情が高まり，同年10月に民主化を求めて民衆が蜂起すると，ソ連は直ちに軍を出動させ，これを鎮圧した。

39. 西ヨーロッパ諸国の動向　p.98～99

①アトリー　②インドシナ戦争
③ド=ゴール　④アデナウアー
⑤ヨーロッパ経済協力機構
⑥ベネルクス関税同盟　⑦シューマン
⑧ヨーロッパ石炭鉄鋼共同体
⑨ヨーロッパ経済共同体
⑩ヨーロッパ共同体
⑪ヨーロッパ自由貿易連合

間違えやすい ⑨・⑩**ヨーロッパ経済共同体**(EEC)は経済分野での統合をめざし，**ヨーロッパ共同体**(EC)はEECをさらに発展させ，経済だけでなく，政治面も視野に入れた統合をめざした。

確認しよう (1)労働党
(2)ゆりかごから墓場まで　(3)アルジェリア
(4)西ドイツ(ドイツ連邦共和国)
(5)ヨーロッパ原子力共同体(EURATOM)

解説 (1)**アトリー**率いる**労働党**が**チャーチル**率いる**保守党**に勝利した。
(4)西ドイツ初代首相の**アデナウアー**はキリスト教民主同盟の党首で，西側陣営の立場を明確にし，北大西洋条約機構(NATO)への加盟を果たした。
(5)フランス・西ドイツ・イタリア・ベネルクス３国が参加した，原子力資源の統合・管理のための機関。

論述力を鍛える (例)アルジェリアの独立運動をめぐってフランス国内の対立が激化し，フランスは内乱の危機に陥った。そうしたなか，政界に復帰したド=ゴールは大統領の権限を強化した第五共和政を発足させて大統領に就任し，1962年にアルジェリアの独立を認め，フランスの政治も安定した。

解説 フランスの植民地アルジェリアで，1954年にアルジェリア民族解放戦線(FLN)が組織され武装闘争を本格化させると，フランス本国でも独立運動の支持派と否定派に分裂した。独立に反対する現地のフランス人入植者コロンたちの暴動がクーデタに発展し，フランスは内乱の危機に陥った。そうしたなか，ド=ゴールが内閣を成立させ，大統領の権限を強化した第五共和国憲法改正を実現して大統領の地位につき，アルジェリアの独立を承認した。

40. 第三世界の台頭　p.100～101

①周恩来(チョウエンライ)　②ネルー
③アジア=アフリカ会議(バンドン会議)
④非同盟諸国首脳会議　⑤中印国境紛争
⑥エンクルマ(ンクルマ)　⑦アフリカの年
⑧アフリカ統一機構　⑨米州相互援助条約

⑩カストロ　⑪バティスタ　⑫アラブ連盟
⑬ナセル　⑭スエズ運河　⑮アラファト

アドバイス ④ユーゴスラヴィアの**ティトー**，インドの**ネルー**，エジプトの**ナセル**のよびかけで開かれた。⑥のちに独裁化し，クーデタで失脚した。⑭1869年，フランス人レセップスが完成させた。

確認しよう (1)平和十原則
(2)カシミール地方　(3)ガーナ　(4)キューバ革命

解説 (1)**平和五原則**に，基本的人権と国連憲章の尊重，非同盟主義などが追加された。
(2)カシミール地方はムスリムが多い地方だったが，藩王がヒンドゥー教徒であったため，インドへの帰属を求めたことから**インド=パキスタン戦争**(**印パ戦争**)がおこった。
(4)カストロ政権はソ連に接近し，社会主義による国家建設を進めた。そのため，アメリカはキューバに対して経済封鎖を行った。

論述力を鍛える (例)植民地時代に，列強が民族分布とは関係なく人工的に国境を定めたことによって，独立後に国内で種族や部族の対立や争いが生じたため。

解説 アフリカ諸国では，かつて人工的に設けられた国境線による民族の分断からおこる民族対立や，資源をめぐる旧宗主国の介入などで，独立後，国内で紛争や内戦が繰り返されたり，軍事政権が誕生したりすることが多かった。独立後のアフリカ諸国では，植民地時代に，輸出用の農産物の生産や鉱物資源の採掘のための開発が中心に行われ，電気・水道などのインフラや教育など社会的な経済基盤が弱かった。そのため，独立後も旧宗主国が政治的・軍事的に介入し，経済的にも旧宗主国との従属関係が継続している国が多い。

演習問題⑩　p.102～103

1 (1)東南アジア条約機構(SEATO)
(2)ア
(3)エ
(4)ナジ
(5)(例)東ベルリンから西側へ脱出する人々が急増したため。
2 (1)①シューマン　②イタリア
③ヨーロッパ石炭鉄鋼共同体(ECSC)
④ヨーロッパ経済共同体(EEC)
⑤ヨーロッパ共同体(EC)
⑥アデナウアー
⑦ヨーロッパ自由貿易連合(EFTA)
(2)アルジェリア
(3)アトリー
3 (1)①コロンボ　②周恩来(チョウエンライ)　③バンドン
④非同盟諸国首脳会議
(2)①ガーナ　②アフリカ統一機構(OAU)
(3)カストロ
4 (1)イ
(2)エ
(3)ア
(4)パレスチナ解放機構(PLO)

解説 1(1)アメリカはSEATO以外にも，南北アメリカ大陸による**米州機構**(**OAS**)，オーストラリアやニュージーランドとの**太平洋安全保障条約**(**ANZUS**)などを結成した。
(3)**エ**．ポーランドの暴動は，ポーランド政府によって鎮圧された。
2(1)④経済統合の対象をすべての製品・サービスに拡大し，ヨーロッパ統合の基礎となった。
(2)フランスの**ド=ゴール**や西ドイツの**ブラント**は東側諸国に接近するなど，独自外交を展開した。
3(2)①アフリカで17の国が独立した1960年は，「アフリカの年」といわれる。
(3)カストロの要請により，ソ連がキューバにミサイル基地建設をはかったことから**キューバ危機**に発展した。
4(1)ナセルはエジプト革命をおこして実権を握り，アスワン=ハイダムの建設，スエズ運河の国有化などを行った。
(3)イギリス・フランス・イスラエルは，アメリカ・ソ連の圧力や国際世論の批判を受け，撤退した。第2次中東戦争によって，イギリス・フランスの中東への影響力が弱まり，アメリカ・ソ連の影響力が強まった。

41. 55年体制と冷戦下の日本の外交　p.104～105

①破壊活動防止法　② MSA 協定
③自衛隊　④55年体制　⑤鳩山一郎
⑥日ソ共同宣言　⑦拒否権　⑧岸信介
⑨安保闘争 (60年安保闘争)　⑩佐藤栄作
⑪日韓基本条約　⑫田中角栄
⑬日中共同声明

アドバイス ①暴力的破壊行為を行った団体の取り締まりを規定した法律。②農産物購入協定・経済措置協定・投資保証協定と合わせてMSA 4協定という。④1993年に日本共産党を除く非自民8党派を与党とする細川護熙内閣の成立まで続いた。⑩1974年にノーベル平和賞を受賞した。

確認しよう (1)保安隊 (2)日本社会党 (3)朴正熙(パクチョンヒ) (4)非核三原則

解説 (3)1961年にクーデタをおこして軍事政権を樹立し，1963年に大統領に選出された。
(4)1967年に佐藤栄作首相が表明し，1971年に国会で決議された。

論述力を鍛える (例)旧安保条約では，アメリカの日本防衛の義務は明示されていなかったが，新安保条約では日本防衛義務が明文化された。また，在日アメリカ軍の行動に関する事前協議制が規定された。

解説 旧安保条約では，アメリカの日本防衛義務は課されていなかったが，新安保条約では，日本の施政下にある領域に対する武力攻撃が発生した場合には，両国が共同して日本防衛にあたるということが明文化された。一方，日本も防衛力増強を義務づけられた。また，在日アメリカ軍の行動に制限をかける事前協議制が導入された。在日アメリカ軍の配置や装備の重要な変更，在日アメリカ軍基地を使用する作戦行動には，日本政府と事前協議すると規定されている。

42. 日本の高度経済成長 p.106～107

①特需景気(朝鮮特需) ②池田勇人
③東京オリンピック ④エネルギー革命
⑤農業基本法 ⑥企業集団
⑦経済協力開発機構 ⑧中流意識
⑨核家族 ⑩三種の神器 ⑪東海道新幹線
⑫モータリゼーション ⑬減反政策
⑭過疎 ⑮過密 ⑯環境庁

アドバイス ③アジアで初めての開催となった。④中東から安価な石油が輸入され，エネルギー源が石炭から石油へ転換し，国内の石炭産業は衰退した。⑨夫婦のみ，夫婦と未婚の子ども，1人親と子どもからなる世帯。⑯2001年に中央省庁再編により**環境省**となった。

確認しよう (1)神武景気
(2)所得倍増計画 (3)3C (4)イタイイタイ病
(5)公害対策基本法

解説 (1)神武天皇の治世以来の好景気という意味。以降，**岩戸景気**や**いざなぎ景気**などが出現した。
(4)四大公害とは，富山県の**イタイイタイ病**，三重県の**四日市ぜんそく**，熊本県の**水俣病**，新潟県の**新潟水俣病**である。
(5)事業者・国・地方公共団体の責務を明らかにした。1993年，**環境基本法**に引き継がれた。

論述力を鍛える (例)高度経済成長による所得の増加が購買意欲をかき立て，大量生産による低価格化がさらに消費拡大を促した。また，核家族化の進行で世帯数が増加したことも消費拡大の要因となった。

解説 高度経済成長期の消費拡大には，テレビによるCMの影響も大きく，「消費は美徳」という考えが広まった。また，「三種の神器」や3Cなどの耐久消費財は，割賦販売制度が確立したこともあって，いっそう普及した。小売業では，低価格販売と多数の品ぞろえを武器に急成長したスーパーマーケットが，売上高で百貨店を追い抜くなど，さまざまな形で消費が拡大した。

43. 核軍縮と冷戦構造の変容 p.108～109

①ケネディ ②キューバ危機
③部分的核実験禁止条約 ④核拡散防止条約
⑤ブラント ⑥東方外交 ⑦大躍進
⑧人民公社 ⑨劉少奇(リウシャオチー)
⑩プロレタリア文化大革命 ⑪ブレジネフ
⑫プラハの春 ⑬ジョンソン
⑭ベトナム共和国 ⑮ニクソン
⑯ベトナム社会主義共和国 ⑰公民権運動

アドバイス ④この後もインド・パキスタン・北朝鮮が核保有国となり，イスラエルも事実上の核保有国と見なされている。⑩劉少奇らは，資本主義の復活をはかる実権派として追放された。⑬ベトナム戦争に介入する一方，1964年に人種差別の撤廃をはかる**公民権法**を成立させた。

確認しよう (1)ホットライン
(2)ドプチェク (3)南ベトナム解放民族戦線
(4)キング牧師 (5)デタント

解説 (2)チェコスロヴァキアに侵入したワルシャワ条約機構軍は全土を占領し，ドプチェクら首脳をソ連へ連行した。
(4)非暴力主義の立場で人種差別撤廃運動を進めた。1963年のワシントン大行進では「私には夢がある」という演説を行った。1964年にノーベル平和賞を受賞したが，1968年に遊説先で暗殺された。

論述力を鍛える (例)南ベトナムを支援するアメリカが北爆を開始して，内戦に本格介入したことに対し，ソ連と中国が北ベトナムを軍事支援し，北ベトナムと反政府組織の南ベトナム解放民族戦線が密林でゲリラ戦を展開したから。

解説 ベトナムでの内戦が始まった事態に対し，アメリカのケネディ大統領は南ベトナム政府への軍事支援を行い，北ベトナムも南ベトナム解放民族戦線を支援した。ケネディ暗殺後，ジョンソン大統領が北爆を開始したため，ソ連と中国は北ベトナムに軍事支援を行った。アメリカ軍は軍備の上では圧倒的に優位であったが，密林でのゲリラ戦に手こずり，戦争は泥沼化した。そうしたなか，アメリカ軍が密林を減らすために枯葉剤を散布し，一般の民衆にも犠牲者を出したため，これに抗議する声が世界中に広がり，アメリカ国内でもベトナム反戦運動が高まった。

44. 世界経済の転換とアジア諸地域の発展 p.110~111

①ニクソン ②変動相場制 ③サミット
④新自由主義 ⑤開発独裁 ⑥鄧小平(トンシャオピン)
⑦日中平和友好条約 ⑧朴正煕(パクチョンヒ)
⑨マハティール ⑩スハルト ⑪貿易摩擦
⑫中曽根康弘 ⑬消費税 ⑭レーガン
⑮バブル景気

アドバイス ⑤指導者は反共姿勢をとることで，アメリカや日本などの西側諸国から技術提供や優遇金利での融資，無償資金援助を受けた。⑥経済特区を設け，外国企業を誘致するなど市場経済を導入した。⑪日本の企業は輸出の自主規制やアメリカでの現地生産などで対応した。

確認しよう (1)ドル=ショック
(2)アジアNIES (3)リー=クアンユー
(4)プラザ合意

解説 (3)マレーシアからの分離・独立にともないシンガポールの首相に就任した。
(4)ドル高を是正するため，為替市場に協調介入することが合意された。この後，円高・ドル安が進んだ。

論述力を鍛える (例)石油危機後，社会福祉に重点を置いた政策から，市場経済を重視し規制緩和や民営化などによって小さな政府をめざす新自由主義が政策の潮流となった。

解説 戦後は多くの先進国で，国家の役割を重視する経済政策が採用され，経済成長を前提とした公共事業や社会福祉などを重点とする政治が展開され，財政規模が拡大してきた。しかし，石油危機後，西欧諸国では福祉削減や**規制緩和**，**民営化**などによって経済成長をはかろうとする「**小さな政府**」をめざす**新自由主義**の政策への転換がはかられた。

演習問題⑪ p.112~113

1 (1)①鳩山一郎 ②日ソ共同宣言 ③岸信介
(2)破壊活動防止法
(3)55年体制
(4)安保闘争(60年安保闘争)

2 (1)ウ
(2)第4次中東戦争
(3)日韓基本条約
(4)田中角栄
(5)開発独裁
(6)マルコス
(7)ア

3 (1)①神武 ②過疎 ③公害対策基本法
④環境庁
(2)ウ
(3)イ
(4)水俣病

4 (1)①ブレトン=ウッズ ②プラザ
(2)南ベトナム解放民族戦線
(3)エ
(4)(例)急激な円高是正のための内需拡大策による余剰資金が土地や株に投資され，株価や地価が実態の経済からかけ離れて上昇した経済。

5 ①キューバ危機 ②部分的核実験禁止
③イギリス ④核拡散防止

解説 1(2)吉田茂内閣による**破壊活動防止法**や**MSA協定**の締結などの政策は，革新勢力からは「逆コース」として批判された。

(4)安保闘争の影響で，予定されていたアメリカ大統領**アイゼンハワー**の訪日が中止された。

2 (1)**ウ**．OAPECは，アラブ諸国が結成した**アラブ石油輸出国機構**の略称である。

(2)第４次中東戦争の影響でおこった石油危機以降，世界的に経済が停滞した。

(7)**X**．日本は欧米諸国よりも相対的に高い，３～５％前後の経済成長率を継続する安定成長が続いた。

3 (2)**ア**．高度経済成長は1973年の第１次石油危機をきっかけに終わった。**イ**．「金の卵」とよばれたのは，中学を卒業して集団就職をした若者である。**エ**．外国為替相場の円高が進んだのは1970年代である。

(3)1960年代は**ア・ウ・エ**が「三種の神器」として普及した。乗用車の普及率が50％を超えたのは1970年代半ばである。

4 (3)**エ**．ドル=ショック後，為替相場は固定相場制から変動相場制に移行した。

(4)バブル経済では，土地や株式が投機の対象となり，異常な値上がりを続けた。

第9章 グローバル化する世界

45．冷戦の終結とイスラーム主義の台頭　p.114～115

①アフガニスタン　②チョルノービリ
③ゴルバチョフ　④グラスノスチ
⑤中距離核戦力（INF）全廃条約　⑥東欧革命
⑦連帯　⑧チャウシェスク　⑨ホメイニ
⑩イラン=イラク戦争　⑪湾岸

アドバイス ④チョルノービリ原子力発電所事故を契機に，これまでの秘密主義を改め，情報公開を進めようとした。⑥ハンガリー・チェコスロヴァキア・ブルガリアでも民主化運動が高まり，共産党の独裁体制は終わりを迎えた。⑪原油流出による海洋汚染や油田の炎上による大気汚染などの環境破壊もおこった。

確認しよう (1)ペレストロイカ
(2)ブッシュ　(3)ワレサ
(4)イラン=イスラーム革命　(5)クウェート

解説 (1)ソ連社会全般にわたる大規模な改革。
(2)第41代大統領。第43代ブッシュ大統領の父。
(3)共産主義政権が倒れたあと，大統領となった。
(4)イランの新体制はイスラーム原理主義を掲げ，強硬な反米路線をとるとともに，アフガニスタン侵攻を行ったソ連とも対立した。イランが石油生産をおさえたこともあり，第２次石油危機が発生した。

論述力を鍛える (例)アメリカのレーガン大統領と中距離核戦力(INF)全廃条約を締結し，アフガニスタンからも撤退した。また，東欧の社会主義諸国に対して内政干渉しないことを表明した。

解説 ソ連は経済成長が停滞するなか，アメリカとの軍備拡張競争のために多額の費用をかけ続けていた。さらに，アフガニスタン侵攻によって軍事費がさらに増大し，ソ連経済は行き詰まっていた。ゴルバチョフの**ペレストロイカ**や**新思考外交**は，アメリカとの軍事拡大競争に歯止めをかけ，東欧諸国支配の負担を減らすことで経済再建をめざしたものであった。

46．ソ連の解体と地域統合の進展　p.116～117

①バルト３国　②エリツィン
③独立国家共同体　④クロアティア
⑤インターネット　⑥世界貿易機関
⑦マーストリヒト条約　⑧ヨーロッパ連合
⑨ユーロ　⑩東南アジア諸国連合
⑪アジア太平洋経済協力

アドバイス ①エストニア・ラトヴィア・リトアニアの３国。独立宣言をした翌1991年，ソ連が独立を承認した。⑥サービスや知的所有権なども対象とした自由貿易拡大をはかり，経済のグローバル化を推進する役割を担っている。⑧2020年にイギリスが離脱し，2023年８月現在27カ国が加盟している。

確認しよう (1)ロシア共和国
(2)ユーゴスラヴィア連邦
(3)ボスニア=ヘルツェゴヴィナ
(4)グローバル化　(5)北米自由貿易協定（NAFTA）

解説 (3)セルビア人・クロアティア人・スラヴ系のムスリムが生活しており，民族対立と宗教対立が複雑に重なりあっていた。
(5)2020年，保護主義をより強めた**アメリカ=メキシコ=カナダ協定**（**USMCA**）に移行した。

論述力を鍛える (例)グローバル化による人の移動が活発になり，東欧など周辺地域からの移民が増加することで，EU加盟国の国民が職を失うなどの雇用不安が生じている。

解説 EUでは，低賃金で雇用できる移民の増加によって，自国の国民の失業者が増加したり，移民に対する社会保障費の負担が増えたりするなどの問題が生じている。また，加盟国間の経済格差から生じる資金援助や，単一通貨のユーロの導入が原則となっているため，導入した国では自国の金融政策が自由にできないなど，国の政策が大きく制限されることがある。そのため，EUに対する不満をもつ加盟国もあり，イギリスのように離脱する国も現れた。

47. 開発途上国の民主化　p.118〜119

①光州事件　②金日成　③李登輝
④陳水扁　⑤鄧小平　⑥天安門事件
⑦マルコス　⑧スハルト　⑨ドイモイ
⑩ポル=ポト　⑪中越戦争
⑫インディラ=ガンディー
⑬フォークランド戦争　⑭アジェンデ
⑮アパルトヘイト　⑯アフリカ民族会議
⑰マンデラ

アドバイス ⑩ポル=ポトが指導する民主カンプチアが中国の支援を受けて政権を握り，極端な共産主義政策で，都市から農村への強制移住を進めた。⑬アルゼンチン軍がイギリス領フォークランド(マルビナス)諸島を占領したが，イギリス軍に奪回され，降伏した。⑰1993年，マンデラはデクラークとともにノーベル平和賞を受賞した。

確認しよう (1)金大中　(2)人民公社
(3)ベトナム　(4)チリ　(5)デクラーク

解説 (1)朝鮮の南北対話をめざす太陽政策を推進し，南北首脳会談が実現した。しかし，その後，南北統一問題は進展していない。
(4)アジェンデ政権を倒した軍事政権の独裁体制下では，反対派の虐殺など人権侵害が続いた。

論述力を鍛える (例)アパルトヘイトは，人口では少数派の白人が支配を維持するために行った，多数派である非白人に対する人種隔離政策で，アフリカ民族会議の抵抗や国際的な批判の高まりから，1991年に撤廃された。

解説 アパルトヘイトの目的は，白人がみずからの特権を維持・拡大するために，黒人を中心とする非白人に同等の権利を与えないように，白人と非白人を隔離することにあった。有色人種の参政権は認められず，各人種の居住地域を分離し，白人と有色人種との結婚を禁止するなどの厳格な人種差別政策がとられた。これに対し，アフリカ民族会議を中心とする抵抗運動や，国連における経済制裁決議など国際世論の高まりにおされ，順次隔離政策が縮小されていき，1991年に差別法は撤廃された。

48. 激化する地域紛争・テロ　p.120〜121

①クリントン　②同時多発テロ
③アル=カーイダ　④ターリバーン
⑤クルド　⑥国連平和維持活動
⑦アフリカ連合

アドバイス ②ニューヨークの世界貿易センタービルやワシントン近郊の国防総省で同時におこった。④ソ連の撤退後の内戦状態から，1996年にターリバーンが首都カーブルを制圧し，北部を除く地域を支配していた。⑦ヨーロッパ連合(EU)をモデルとして成立し，2023年8月現在55カ国が加盟する世界最大の地域統合組織。

確認しよう (1)インティファーダ
(2)パレスチナ暫定自治協定(オスロ合意)
(3)イラク　(4)アラブの春　(5)ルワンダ

解説 (2)イスラエルとPLOの間で，イスラエル占領地におけるパレスチナ人の暫定自治政府の樹立が合意された。
(4)独裁政権が倒されたが，多くの国は民主化の実現には至っていない。

論述力を鍛える (例)アメリカとイスラームの対立を強調する対テロ戦争は，「イスラーム=テロ」という認識を世界に広げ，人々が分断される社会現象をおこした。これが新たな過激テロを生み出す要因となり，テロ事件が世界各地に拡大した。

解説 同時多発テロを機にアメリカは「対テロ戦争」に突き進んだが，テロ撲滅という目的を果たせないまま国内の分断が広がった。テロ組織自体は世界的に批判されているが，テロリズムの撲滅という大義名分を掲げるアメリカがしかけた戦争により，イスラーム諸国の反感を買い，新たなテロ組織の台頭を招いている事実も批判されている。また，対テロ戦争によって発生した多くの難民が欧米に流入したことで反移民運動や排斥運動が急増し，人々の分断が進んでいる。

49. 国際社会と日本　p.122～123

①細川護熙　②村山富市
③リストラ　④平成不況
⑤米　⑥阪神・淡路大震災
⑦日米地位協定
⑧国連平和維持活動(PKO)協力法
⑨カンボジア　⑩小泉純一郎
⑪民主党　⑫東日本大震災
⑬安倍晋三

アドバイス　⑧湾岸戦争で，日本の多額の援助資金の提供が国際社会から評価されなかったことを受け，貢献のあり方が議論されたうえ成立した。⑪政権交代で鳩山由紀夫が組閣した。しかし，政権は安定せず翌年退陣し，続く菅直人首相のもとでの参議院選挙で民主党は大敗した。

確認しよう　(1)政府開発援助(ODA)
(2)普天間飛行場　(3)郵政事業
(4)集団的自衛権

解説　(1)日本のODAの援助額はアメリカ・ドイツに次ぐ世界３位(2021年)となっている。
(2)住宅密集地にあり，「世界で最も危険な飛行場」といわれることもある。

論述力を鍛える　(例)民営化や規制緩和を推進し，不良債権の処理，郵政事業の民営化などを実現して景気が回復に向かった。一方，福祉政策が後退し，所得格差や地域の経済格差が広がった。

解説　小泉内閣は新自由主義による経済政策を進め，「聖域なき構造改革」をスローガンに掲げて民営化・規制緩和を推進した。バブル経済の崩壊後に増加した金融機関の不良債権の処理も積極的に進めた。また，道路公団民営化や郵政事業民営化など政府部門の改革も進んだ。しかし，一方で，社会福祉政策の見直しや，公共事業を減らしたことによって地方経済の疲弊を招き，所得格差や地域の経済格差が広がるという問題も生じた。

50. 世界と日本の課題　p.124～125

①リーマン=ショック　②ギリシア
③排外　④ LGBT
⑤京都議定書　⑥パリ協定
⑦情報通信技術　⑧人工知能
⑨少子高齢化　⑩再生(可能)エネルギー

アドバイス　④近年，これまで声を上げることのできなかったLGBTをはじめさまざまな少数者の権利が認められている。⑥パリ協定のもとで，国際社会は，今世紀後半に世界全体の温室効果ガス排出量を実質的にゼロにする「脱炭素化」をめざしている。

確認しよう　(1)持続可能な開発目標(SDGs)
(2)サブプライムローン
(3)南北問題　(4)ポピュリズム
(5)暗号資産(仮想通貨)

解説　(1)国際社会の課題に対し，近年，**非政府組織**(NGO)や**非営利団体**(NPO)が国連とも協力しながら問題解決のための役割を担っている。
(5)**人工知能**(AI)や**仮想現実**(VR)などとともに，新しい経済市場として注目が高まっている。

論述力を鍛える　(例)グローバル化は富を得た者と得られなかった者の経済格差を拡大させた。また，アメリカでおこった金融危機が瞬時に世界中に波及するなど，一国ではその対応が困難になったことがあげられる。

解説　グローバル化の進展により，1997年にタイの通貨暴落からおこった**アジア通貨危機**，2008年のリーマン=ショックをきっかけとする**世界金融危機**，ギリシアの財政危機から波及した**ユーロ危機**など，一国で発生した危機が瞬く間に周辺国や世界に広がり，深刻な影響をおよぼすことが増えた。こうしたことを背景に，大蔵(財務)大臣・中央銀行総裁会議はG5からG20まで規模が拡大され，2008年からは，**主要国首脳会議(サミット)**に参加する先進７か国(**G7**)に中国など新興国を加えた**G20サミット**が開催されるようになった。

演習問題⑫　p.126～127

1 (1)①アフガニスタン
②レーガン
(2)エ
(3)イ

2 (1)①東南アジア諸国連合(ASEAN)
②マーストリヒト

③北米自由貿易協定(NAFTA)
④アジア太平洋経済協力(APEC)
⑤アフリカ連合(AU)

(2)**ウ**

(3)(例)ドル=ショックによりブレトン=ウッズ体制が崩壊し，第４次中東戦争の際にOAPECが行った石油戦略によって石油危機がおこり，不況が世界に拡大した。

3 (1)**エ**

(2)**ウ**

(3)村山富市

(4)①**エ**

②**エ**

(5)**ウ**

解説 1(2)**ア・イ**．情報公開政策が**グラスノスチ**，政治・社会の建て直しが**ペレストロイカ**である。**ウ**．核拡散防止条約ではなく，**中距離核戦力**(INF)**全廃条約**を結んだ。

(3)Y．ポーランドで「連帯」を率いたのは**ワレサ**である。エリツィンはソ連崩壊後のロシア連邦初代大統領である。

2(2)**ウ**．ポル=ポトではなく，アウン=サン=スー=チーが正しい。ポル=ポトは1975年にカンボジアで政権を握った人物である。

(3)1971年にアメリカのニクソン大統領が金とドル交換停止を発表したドル=ショックと，1973年におこった第１次石油危機の影響で，日本の高度経済成長は終わりを迎えた。

3(1)消費税は1989年の竹下登内閣のときに初めて導入され，そのときの税率は３％であった。その後，1997年に５％，2014年に８％，2019年には10％と段階的に引き上げられた。

(2)1991年の湾岸戦争を契機に，日本国内でもPKOへの参加の是非が論じられるようになり，翌年，国連平和維持活動協力法(PKO協力法)が成立すると，停戦監視などのために，政府はカンボジアへ自衛隊を派遣した。

(3)1993年に55年体制が崩壊したあと，1994年に社会党の村山富市を首相とする自民党・社会党・新党さきがけの連立政権が発足した。

(4)①このとき成立した内閣は小泉純一郎内閣で，「聖域なき構造改革」を経済政策のスローガンとして掲げ，郵政事業の民営化などを実現した。②平成13年は2001年。**ア**は1999年，**イ・ウ**は1995年，**エ**は2015年のできごとである。